Rechtsschutz gegen Inhalts- und Nebenbestimmungen
zu Verwaltungsakten

Schriften zum deutschen und europäischen öffentlichen Recht

Herausgegeben von Steffen Detterbeck

Band 8

PETER LANG
Frankfurt am Main · Berlin · Bern · Bruxelles · New York · Oxford · Wien

Christian Hanf

Rechtsschutz gegen Inhalts- und Nebenbestimmungen zu Verwaltungsakten

PETER LANG
Europäischer Verlag der Wissenschaften

Bibliografische Information Der Deutschen Bibliothek
Die Deutsche Bibliothek verzeichnet diese Publikation in der
Deutschen Nationalbibliografie; detaillierte bibliografische
Daten sind im Internet über <http://dnb.ddb.de> abrufbar.

Zugl.: Marburg, Univ., Diss., 2003

Gedruckt auf alterungsbeständigem,
säurefreiem Papier.

D 4
ISSN 1438-4388
ISBN 3-631-51621-5

© Peter Lang GmbH
Europäischer Verlag der Wissenschaften
Frankfurt am Main 2003
Alle Rechte vorbehalten.

Das Werk einschließlich aller seiner Teile ist urheberrechtlich
geschützt. Jede Verwertung außerhalb der engen Grenzen des
Urheberrechtsgesetzes ist ohne Zustimmung des Verlages
unzulässig und strafbar. Das gilt insbesondere für
Vervielfältigungen, Übersetzungen, Mikroverfilmungen und die
Einspeicherung und Verarbeitung in elektronischen Systemen.

Printed in Germany 1 2 3 4 5 6 7

www.peterlang.de

Meinen Eltern

Man muß die Dinge so tief sehen, daß sie einfach werden.

Konrad Adenauer

Vorwort

Die vorliegende Arbeit wurde im Sommersemester 2003 von der rechtswissenschaftlichen Fakultät der Philipps-Universität Marburg an der Lahn als Dissertation angenommen. Rechtsprechung und Literatur sind bis Mai 2003 berücksichtigt.

Mein besonderer und herzlicher Dank gilt in erster Linie Herrn Prof. Dr. Steffen Detterbeck, der mich als Doktorvater betreute. Er ließ mir bei der Bearbeitung des Dissertationsthemas die notwendige wissenschaftliche Freiheit und stand jederzeit für die Erörterung auftretender Fragen zur Verfügung. Weiterhin gilt mein besonderer Dank Herrn Prof. Dr. Werner Frotscher für die rasche Erstellung des Zweitgutachtens.

Danken will ich an dieser Stelle schließlich auch meinen Eltern und meiner Schwester, die mir stets mit aufmunternden Worten zur Seite standen.

Karlsruhe, im Juli 2003   Christian Hanf

Gliederung

A. Ausgangslage 1

B. Die verschiedenen Arten von Inhalts- und Nebenbestimmungen und ihre Abgrenzung zueinander 6

    I. Allgemeines 10

    II. Die unselbständigen Nebenbestimmungen gemäß § 36 II Nr. 1-3 VwVfG 11

        1. Die Befristung gemäß § 36 II Nr. 1 VwVfG 11

            a.) Inhalt und Bedeutung 11
            b.) Struktur 12
            c.) Rechtsnatur 15

        2. Die Bedingung gemäß § 36 II Nr. 2 VwVfG 16

            a.) Inhalt und Bedeutung 16
            b.) Struktur 17
            c.) Rechtsnatur 17

        3. Der Widerrufsvorbehalt gemäß § 36 II Nr. 3 VwVfG 18

            a.) Inhalt, Bedeutung und Struktur 18
            b.) Rechtsnatur 21
            c.) Abgrenzung zum Auflagenvorbehalt 23
            d.) Das Erfordernis der Angabe von Widerrufsgründen 27

III. Die selbständigen Nebenbestimmungen gemäß § 36 II Nr. 4-5 VwVfG 29

1. Die Auflage gemäß § 36 II Nr. 4 VwVfG 29

   a.) Inhalt und Bedeutung 29
   b.) Struktur 29
   c.) Abgrenzung zur Potestativbedingung 40
   d.) Rechtsnatur der Auflage 45

2. Der Auflagenvorbehalt gemäß § 36 II Nr. 5 VwVfG 54

   a.) Inhalt und Bedeutung 54
   b.) Struktur 55
   c.) Rechtsnatur 57

IV. Modifizierende Auflagen, modifizierende Gewährungen und Inhaltsbestimmungen 59

1. Historischer Abriß 59
2. Kritik in der Literatur 62
3. Stellungnahme zur Rechtsnatur der modifizierenden Auflage 65

C. Darstellung und Einordnung der Rechtsprechung des Bundesverwaltungsgerichtes 70

I. Entwicklungphase 1a:
Die Unterscheidung nach der Art der jeweiligen Nebenbestimmung 70

- II. Entwicklungsphase 1b:
  Der Sonderfall der modifizierenden Auflage..........72

- III. Entwicklungsphase 2:
  Der Aspekt der Teilbarkeit bzw. des untrennbaren Zusammenhangs bei einheitlichen Ermessensentscheidungen..........77

- IV. Entwicklungsphase 3:
  Die Möglichkeit des Widerrufs bei einheitlichen Ermessensentscheidungen analog § 49 II Nr. 2 VwVfG..........82

- V. Entwicklungsphase 4a:
  Die Rechtmäßigkeit der verbleibenden Restregelung als materielle Voraussetzung der isolierten Aufhebbarkeit rechtswidriger Nebenbestimmungen..........84

- VI. Entwicklungsphase 4b:
  Die Nichtanfechtbarkeit von sog. Inhaltsbestimmungen..........90

- VII. Entwicklungsphase 5:
  Zum aktuellen Stand der Rechtsprechung des Bundesverwaltungsgerichtes..........94

D. Die Grundpositionen in der Literatur..........102

- I. Zulässigkeit der Anfechtungsklage nur bei selbständigen Nebenbestimmungen (Unterscheidung nach der Art des Verwaltungsaktzusatzes)..........102

- II. Unterscheidung nach der Art des jeweiligen Hauptverwaltungsaktes..........105

- III. Ausnahmslose Statthaftigkeit der Anfechtungsklage..........107

IV. Ausnahmslose Statthaftigkeit der Verpflichtungsklage..................110

E. **Lösungsvorschlag**..................113

I. **Vorbemerkung**..................113

II. **Statthaftigkeit der Anfechtungsklage**..................114

1. **Das Klagebegehren und die Wahl der richtigen Klageart**..................114

   a.) Vorzüge eines Verpflichtungsbegehrens..................115

   b.) Einwände gegen den Vorrang der Verpflichtungsklage..................116

   c.) Stellungnahme..................121

2. **Auslegung des Klagebegehrens**..................133

   a.) Mehrere Klagebegehren in einer Klage..................133

   b.) Die prozessuale Ausgestaltung eines Kassationsbegehrens..................134

   aa.) Die Möglichkeit einer echten Teilanfechtung nach §§ 42 I 1. Alt. VwGO..................135

   (1) Anfechtungsklage nach § 42 I 1. Alt. VwGO nur bei Vorliegen eines Verwaltungsaktes..................137

(2) Das Modell der sog. unechten Teilanfechtungsklage nach § 42 I 1. Alt. VwGO..................140

(a) Unechte Teilanfechtung nach *Kopp*..................141

(b) Unechte Teilanfechtung nach *Meyer/Borgs*..................148

bb.) Die Bejahung der grundsätzlichen Statthaftigkeit einer echten Teilanfechtungsklage aufgrund einer erweiterten Auslegung der §§ 113 I 1, 42 I 1. Alt. VwGO..................150

cc.) Zwischenergebnis..................152

3. **Die prozessuale Teilbarkeit von Verwaltungsakten**..................153

a.) Fehlen einer gesetzlichen Definition der prozessualen Teilbarkeit..................154

b.) Die im Schrifttum vertretenen Positionen zur prozessualen Teilbarkeit..................155

aa.) Prozessuale Teilbarkeit bei Bestandsfähigkeit des Restverwaltungsaktes..................155

bb.) Keine prozessuale Teilbarkeit bei Vorliegen eines aliud..................156

c.) Stellungnahme..................159

4. Bejahung einer verwaltungsgerichtlichen
   Reformationsbefugnis nach § 113 I 1 VwGO......................160

5. Ablehnung einer verwaltungsgerichtlichen
   Reformationsbefugnis nach § 113 I 1 VwGO......................165

   a.) Der Wortlaut und die amtliche Begründung
       zu § 113 I 1 VwGO..165

   b.) Die Unterscheidung zwischen kassatorischer
       und reformatorischer Entscheidungsbefugnis............167

   c.) Verstoß gegen das Gewaltenteilungs-
       prinzip und Umgehung der kondemna-
       torischen Entscheidungsbefugnis der
       Gerichte nach § 113 V VwGO...................................176

       aa.) Konditional in die Hauptregelung
            eingebundene Verwaltungsaktzusätze
            (Befristung, Bedingung, Widerrufsvor-
            behalt, Inhaltsbestimmung)..............................179

       bb.) Konjunktiv mit der Hauptregelung
            verbundene Verwaltungsaktzusätze
            (Auflage, Auflagenvorbehalt)...........................192

   d.) Verstoß gegen das Rechtsstaatsprinzip......................194

       aa.) Konditional eingebundene Verwal-
            tungsaktzusätze..194

       bb.) Konjunktiv mit der Hauptregelung
            verbundene Verwaltungsaktzusätze.................197

   e.) Zwischenergebnis...198

6. Konsequenzen für die Definition
der prozessualen Teilbarkeit..................................199

7. Interpretation des Klagebegehrens
unter dem Gesichtspunkt der Effek-
tivität des Rechtsschutzes....................................200

   a.) Das Klagebegehren bei konditionalen
   Verbindungen..200

   b.) Das Klagebegehren bei konjunktiven
   Verbindungen..202

   c.) Ergebnis..203

F. Weitere Fragen der Statthaftigkeit einer echten
Teilanfechtungsklage gegen konjunktiv mit der
Hauptregelung verbundene Verwaltungsaktzusätze..................204

   I. Kein Erfordernis eines insgesamt
   belastenden Verwaltungsaktes....................................204

   II. Keine Verlagerung der prozessualen Problematik
   in die Begründetheit der echten Teilanfechtungs-
   klage...205

   III. Teilanfechtung und aufschiebende Wirkung
   nach § 80 I VwGO..205

   IV. Anforderungen an die Klagebefugnis
   gemäß § 42 II VwGO..207

G. Fragen der Begründetheit einer echten Teilanfechtungsklage gemäß §§ 42 I 1. Alt., 113 I 1 VwGO..................209

    I. Einheitliche Ermessensentscheidung, Rechtswidrigkeit und Sinnlosigkeit der Restregelung..................209

    II. Keine Verlagerung der Rechtschutzthematik in die Begründetheitsprüfung einer echten Teilanfechtungsklage..................210

H. Zur Anfechtbarkeit von Auflagen und Auflagenvorbehalten aufgrund ihrer Verwaltungsaktqualität sowie zur Anfechtbarkeit nachträglich beigefügter Verwaltungsaktzusätze..................214

    I. Zur Anfechtbarkeit von Auflagen und Auflagenvorbehalten aufgrund ihrer Verwaltungsaktqualität..................214

    II. Zur Anfechtbarkeit nachträglich beigefügter Verwaltungsaktzusätze..................215

I. Zusammenfassung und Endergebnisse..................216

    I. Einordnung von Verwaltungsaktzusätzen..................216

    II. Konsequenzen für den Rechtsschutz..................219

    III. Vergleich mit der höchstrichterlichen Rechtsprechung..................222

Literaturverzeichnis

Achterberg, Norbert	Allgemeines Verwaltungsrecht; ein Lehrbuch; 2. Auflage; Heidelberg: 1986 (zit.: *Achterberg*, Allg. VerwR-Lehrbuch, § Rn.)
Achterberg, Norbert	Allgemeines Verwaltungsrecht; völlig neubearbeitete Auflage; Heidelberg: 1988 (zit.: *Achterberg*, Allg. VerwR, S.)
Assfalg, Dieter	Sind Auflagen und Bedingungen behördlicher Erlaubnisse selbständig anfechtbar?, in: BB 1967, 190-193
Axer, Peter	Nebenbestimmungen im Verwaltungsrecht, in: Jura 2001, 748-753
Bader, Johann Funke-Kaiser, Michael Kuntze, Stefan Albedyll, Jörg von	Verwaltungsgerichtsordnung; 2. Auflage; Heidelberg: 2002 (zit.: *Bearbeiter*, in: *Bader*, VwGO, § Rn.)
Badura, Peter	Der mitwirkungsbedürftige Verwaltungsakt mit belastender Auflage, in: JuS 1964, 103 f.
Baltz, Constanz	Preußisches Baupolizeirecht; 4. Auflage; Berlin: 1910 (zit.: *Baltz*, Preußisches Baupolizeirecht, 4. Auflage, 1910, S.)
Bettermann, Karl August	Wesen und Streitgegenstand der verwaltungsgerichtlichen Anfechtungsklage, in: DVBl. 1953, 163-168

Bettermann, Karl August	Die Zurückverweisung durch das Berufungsgericht im Verwaltungs- und Zivilprozeß, in: DVBl. 1961, 65-75
Bettermann, Karl August	Formen der gerichtlichen Anfechtung verwaltungsbehördlicher Entscheidungen, in: Festschrift für Eduard Bötticher zum 70. Geburtstag am 29. Dezember 1969, S. 13 f. (zit.: *Bettermann*, in: FS für *Bötticher*, 1969, S.)
Bettermann, Karl August	Teilanfechtung, Teilkassation und Reformation von Abgabenbescheiden, in: Festschrift für Gerhard Wacke zum 70. Geburtstag; S. 233 f.; Köln: 1972 (zit.: *Bettermann*, in: FS für *Wacke*, 1972, S.)
Bonner Kommentar zum Grundgesetz	4. Band; Heidelberg: Stand: 98. Lieferung/Dezember 2001 (zit.: *Bearbeiter*, Kommentar zum Bonner Grundgesetz, Art. 20, S.)
Bosch, Edgar Schmidt, Jörg	Praktische Einführung in das verwaltungsgerichtliche Verfahren; 7. Auflage; Stuttgart; Berlin; Köln: 2001 [zit.: *Bosch/Schmidt*, § (S.)]
Brenner, Michael	Der Verwaltungsakt mit Nebenbestimmungen, in: JuS 1996, 281-287
Brox, Hans	Allgemeiner Teil des BGB; 25. Auflage; Köln; Berlin; Bonn; München: 2001 (zit.: *Brox*, Allg. Teil des Bürgerlichen Gesetzbuchs, Rn.)

Brüning, Christoph	Ist die Rechtsprechung zur isolierten Anfechtbarkeit von Nebenbestimmungen wieder vorhersehbar?, in: NVwZ 2002, 1081-1082
Cöster, Enno H.	Kassation, Teilkassation und Reformation von Verwaltungsakten durch die Verwaltungs- und Finanzgerichte; Hamburg: 1978 (zit.: *Cöster*, S.)
Detterbeck, Steffen	Streitgegenstand und Entscheidungswirkungen im Öffentlichen Recht: Grundlagen des Verfahrens vor den allgemeinen Verwaltungsgerichten und vor dem Bundesverfassungsgericht; Tübingen: 1995 (zit.: *Detterbeck*, Streitgegenstand und Entscheidungswirkungen im Öffentlichen Recht, 1995, S.)
Detterbeck, Steffen	Das Verwaltungsakt-Wiederholungsverbot, in: NVwZ 1994, 35-38
Detterbeck, Steffen	Allgemeines Verwaltungsrecht; München: 2002 (zit.: *Detterbeck*, Allg. VerwR, Rn.)
Detterbeck, Steffen	Nebenbestimmungen zu Verwaltungsakten, in: Ergänzbares Lexikon des Rechts; Ordner 4; Gruppe 9, S. 1-10 (zit.: *Detterbeck*, Ergänzbares Lexikon des Rechts, Bd. 4, 9/1220, S.)
Dolde, Klaus-Peter	Die Entwicklung des öffentlichen Baurechts 1977/78, in: NJW 1979, 889 f.

Dreier, Horst	Grundgesetz Kommentar; 2. Band; Tübingen: 1998 (zit.: *Bearbeiter*, in: *H. Dreier*, Grundgesetz-Kommentar, Bd. 2, 1998, Art. Rn.)
Duden	Deutsches Universalwörterbuch; 4. Auflage; Mannheim: 2001 (zit.: *Duden*, Deutsches Universalwörterbuch, 4. Auflage, 2001, S.)
Ehlers, Dirk	Verwaltungsrechtsdogmatik und modifizierende Auflage, in: VerwArch. 67, 1976, 369-383
Elster, Theodor	Begünstigende Verwaltungsakte mit Bedingungen, Einschränkungen und Auflagen; Göttingen: 1979 (zit.: *Elster*, S.)
Erichsen, Hans-Uwe	Nebenbestimmungen zu Verwaltungsakten, in: Jura 1990, 214-217
Erichsen, Hans-Uwe	Die selbständige Anfechtbarkeit von Nebenbestimmungen, in: VerwArch. 66 (1975), 299-311
Erichsen, Hans-Uwe Ehlers, Dirk	Allgemeines Verwaltungsrecht; 12. Auflage; Berlin: 2002 (zit.: *Bearbeiter*, in: *Erichsen/Ehlers*, Allg. VerwR, § Rn.)
Eyermann, Erich Fröhler, Ludwig	Verwaltungsgerichtsordnung; 11. Auflage; München: 2000 (zit.: *Eyermann/Berarbeiter*, VwGO, § Rn.)

Eyermann, Erich Fröhler, Ludwig	Verwaltungsgerichtsordnung; 9. Auflage; München: 1988 (zit.: *Eyermann/Fröhler*, VwGO, 9. A., § Rn.)
Faber, Heiko	Verwaltungsrecht; 4. Auflage; Tübingen: 1995 [zit.: *Faber*, VerwR, § (S.)]
Fehn, Bernd J.	Die isolierte Auflagenanfechtung, in: DÖV 1988, 202-211
Fluck, Jürgen	>>Genehmigungszusätze<<, nachträgliche Anordnungen und Aufhebung der Genehmigung im Immissionsschutzrecht, in: DVBl. 1992, 862-871
Frotscher, Werner	Wirtschaftsverfassungs- und Wirtschaftsverwaltungsrecht; 3. Auflage; München: 1999 (zit.: *Frotscher*, Rn.)
Funk, Werner	Zur Anfechtbarkeit von Auflagen und "Genehmigungsinhaltsbestimmungen", in: BayVBl. 1986, 105-106
Gern, Alfons Wachenheim, Otmar	Nebenbestimmungen in Verwaltungsakten, in: JuS 1980, 276-279
Giemulla, Elmar Jaworsky, Nikolaus Müller-Uri, Rolf	Verwaltungsrecht; 6. Auflage; Köln; Berlin; Bonn; München: 1998 (zit.: *Giemulla/Jaworsky/Müller-Uri*, VerwR, Rn.)
Götz, Volkmar	Allgemeines Verwaltungsrecht; 4. Auflage; München: 1997 (zit.: *Götz*, Allg. VerwR, § Rn.)

Heitsch, Christian	Neben- und Inhaltsbestimmungen bei begünstigenden Verwaltungsakten: Kriterien für die Auswahl des passenden Regelungsinstruments, in: DÖV 2003, 367-375
Herberger, Maximilian Simon, Dieter	Wissenschaftstheorie für Juristen; Frankfurt am Main: 1980 (zit.: *Herberger/Simon*, Wissenschaftstheorie für Juristen, 1980, S.)
Hönig, Wolfgang	Die Zulässigkeit von Nebenbestimmungen bei Verwaltungsakten; Dissertation; München: 1968 (zit.: *Hönig*, S.)
Hoenig, Klaus Marinus	Rechtsschutz gegen Auflagen, Dissertation; Bonn: 1990 (zit.: *Hoenig*, S.)
Horn, Hans-Detlef	Die grundrechtsunmittelbare Verwaltung: zur Dogmatik des Verhältnisses zwischen Gesetz, Verwaltung und Individuum unter dem Grundgesetz; Tübingen: 1999 (zit.: *Horn*, Die grundrechtsunmittelbare Verwaltung, 1999, S.)
Huber, Peter M.	Allgemeines Verwaltungsrecht; 2. Auflage; Heidelberg: 1997 (zit.: *Huber*, Allg. VerwR, S.)
Hübner, Heinz	Allgemeiner Teil des Bürgerlichen Gesetzbuches; 2. Auflage; Berlin; New York: 1996 (zit.: *Hübner*, Allgemeiner Teil des Bürgerlichen Gesetzbuches, Rn.)

Hufen, Friedhelm	Verwaltungsprozeßrecht; 4. Auflage; München: 2000 (zit.: *Hufen*, VerwProzR, § Rn.)
Hufnagl, Franz	Die Verwaltungsgerichtsbarkeit in der amerikanischen und britischen Zone; Berlin; München: 1950 [zit.: *Hufnagel*, Die Verwaltungsgerichtsbarkeit, § (S.)]
Husen, Paulus van	Gesetz über die Verwaltungsgerichtsbarkeit in Bayern, Baden-Württemberg und Hessen; Stuttgart: 1947 [zit.: *van Husen*, Gesetz über die Verwaltungsgerichtsbarkeit, § (S.)]
Ipsen, Jörn	Staatsrecht I; Staatsorganisationsrecht; 14. Auflage; Neuwied; Kriftel: 2002 (zit.: *Ipsen*, Staatsorganisationsrecht, Rn.)
Jahndorf, Christian	Rechtsschutz gegen Nebenbestimmungen, in: JA 1999, 676-680
Jarass, Hans D. Deut- Pieroth, Bodo	Grundgesetz für die Bundesrepublik schland; 6. Auflage; München: 2002 (zit.: *Jarass/Pieroth*, GG, Art. Rn.)
Jellinek, Walter	Verwaltungsrecht; Nachdruck der 3. Auflage von 1948; Offenburg: 1971 [zit.: *Jellinek*, VerwR, 3. Auflage, 1971, Nachdruck von 1948, § (S.)]
Karl, Dieter	Der Rechtsschutz gegenüber rechtswidrigen Nebenbestimmungen begünstigender Verwaltungsakte; Dissertation; Würzburg: 1973 (zit.: *Karl*, S.)

Klinger, Hans	Die Verordnung über die Verwaltungsgerichtsbarkeit in der britischen Zone; Band 2; Göttingen: 1954 [zit.: *Klinger*, Die Verordnung über die Verwaltungsgerichtsbarkeit in der britischen Zone, § (S.)]
Kloepfer, Michael	Der Auflagenvorbehalt bei Verwaltungsakten, in: Die Verwaltung, 8. Band, 1975, 295-312 [zit.: *Kloepfer*, Die Verwaltung, Bd. 8, 1975, S.]
Knack, Hans Joachim	Verwaltungsverfahrensgesetz; 7. Auflage; Köln; Berlin; Bonn; München: 2000 (zit.: *Knack/Bearbeiter*, VwVfG, § Rn.)
Koch, Hans-Joachim Rüßmann, Helmut	Juristische Begründungslehre; München: 1982 (zit.: *Koch/Rüßmann*, Juristische Begründungslehre, 1982, S.)
Köbler, Gerhard	Juristisches Wörterbuch; 9. Auflage; München: 1999 (zit.: *Köbler*, Juristisches Wörterbuch, S.)
Kopp, Ferdinand O.	Verfassungsrecht und Verwaltungsverfahrensrecht; München: 1971 (zit.: *Kopp*, Verfassungsrecht und Verwaltungsverfahrensrecht, S.)
Kopp, Ferdinand O.	Änderungen der Verwaltungsgerichtsordnung zum 1. 1. 1991, in: NJW 1991, 521 f.

Kopp, Ferdinand O.	Verwaltungsverfahrensgesetz; 6. Auflage; München: 1996 (zit.: *Kopp*, VwVfG, § Rn.)
Kopp, Ferdinand O. Ramsauer, Ulrich	Verwaltungsverfahrensgesetz; 7. Auflage; München: 2000 (zit.: *Kopp/Ramsauer*, VwVfG, § Rn.)
Kopp, Ferdinand. O	Verwaltungsgerichtsordnung; 10. Auflage; München: 1994 (zit.: *Kopp*, VwGO, § Rn.)
Kopp, Ferdinand. O Schenke, Wolf-Rüdiger	Verwaltungsgerichtsordnung; 13. Auflage; München: 2003 (zit.: *Kopp/Schenke*, VwGO, § Rn.)
Kopp, Ferdinand. O	Die selbständige Anfechtbarkeit von Nebenbestimmungen zu Verwaltungsakten, in: GewArch. 1970, 97-100
Kormann, Karl	System der rechtsgeschäftlichen Staatsakte; Berlin: 1910 (zit.: *Kormann*, System der rechtsgeschäftlichen Staatsakte, 1910, S.)
Kruse, Heinrich Wilhelm	Steuerrecht I, Allgemeiner Teil; 3. Auflage; München: 1973 [zit.: *Kruse*, Steuerrecht I, 1973, § (S.)]
Kunert, Franz-Josef	"Genehmigungszusätze" im Immissionsschutzrecht, in: Umwelt- und Planungsrecht 1991, 249-253 (zit.: *Kunert*, UPR 1991, S.)

Lange, Klaus	Die isolierte Anfechtbarkeit von Auflagen unter besonderer Berücksichtigung der Rechtsprechung des Bundesverwaltungsgerichts zur "modifizierenden Auflage", in: Archiv des öffentlichen Rechts 1977, Band 102, 337-369 (zit.: *Lange*, AöR Bd. 102, 1977, S.)
Laubinger, Hans-Werner	Die Anfechtbarkeit von Nebenbestimmungen, in: VerwArch. 73, 1982, 345-368
Laubinger, Hans-Werner	Das System der Nebenbestimmungen, in: WiVerw. 1982, 117-141
Mangoldt, Hermann von Klein, Friedrich Starck, Christian	Das Bonner Grundgesetz; Band 2: Art. 20 bis 78; 4. Auflage; München: 2000 (zit.: *Bearbeiter*, in: *v. Mangoldt/Klein/Starck*, GG II, Art. Rn.)
Mangoldt, Hermann von	Nebenbestimmungen bei rechtsgewährenden Verwaltungsakten, in: VerwArch. 37, 1932, 8 f.
Martens, Wolfgang	Fehlerhafte Nebenbestimmungen im Verwaltungsprozeß, in: DVBl. 1965, 428-432
Maurer, Hartmut	Allgemeines Verwaltungsrecht; 14. Auflage; München: 2002 (zit: *Maurer*, Allg. VerwR, § Rn.)

Mayer, Otto	Deutsches Verwaltungsrecht; Erster Band; 3. Auflage; München; Leipzig: 1924 (zit.: *O. Mayer*, Deutsches Verwaltungsrecht, Band I, 3. Auflage, 1924, S.)
Mayer, Franz Kopp, Ferdinand O.	Allgemeines Verwaltungsrecht; 5. Auflage; Stuttgart; München; Hannover: 1985 (zit.: *Mayer/Kopp*, Allg. VerwR, § S.)
Menger, Christian-Friedrich	System des verwaltungsgerichtlichen Rechtsschutzes; Tübingen: 1954 (zit.: *Menger*, System des verwaltungsgerichtlichen Rechtsschutzes, 1954, S.)
Merkl, Adolf	Allgemeines Verwaltungsrecht; Wien; Berlin: 1924 (zit.: *Merkl*, S.)
Meyer, Hans Borgs-Maciejewski, Hermann	Verwaltungsverfahrensgesetz; 2. Auflage; Frankfurt am Main: 1982 (zit.: *Meyer/Borgs*, VwVfG, § Rn.)
Müffelmann, Herbert	Die objektiven Grenzen der materiellen Rechtskraft steuergerichtlicher Urteile; Schriften zum Steuerrecht; Band 1; Berlin: 1965 (zit.: *Müffelmann*, S.)
Mutschler, Ulrich	Nebenbestimmungen zur Atomanlagengenehmigung und die Zulässigkeit ihrer Verwendung zur Ausräumung von Versagungsgründen; Köln; Berlin; Bonn; München: 1974 (zit.: *Mutschler*, S.)

Obermayer, Klaus	Kommentar zum Verwaltungsverfahrensgesetz; 3. Auflage; Neuwied; Kriftel: 1999 (zit.: *Bearbeiter*, in: *Obermayer*, § Rn.)
Osterloh, Lerke	Anmerkungen zu *BVerwG*, Urteil vom 12. 3. 1982, in: JuS 1983, 229-230
Osterloh, Lerke	Anmerkungen zu *BVerwG*, Urteil vom 17. 02. 1984 (= NVwZ 1984, 366), in: JuS 1984, 978
Pietzcker, Jost	Rechtsschutz gegen Nebenbestimmungen - unlösbar?, in: NVwZ 1995, 15-20
Pietzner, Rainer Ronellenfitsch, Michael	Das Assessorexamen im Öffentlichen Recht; 10. Auflage; Düsseldorf: 2000 (zit.: *Pietzner/Ronellenfitsch*, § Rn.)
Preißer, Michael	Die Bekanntgabe von Verwaltungsakten gegenüber Ehegatten: Ein Problem des öffentlichen Rechts?, in: NVwZ 1987, 867-872
Redeker, Konrad Oertzen, Hans-Joachim von	Verwaltungsgerichtsordnung; 13. Auflage Stuttgart; Berlin; Köln: 2000 (zit.: *Redeker/von Oertzen*, VwGO, § Rn.)
Remmert, Barbara	Nebenbestimmungen zu begünstigenden Verwaltungsakten, in: VerwArch. 88, 1997, 112-136
Ress, Georg	Die Entscheidungsbefugnis in der Verwaltungsgerichtsbarkeit; Wien; New York: 1968 (zit.: *Ress*, S.)

Roser, Thomas	Sind Auflagen und Bedingungen behördlicher Erlaubnisse selbständig anfechtbar?, in: BB 1967, 908 f.
Rumpel, Erwin	Zur Verwendung von Genehmigungsinhaltsbestimmungen und Auflagen, in: BayVBl. 1987, 577-586
Sachs, Michael	Grundgesetz; 3. Auflage; München: 2003 (zit.: *Bearbeiter* in *Sachs*, GG, Art. Rn.)
Säcker, Franz-Jürgen	Praxisnähe der Theorie und Dogmenbefangenheit der Praxis, in: JZ 1968, 712-713
Sandt, Theodor van de	Die Verwaltungsgerichtsbarkeit in der britischen Zone; Münster: 1949 [zit.: *van de Sandt*, Die Verwaltungsgerichtsbarkeit in der britischen Zone, § (S.)]
Savigny, Friedrich Carl von	System des heutigen Römischen Rechts; Dritter Band; Berlin: 1840 (zit.: *von Savigny*, System des heutigen Römischen Rechts, Band III, Berlin 1840, S.)
Schachel, Jens	Nebenbestimmungen zu Verwaltungsakten; Dissertation; Berlin: 1977 (zit.: *Schachel*, S.)
Schachel, Jens	Nebenbestimmungen zu Verwaltungsakten, in: Jura 1981, 449-464

Schenke, Wolf-Rüdiger	Rechtsschutz gegen Nebenbestimmungen bei Wirtschaftsverwaltungsakten, in: WiVerw. 1982, 142-163
Schenke, Wolf-Rüdiger	Rechtsschutz gegen Nebenbestimmungen, in: JuS 1983, 182-189
Schenke, Wolf-Rüdiger	Eine unendliche Geschichte: Rechtsschutz gegen Nebenbestimmungen, in: Festschrift für Gerd Roellecke zum 70. Geburtstag; 1997; S. 281-S.299 (zit: *Schenke*, in: FS für *Roellecke*, 1997, S.)
Schenke, Wolf-Rüdiger	Verwaltungsprozeßrecht; 8. Auflage; Heidelberg: 2002 (zit.: *Schenke*, VerwProzR, Rn.)
Schmidt, Jörg	Zur Anfechtbarkeit von Nebenbestimmungen, in: NVwZ 1996, 1188-1189
Schmitt Glaeser, Walter Horn, Hans-Detlef	Verwaltungsprozeßrecht; 15. Auflage; Stuttgart; München; Hannover; Berlin; Weimar; Dresden: 2000 (zit.: *Schmitt Glaeser/Horn*, VerwProzR, Rn.)
Schmitz, Fritz W.	Anmerkung zu Urteil des VG Neustadt an der Weinstraße vom 29. 10. 1963, in: NJW 1964, 1043
Schneider, Hans-Josef	Nebenbestimmungen und Verwaltungsprozeß, Berlin: 1981 (zit.: *Schneider*, S.)

Schoch, Friedrich	Vorläufiger Rechtsschutz und Risikoverteilung im Verwaltungsrecht; Heidelberg: 1988 (zit.: *Schoch*, S.)
Schoch, Friedrich Schmidt-Aßmann, Eberhard Pietzner, Rainer	Verwaltungsgerichtsordnung; Band I und Band II München: Stand: Januar 2002 (zit.: *Bearbeiter*, in: *Schoch/Schmidt-Aßmann/Pietzner*, VwGO, § Rn.)
Schrödter	Anmerkung zu Urteil des VG Neustadt an der Weinstraße vom 29. 10. 1963, in: DVBl. 1964, 552-553
Schwerdtfeger, Gunther	Öffentliches Recht in der Fallbearbeitung; 10. Auflage; München: 1997 (zit: *Schwerdtfeger*, Öffentliches Recht in der Fallbearbeitung, Rn.)
Sieckmann, Jan-R.	Die Anfechtbarkeit von Nebenbestimmungen zu begünstigenden Verwaltungsakten, in: DÖV 1998, 525-534
Sodan, Helge Ziekow, Jan	Kommentar zur Verwaltungsgerichtsordnung; Band II; Baden-Baden: 1996 (Stand: Dezember 2001) (zit.: *Bearbeiter*, in: *Sodan/Ziekow*, VwGO, § Rn.)
Söhn, Hartmut	Teilbarkeit von Verwaltungsakten, die auf eine Geldleistung gerichtet sind, in: VerwArch. 60, 1969, 64-88
Sproll, Hans-Dieter	Rechtsschutz gegen Nebenbestimmungen eines Verwaltungsakts, in: NJW 2002, 3221-3223

Stadie, Holger	Rechtsschutz gegen Nebenbestimmungen eines begünstigenden Verwaltungsaktes, in: DVBl. 1991, 613-616
Stelkens, Paul	Das Problem Auflage, in: NVwZ 1985, 469-471
Stelkens, Paul Bonk, Heinz Joachim Sachs, Michael	Verwaltungsverfahrensgesetz; 6. Auflage; München: 2001 (zit.: *Bearbeiter*, in: *Stelkens/Bonk/Sachs*, VwVfG, § Rn.)
Stern, Klaus	Verwaltungsprozessuale Probleme in der öffentlich-rechtlichen Arbeit; 8. Auflage; München: 2000 (zit.: *Stern*, § Rn.)
Stern, Klaus	Das Staatsrecht der Bundesrepublik Deutschland; Band I; 12. Auflage; München: 1984 (zit.: *Stern*, Staatsrecht I, S.)
Stiefel	Prozeßidee und Streitgegenstand, in: NJW 1954, 1788-1792
Störmer, Rainer	Rechtsschutz gegen Inhalts- und Nebenbestimmungen, in: DVBl. 1996, 81-89
Störmer, Rainer	Die aktuelle Rechtsprechung zur Anfechtbarkeit von Nebenbestimmungen - eine kritische Bestandsaufnahme, in: NWVBl. 1996, 169-177
Sulser, Karl	Bedingung und Auflage; Dissertation; Zürich: 1919 (zit.: *Sulser*, S.)

Ule, Carl Hermann Laubinger, Hans-Werner	Verwaltungsverfahrensrecht; 4. Auflage; Köln; Berlin; Bonn; München: 1995 (zit.: *Ule/Laubinger*, VerwaltungsverfahrensR, § Rn.)
Walther, H.	Die modifizierende Auflage, in: JA 1995, 106-110
Weides, Peter	Verwaltungsverfahren und Widerspruchsverfahren; 3. Auflage; München: 1993 (zit.: *Weides*, S.)
Weipert, Otto	Inhalt- und Schranken der Befugnis der Verwaltungsgerichte zur Änderung von Verwaltungsakten, in: DÖV 1949, 68-71
Weyreuther, Felix	Über "Baubedingungen", in: DVBl. 1969, 232-237 und 295-299
Weyreuther, Felix	Modifizerende Auflagen, in: DVBl. 1984, 365-374
Wolff, Hans J. Bachof, Otto Stober, Rolf	Verwaltungsrecht; Band 2; 6. Auflage; München: 2000 (zit.: *Wolff/Bachof/Stober*, VerwR II, § Rn.)

Rechtsschutz gegen Inhalts- und Nebenbestimmungen zu Verwaltungsakten

A. Ausgangslage

Schon von jeher ist es im Verwaltungs- und Verwaltungsprozeßrecht heftig umstritten, auf welche Weise der betroffene Bürger Rechtsschutz gegenüber Inhalts- und Nebenbestimmungen zu begünstigenden Verwaltungsakten erlangen kann. Im Mittelpunkt der Diskussion steht dabei stets die Frage, ob eine belastende Inhalts- oder Nebenbestimmung isoliert mit der Anfechtungsklage angefochten und aufgehoben werden kann, d. h., ob sich der durch den Zusatz belastete Adressat ausschließlich gegen die ihm ungünstige Inhalts- bzw. Nebenbestimmung zur Wehr setzen kann oder ob er die Verpflichtungsklage, gerichtet auf den Erlaß eines nebenbestimmungsfreien Verwaltungsaktes, erheben muß.

Zu dieser Thematik existiert mittlerweile eine nahezu unüberschaubare Flut literarischer Stellungnahmen und einschlägiger gerichtlicher Entscheidungen, die nun schon seit mehr als vier Jahrzehnten in unverminderter Weise anhält. Um so erstaunlicher ist es, daß bis heute noch nicht einmal in den grundlegenden dogmatischen Fragen hinsichtlich des Rechtsschutzes gegenüber Inhalts- und Nebenbestimmungen eine Übereinstimmung erzielt worden ist. Schien sich in den letzten Jahren diejenige Ansicht, die eine Anfechtungsklage im Grundsatz gegenüber allen Nebenbestimmungen für zulässig erachtete, mehr und mehr als die herrschende Meinung herauszukristallisieren [1], so wird auch diese in jüngster Zeit wieder vermehrt in Frage gestellt und für eine Rückkehr zu der ursprünglich vom Bundesverwaltungsgericht vertretenen Linie, bei

---

[1] Als deren Hauptvertreter können u.a. *Kopp*, VwVfG, § 36 Rn. 46 f.; *Schenke*, VerwProzR, Rn. 295 f.; *Erichsen*, in: *Erichsen/Ehlers*, Allg. VerwR, § 15 Rn. 33, sowie *Hufen*, VerwProzR, § 14 Rn. 55 f. und *Janßen*, in: *Obermayer*, VwVfG, § 36 Rn. 45 f. angeführt werden.

der sich die einschlägige Klageart nach der Rechtsnatur des jeweiligen Verwaltungsaktzusatzes [2] richtet, plädiert.[3]

Angesichts solcher beträchtlicher dogmatischer Differenzen ist es dann wenig verwunderlich, daß in der Literatur die Diskussion um den Rechtsschutz gegenüber Nebenbestimmungen mittlerweile auch als eine "unendliche Geschichte" bzw. als ein "wissenschaftlicher Kreislauf" bezeichnet wird.[4] Verstärkt wird dieser Eindruck dadurch, daß sich neben den soeben kurz angesprochenen zwei "großen" Grundpositionen in der Literatur auch noch zahlreiche weitere Sonder- bzw. Untergruppen ausmachen lassen, die allesamt auf verschiedenen dogmatischen Ansätzen beruhen.

Verschafft man sich einmal einen Überblick, so läßt sich darüber hinaus feststellen, daß sich gerade hinter dieser seit Jahrzehnten zu beobachtenden Vielzahl unterschiedlicher Rechtsansichten mittlerweile die eigentliche "Crux" dieser Thematik verbirgt. Die zahlreichen variierenden Ansichten in Literatur und Rechtsprechung haben im Laufe der Jahre eine solche Fülle von Argumentationsmustern entwickelt, daß ein Austausch und eine Gewichtung sämtlicher Argumente nahezu unmöglich geworden ist. Die Meinungsvielfalt hat viele dazu animiert, in diesen nicht abreißenden wissenschaftlichen Diskurs einzusteigen, zumal auf diesem Gebiet mittlerweile fast jede Rechtsansicht vertretbar erscheint.

Nur noch wenige Autoren machen sich die Mühe, die vielen Argumente der vergangenen Jahrzehnte umfassend zu erörtern. Zumeist begnügt man sich, seinen einmal gewählten dogmatischen Ansatz zu verteidigen, und beharrt entweder auf der Möglichkeit einer isolierten Anfechtungsklage oder aber verweist den Kläger auf die Verpflichtungsklage. Dabei kann sich der Umstand, daß als Alternative zur isolierten Anfechtungsklage nur die Verpflichtungsklage als taugliches Rechtsschutzmittel zur Verfügung steht, für den Kläger unter Umständen äußerst negativ auswirken. So führt beispielsweise die alleinige Zulas-

---

[2] Der Begriff "Verwaltungsaktzusatz" wird im folgenden im Sinne einer umfassenden und neutralen Terminologie für sämtliche Neben- sowie Inhaltsbestimmungen verwandt.

[3] Zuletzt *Pietzcker*, NVwZ, 1995, 15 f. (20); *Störmer*, DVBl. 1996, 81(89); *ders.*, NWVBl. 1996, 169 (177); auch in der Rechtsprechung deutet sich mittlerweile dieser Trend an, vgl. die Ausführungen unten auf S. 94 f.

[4] So *Schenke*, in: FS für *Roellecke*, 1997, 281 (282).

sung der Verpflichtungsklage auf Erlaß einer Begünstigung ohne die lästige Nebenbestimmung in der Regel zu einem erhöhten Kostenrisiko für den Bürger, da die Gerichte regelmäßig einer solchen Klage einen höheren Streitwert beimessen als einer isoliert erhobenen Anfechtungsklage, bei der es (nur) um die Anfechtung und Aufhebung einer belastenden Nebenbestimmung geht.[5] Überdies läuft der auf eine Verpflichtungsklage verwiesene Kläger Gefahr, daß bis zur Rechtskraft eines stattgebenden Verpflichtungsurteils sich die Sach- oder Rechtslage zu seinen Ungunsten verändert und er dadurch am Ende sogar die Begünstigung selbst verlieren kann [6], da bei der Beurteilung der Begründetheit von Verpflichtungsklagen die Sach- und Rechtslage zum Zeitpunkt der letzten mündlichen Verhandlung zugrunde gelegt wird.[7]
Schließlich läuft der allein auf die Verpflichtungsklage verwiesene Kläger Gefahr, daß ihm für den Zeitraum bis zum Erlaß des begehrten uneingeschränkten Verwaltungsaktes auch der Gebrauch der Erlaubnis selbst verwehrt wird. In diesem Zusammenhang gilt es nämlich zu beachten, daß mit der Verpflichtungsklage grundsätzlich auch eine sog. unselbständige Anfechtung der dem Verwaltungsakt beigefügten belastenden Nebenbestimmung verbunden ist und bis heute die Frage, wie weit die aufschiebende Wirkung einer solchen Anfechtungsklage reicht, von den Behörden und den zuständigen Gerichten recht unterschiedlich beantwortet wird.[8]
Zu Recht wies daher *Kopp* bereits im Jahre 1970 darauf hin, daß die Frage nach der isolierten Anfechtbarkeit von Inhalts- und Nebenbestimmungen nicht nur von rein "akademischem Interesse" [9], sondern auch von weitreichender praktischer Bedeutung für den rechtsschutzsuchenden Bürger sein kann. Gerade diese für den rechtsschutzsuchenden Bürger erheblichen Auswirkungen sind es jedoch, die nach wie vor eine eindeutige Lösung dieser Rechtsschutzproblematik erfordern, um Rechts-

---

[5] So bereits *Kopp*, GewArch. 1970, 97 f. (97) und *Schneider*, S. 84.

[6] *Assfalg*, BB 1967, 190 (190); *Lange*, AöR 102, 1977, 337 (337); *Osterloh*, JuS 1983, 229 (230).

[7] Vgl. hierzu BVerwGE 29, 261 (164); *Kopp/Schenke*, VwGO, § 113 Rn. 217 m. w. N.

[8] *Kopp*, GewArch. 1970, 97 (97); *Hoenig*, S. 35. Einen Suspensiveffekt verneinend: LSG Stuttgart, NVwZ 1982, 463 (464). Vgl. hierzu auch *Schneider*, S. 84, der einem Verpflichtungskläger vorläufigen Rechtsschutz hingegen allein über § 123 VwGO gewähren will.

[9] So *Kopp*, GewArch. 1970, 97 f. (97).

sicherheit auf diesem praxisrelevantem Rechtsgebiet zu schaffen. Ein jeder Lösungsansatz in diesem Bereich muß dabei das Ziel verfolgen, einerseits einen möglichst effektiven Rechtsschutz für den betroffenen Bürger zu gewährleisten, andererseits aber auch den verschiedenen Arten von Nebenbestimmungen bzw. ihren unterschiedlichen Rechtscharakteren sowie der Systematik der unterschiedlichen Klagearten gerecht zu werden. Schließlich sind auch die den Behörden beim Erlaß von Verwaltungsakten samt Nebenbestimmungen häufig zustehenden Entscheidungsspielräume, d. h. die sog. Ermessensprärogative der Verwaltung sowie der Umfang bzw. die Reichweite der gerichtlichen Entscheidungsbefugnisse unter besonderer Beachtung der Gewaltenteilung, zu berücksichtigen.

Als Einstieg bzw. erster Überblick in die soeben angedeuteten, in vielfältiger Weise auftretenden Rechtsfragen bietet sich die Rechtsprechung des Bundesverwaltungsgerichtes an. Das Bundesverwaltungsgericht hatte sich über Jahrzehnte hinweg mit vielen der bereits oben angesprochenen Problemkreise auseinanderzusetzen. Außerdem spiegelt sich in den unterschiedlichen Entwicklungsphasen der höchstrichterlichen Rechtsprechung ein Großteil der in der Literatur vorzufindenden Meinungsspektren zur gesonderten Anfechtbarkeit von Inhalts- und Nebenbestimmungen wider, deren Darstellung im Anschluß erfolgt.

Zum besseren Verständnis sei allerdings bereits an dieser Stelle vorausgeschickt, daß die Frage, ob die isolierte Anfechtbarkeit von Inhalts- und Nebenbestimmungen eine Frage der (Un-)Zulässigkeit oder aber erst der (Un-)Begründetheit einer Anfechtungsklage ist, strittig ist. Da sich auch das Bundesverwaltungsgericht im Laufe der Jahre in dieser - zumindest aus dogmatischer Sicht - äußerst bedeutsamen Frage nicht immer eindeutig festlegte, erstreckt sich die nachfolgende Darstellung nicht nur auf eine schlichte Wiedergabe der höchstrichterlichen Rechtsprechung, sondern bemüht sich zugleich um eine Einordnung bzw. um eine klare Trennung zwischen Zulässigkeit und Begründetheit der Klage. Demgemäß wird auch besonderer Wert auf eine Unterscheidung von Begriffsmerkmalen wie zum Beispiel (Teil-)Anfechtung und (Teil-)Aufhebung bzw. Anfechtbarkeit und Aufhebbarkeit gelegt. Diese Vorgehensweise mag zwar auf den ersten Blick banal wirken, sie erscheint aber angesichts der in weiten Teilen der Literatur und Rechtsprechung immer wieder vorzufindenden mißverständlichen Formulierungen dringend geboten.10 Von besonderer Bedeutung ist die korrekte Zuordnung der vom Bundesverwaltungsgericht verwendeten Begriffsmerkmale vor allen Dingen aber auch deshalb, weil gerade diese Einordnung häufig den Ausgangspunkt für unterschiedliche dogmatische Ansätze bildet und sich zahlreiche Autoren in der Literatur allzugern auf sie berufen, um die Richtigkeit ihrer eigenen Auffassung bestätigt zu sehen.

Bevor jedoch näher auf die soeben angesprochene Einordnung der höchstrichterlichen Rechtsprechung und die im Schrifttum vertretenen Rechtsansichten eingegangen wird, erfolgt zunächst die notwendige Abschichtung der verschiedenen Arten und Wirkungsweisen von Inhalts- und Nebenbestimmungen. Besonderes Gewicht wird dabei vor allen Dingen auf eine Analyse der unterschiedlich stark ausgeprägten Akzessorietät von Verwaltungsaktzusätzen zur jeweiligen Hauptregelung gelegt. Kenntnisse über die verschiedenen Arten und Wirkungsweisen von Inhalts- und Nebenbestimmungen sind für das Verständnis der unterschiedlichen Entwicklungsphasen der höchstrichterlichen Rechtsprechung schon deshalb von großer Bedeutung, weil das Bundesverwaltungsgericht seine Grundsätze zur isolierten Anfechtung von Inhalts- und Nebenbestimmungen mitunter aus diesen verschiedenen Arten und Wirkungsweisen ableitet.11

---

10 Mißverständlich insofern *Meyer/Borgs*, VwVfG, § 36 Rn. 42, die eine (Teil-)Anfechtungsklage für "grundsätzlich" *zulässig* bezeichnen, jedoch in Wahrheit für ihre Zulässigkeit keine Ausnahmen machen, sondern sie "nur" als unbegründet abweisen wollen, wenn eine isolierte Aufhebung *unzulässig* ist, vgl. *Meyer/Borgs*, VwVfG, § 36 Rn. 48 a.E.; verständlicher wäre es hier, die Anfechtungsklage "stets" als zulässig zu bezeichnen (selbstverständlich unter der Prämisse des Vorliegens der übrigen Sachurteilsvoraussetzungen) und von einer *"begrenzten Aufhebbarkeit"* zu sprechen.

11 Näher zur höchstrichterlichen Rechtsprechung vgl. unten S. 70 f.

B. Die verschiedenen Arten von Inhalts- und Nebenbestimmungen und ihre Abgrenzung zueinander

I. Allgemeines

Nach § 36 II Nr. 1-5 VwVfG wird unterschieden zwischen den sog. *selbständigen* und *unselbständigen* Nebenbestimmungen.
Als *unselbständig* bezeichnet man die unter § 36 II Nr. 1-3 VwVfG aufgeführten Nebenbestimmungen, die da sind: Befristung, Bedingung und Widerrufsvorbehalt.[12] Sie stellen allesamt *Einschränkungen* der Hauptregelung dar, weil die Behörde mit ihrer Beifügung von Anfang an und zwingend entweder allein auf eine teilweise oder völlige Beseitigung der Geltung des Inhalts des Hauptverwaltungsaktes abzielt[13] oder mit ihnen den Beginn der inneren Wirksamkeit einer Hauptregelung festlegt.[14] Da die Beifügung einer unselbständigen Nebenbestimmung stets mit einer (teil-)revozierenden oder aufschiebenden Rechtsfolge hinsichtlich der zeitlichen Geltung des Hauptverwaltungsaktes verbunden ist, kann man sie auch mit dem Begriff "zeitliche Inhaltsbestimmung" umschreiben.[15] Die Beifügung einer unselbständigen Nebenbestimmung führt auch immer zu einer *Reformation* der Hauptregelung, da diese nunmehr einen in zeitlicher Hinsicht modifizierten Inhalt aufweist.[16] Entsprechend dieser Rechtsnatur weisen unselbständige Nebenbestimmungen allesamt eine bedingte bzw. konditionale Struktur auf, die abstrakt in einem Wenn-Dann-Satz ausgedrückt werden kann und die sich

---

[12] *Meyer/Borgs*, VwVfG, § 36 Rn. 2; *Schneider*, S. 33 und S. 34; *P. Stelkens/U. Stelkens*, in: *Stelkens/Bonk/Sachs*, VwVfG, § 36 Rn. 6 und Rn. 22 a. E. sowie *Brenner*, JuS 1996, 281 (284) und *Maurer*, Allg. VerwR, § 12 Rn. 6, die jeweils den Widerrufsvorbehalt im Sinne des § 36 II Nr. 3 VwVfG dabei als einen besonderen Fall der auflösenden Bedingung ansehen.

[13] So bei auflösenden Befristungen, auflösenden Bedingungen und Widerrufsvorbehalten.

[14] So bei aufschiebenden Befristungen und aufschiebenden Bedingungen.

[15] *Remmert*, VerwArch. 88, 1997, 112 (127) m. w. N.; vgl. hierzu auch *P. Stelkens/U. Stelkens*, in: *Stelkens/Bonk/Sachs*, VwVfG, § 36 Rn. 5, die zu Recht bezweifeln, ob es dogmatisch überhaupt zutreffend ist, solche unselbständige Verwaltungsaktzusätze als Nebenbestimmungen zu bezeichnen. Angesichts der gängigen Terminologie, die das Gesetz in § 36 VwVfG aufgreift, lassen sie diese Frage aber letztlich offen.

[16] *Brenner*, JuS 1996, 281 (283); *Remmert*, VerwArch. 88, 1997, 112 (126) m. w. N.

an dieser Stelle - zunächst unabhängig von der spezifischen Natur solcher Nebenbestimmungen - wie folgt zusammenfassen läßt: Wenn die unselbständige Nebenbestimmung A gilt, dann gilt auch die Hauptregelung B.[17] Zu beachten ist, daß diese konditionale Struktur zugleich auch immer eine inhaltliche Verbindung zwischen Nebenbestimmung und Hauptregelung herstellt, die ein wechselseitiges Abhängigkeitsverhältnis bzw. eine *wechselseitige Akzessorietät* begründet.[18] Denn wenn eine inhaltliche Verbindung die Struktur "wenn A, dann B" aufweist, kann aus ihr weder isoliert "A" noch isoliert "B" gefolgert werden, weil sich in diesem Falle sowohl der eine Teil als auch der andere Teil stets gegenseitig bedingen. Beiden Teilen liegt also letztlich ein Alles-oder-Nichts-Prinzip zugrunde.

Die unselbständigen Nebenbestimmungen hängen folglich nicht nur von der Hauptregelung, sondern die Hauptregelung auch von einer ihr einmal beigefügten unselbständigen Nebenbestimmung ab. Mit der Beifügung einer solchen Nebenbestimmung verliert die Hauptregelung ihre - sonst üblicherweise gegebene - Unabhängigkeit; dies ist ein weiterer Gesichtspunkt, der den einschränkenden Rechtscharakter unselbständiger Nebenbestimmungen unterstreicht.

Die Annahme einer lediglich einseitigen Akzessorietät der jeweiligen unselbständigen Nebenbestimmung zur Hauptregelung widerspräche hingegen nicht nur der soeben angesprochenen konditionalen Struktur einer solchen Verbindung, sondern vor allen Dingen auch der auflösenden oder aufschiebenden Rechtsnatur unselbständiger Nebenbestimmungen. Würde man die Hauptregelung als einen von einer unselbständigen Nebenbestimmung *nicht* abhängigen Teil betrachten, würde jene losgelöst von dieser existieren, so daß auch eine in der Hauptregelung angeordnete Genehmigung uneingeschränkt gelten würde. Dieser Umstand stünde in Widerspruch zum Inhalt der ihr beigefügten unselbständigen Nebenbestimmung, der charakteristischer Weise entweder nur eine aufschiebende oder nur auflösend bedingte Geltungsdauer der

---

[17] Die konditionale Struktur variiert leicht, je nachdem welcher unselbständige Nebenbestimmungstyp der Hauptregelung beigefügt wurde. Näher zu den spezifischen Unterschieden unten S. 11 f.

[18] Im Ergebnis ebenso *Sieckmann*, DÖV 1998, 525 (530).

Hauptregelung vorsieht.[19] Eine tatsächliche bzw. logische Teilbarkeit zwischen Hauptregelung und unselbständiger Nebenbestimmungen ist daher abzulehnen.

Die Auflage und der Auflagenvorbehalt werden hingegen als *selbständige* Nebenbestimmungen angesehen.[20] Von ihrer Rechtsnatur her zielen diese Nebenbestimmungstypen *selbst* noch nicht auf eine Einschränkung, sondern zunächst nur auf eine *Ergänzung* der Hauptregelung ab. Dieser Rechtsnatur entsprechend stehen selbständige Nebenbestimmungen stets in einer sog. *konjunktiven* Verbindung [21] zur Hauptregelung, d. h. in einer solchen inhaltlichen Verknüpfung zueinander, die sich aus grammatikalischer Sicht durch das Bindewort bzw. die Konjunktion "und" darstellen läßt und die abstrakt lautet: Es gilt die Genehmigung, *und* es gilt die selbständige Nebenbestimmung. Die Nichtbeachtung selbständiger Nebenbestimmungen durch den Verwaltungsaktadressaten hat daher auch nie auflösende oder aufschiebende Auswirkung auf die zeitliche Geltungsdauer einer Hauptregelung zur Folge. Vielmehr entfaltet die jeweilige Hauptregelung ihre Wirksamkeit selbst dann, wenn die ihr beigefügte selbständige Nebenbestimmung nicht beachtet bzw. erfüllt wird.

Den selbständigen Nebenbestimmungen liegt demnach kein Alles-oder-Nichts-Prinzip zugunde.[22] Mit anderen Worten heißt das, daß selbständige Nebenbestimmungen (nur) eine *einseitige*, nicht aber auch eine wechselseitige Akzessorietät zur Hauptregelung begründen, mithin also die jeweilige Hauptregelung trotz der Beifügung selbständiger Nebenbestimmungen - abstrakt betrachtet - losgelöst von diesen existiert und damit ihre Unabhängigkeit beibehält.[23]

---

[19] Rein logisch ist es daher bereits gar nicht möglich, die Hauptregelung von einer unselbständigen Nebenbestimmung zu trennen, da unselbständige Nebenbestimmungen keine eigenständige Sachregelung betreffen, sondern nur zusammen mit der Hauptregelung eine gemeinsame Rechtsfolge setzen können, ähnlich *Remmert*, VerwArch. 88, 1997, 112 (127).

[20] *Schneider*, S. 33 und S. 34; *Meyer/Borgs*, VwVfG, § 36 Rn. 2; *P. Stelkens/U. Stelkens*, in: *Stelkens/Bonk/Sachs*, VwVfG, § 36 Rn. 6 und Rn. 47; *Achterberg*, Allg. VerwR, S. 108.

[21] Die Terminologie "konjunktive Verbindung" wurde in diesem Zusammenhang von *Sieckmann*, DÖV 1998, 525 (530), begründet; näher hierzu auch unten auf S. 31 f.

[22] Insofern zutreffend *Schachel*, S. 29.

[23] Näher hierzu bei den entsprechenden Nebenbestimmungen unten S. 11 f.

Wegen der fehlenden wechselseitigen Beziehung kann man daher zwar im Wege einer vergleichenden Gesamtschau davon sprechen, daß ein Verwaltungsakt mit selbständiger Nebenbestimmung etwas anderes, d. h. ein *aliud* zu einem Verwaltungsakt ohne selbständige Nebenbestimmung ist.[24] Falsch wäre es jedoch, selbständige Nebenbestimmungen als *Einschränkungen* eines Hauptverwaltungsaktes zu bezeichnen. Denn als Einschränkungen einer Hauptregelung müßten sie sich nicht nur im Vergleich zu einem uneingeschränkten Verwaltungsakt als ein aliud präsentieren können, sondern sie müßten auch selbst in der Lage sein, die Geltungsdauer einer Hauptregelung zu verkürzen. Eine solche Verkürzung ist aber nur denkbar, wenn selbständige Nebenbestimmungen bereits selbst rechtsverkürzende Auswirkungen auf eine Hauptregelung zeitigen. Wie oben gesagt, zeichnen sich selbständige Nebenbestimmungen aber gerade durch ihre konjunktive Verknüpfung zur Hauptregelung, d. h. dadurch aus, daß auch im Falle ihrer Nichtbeachtung die Hauptregelung uneingeschränkt fortgilt.[25]

Ein aufschiebender oder auflösender Einfluß auf die zeitliche Geltungsdauer der Hauptregelung ist demnach selbständigen Nebenbestimmungen fremd. Sie schränken die Hauptregelung nicht in konditionaler Weise ein, sondern sie ergänzen diese auf konjunktive Weise. Bei abstrakter Betrachtungsweise ist es deshalb auch nicht gerechtfertigt, davon zu sprechen, daß eine Hauptregelung mit Nebenbestimmung gegenüber einer Hauptregelung ohne Nebenbestimmung ein aliud darstelle. Denn mangels inhaltlicher Einschränkung behält der mit einer solchen Nebenbestimmung versehene Verwaltungsakt seine bisherige, inhaltlich uneingeschränkte Gestalt bei.[26]

Was die unterschiedlichen Typen von Nebenbestimmungen anbelangt, so ist zu beachten, daß die in § 36 II VwVfG vorgenommene Aufzählung von Nebenbestimmungen nicht abschließend ist. § 36 II VwVfG normiert

---

[24] Eine solche vergleichende Betrachtungsweise wird allerdings der wahren Rechtsnatur der verschiedenen Nebenbestimmungsarten nicht gerecht, da Nebenbestimmungen stets einer abstrakten Betrachtungsweise zugänglich sind. Zur generellen inhaltlichen Abstrahierbarkeit von Nebenbestimmungen vgl. etwa *Hoenig*, S. 61.

[25] Dies ist unstrittig.

[26] Näher hierzu unten bei den entsprechenden Nebenbestimmungstypen, vgl. S. 11 f.

keinen numerus clausus von Nebenbestimmungen [27], da es keinen exklusiven Katalog öffentlich-rechtlicher Handlungsformen gibt.[28] Freilich sind weitere Arten von Nebenbestimmungen kaum vorstellbar. So lassen auch die in der Praxis gewählten Nebenbestimmungen sich regelmäßig den in § 36 II Nr. 1-5 VwVfG genannten Nebenbestimmungstypen zuordnen.
Entscheidend für die Zuordnung im Einzelfall ist stets der *materielle* Gehalt der Nebenbestimmung und nicht die behördliche Bezeichnung.[29] Die von der Behörde - häufig fehlerhaft - verwendete Bezeichnung der Nebenbestimmung besitzt bei der Ermittlung des materiellen Gehalts nur eine beschränkte Aussagekraft und kann allenfalls als erstes Indiz zur Bestimmung des jeweiligen Nebenbestimmungstyps herangezogen werden.[30] Entscheidend ist, wie die getroffene Regelung nach ihrem objektiven Erklärungswert und den sonstigen, dem Verwaltungsaktadressaten bekannten Umständen nach Treu und Glauben zu verstehen ist.[31]

---

[27] *P. Stelkens/U. Stelkens*, in: *Stelkens/Bonk/Sachs*, VwVfG, § 36 Rn. 3; *Huber*, Allg. VerwR, S. 184; *Kopp/Ramsauer*, VwVfG, § 36 Rn. 13; *Ule/Laubinger*, Verwaltungsverfahrensrecht, § 50 Rn. 5 (S. 499) m. w. N.; *Knack/Henneke*, VwVfG, § 36 Rn. 7; a. A. *Meyer/Borgs*, VwVfG, § 36 Rn. 24; *Schneider*, S. 15; *Axer*, Jura 2001, 748 (748).
[28] *P. Stelkens/U. Stelkens*, in: *Stelkens/Bonk/Sachs*, VwVfG, § 36 Rn. 3; *Laubinger*, WiVerw. 1982, 117 f. (141).
[29] *Kopp/Ramsauer*, VwVfG, § 36 Rn. 14; *Brenner*, JuS 1996, 281 (282); *Erichsen*, Jura 1990, 214 (215); *P. Stelkens/U. Stelkens*, in: *Stelkens/Bonk/Sachs*, VwVfG, § 36 Rn. 8a.
[30] *Maurer*, Allg. VerwR, § 12 Rn. 17; *Janßen*, in: *Obermayer*, VwVfG, § 36 Rn. 16; *Knack/Henneke*, VwVfG, § 36 Rn. 7; ausführlich *Elster*, S. 121 f. (S. 122).
[31] Vgl. hierzu auch *Kopp/Ramsauer*, VwVfG, § 36 Rn. 14 und BVerwG, NJW 1989, 54.

II. Die unselbständigen Nebenbestimmungen gemäß § 36 II Nr. 1 -Nr. 3 VwVfG

1. *Die Befristung gemäß § 36 II Nr. 1 VwVfG*

a.) *Inhalt und Bedeutung*

Nach der Legaldefinition des § 36 II Nr. 1 VwVfG versteht man unter der Befristung eine Bestimmung, nach der eine Vergünstigung oder Belastung zu einem bestimmten Zeitpunkt beginnt, endet oder für einen bestimmten Zeitraum gilt. Demzufolge kann mit dieser Nebenbestimmungsart die in einem Verwaltungsakt ausgesprochene Rechtsfolge von einem Endtermin (*auflösende Befristung*) oder von einem Anfangstermin (*aufschiebende Befristung*) abhängen.[32] Obgleich damit im letzteren Fall die Rechtswirkungen des Verwaltungsaktes erst mit Ablauf einer Frist eintreten (sog. *innere Wirksamkeit* des Verwaltungsaktes [33]), wird dieser bereits mit seiner Bekanntgabe wirksam und damit rechtlich existent (sog. *äußere Wirksamkeit* des Verwaltungsaktes).[34] Die Behörde ist also grundsätzlich bereits mit Erlaß ihres befristeten Verwaltungsaktes gebunden, was zur Folge hat, daß sich der Adressat gegen diesen mit Rechtsbehelfen zur Wehr setzen kann.[35]

Unabdingbare Voraussetzung für das Vorliegen einer Befristung im Sinne des § 36 II Nr. 1 VwVfG ist dabei in allen Fällen die *Gewißheit*, daß der für den Beginn, das Ende oder die Dauer der Befristung maßgebende Zeitpunkt mit Sicherheit eintreten wird.[36] Dies ist zum einen dann der Fall, wenn die Befristung die Wirksamkeit eines Verwaltungsaktes auf

---

[32] *P. Stelkens/U. Stelkens*, in: *Stelkens/Bonk/Sachs*, VwVfG, § 36 Rn. 13; *Brenner*, JuS 1996, 281 (283); *Karl*, S. 20.

[33] Zum Begriff der "inneren Wirksamkeit" des Verwaltungsaktes vgl. auch *Laubinger*, WiVerw. 1982, 117 (118) und *BVerwGE* 57, 69 (70 und 73).

[34] *Laubinger*, WiVerw. 1982, 117 (118); *P. Stelkens/ U. Stelkens*, in: *Stelkens/Bonk/Sachs*, VwVfG, § 36 Rn. 15.

[35] *Laubinger*, WiVerw. 1982, 117 (118).

[36] *Kopp/Ramsauer*, VwVfG, § 36 Rn. 15; *Brenner*, JuS 1996, 281 (283).

einen kalendermäßig bestimmten Termin festlegt [37]; zum anderen genügt es aber auch, wenn zwar der Eintritt des Ereignisses *zeitlich* nicht bestimmbar ist, aber mit Gewißheit feststeht, daß es stattfinden wird, wie zum Beispiel der Tod eines Menschen.[38] Ist der Eintritt des Ereignisses hingegen *ungewiß*, dann handelt es sich um keine Befristung, sondern um eine Bedingung.[39]

b.) *Struktur*

Da die Befristung den Regelungsgehalt des Verwaltungsaktes einschränkt, d. h. dessen *innere* Wirksamkeit berührt, indem sie den Regelungsgehalt des Verwaltungsaktes in zeitlicher Hinsicht begrenzt, ist sie selbst *Bestandteil* des Verwaltungsaktes.[40] Als Einschränkung weist die Befristung stets eine bedingte bzw. konditionale Gedankenstruktur auf, die abstrakt in einem Wenn-Dann-Satz ausgedrückt werden kann.[41] Denn nur *wenn* ein bestimmter Zeitpunkt erreicht ist (auflösende Befristung) oder ein bestimmter Zeitpunkt noch nicht erreicht ist (aufschiebende Befristung), *dann* erlischt oder gilt die Genehmigung. Die Verknüpfung von Befristung und Hauptregelung führt stets auch zu einer Veränderung der Hauptregelung, da sie dazu führt, daß die Hauptregelung nunmehr konditional eingebundene (entweder zeitlich

---

[37] *P. Stelkens/U. Stelkens*, in: *Stelkens/Bonk/Sachs*, VwVfG, § 36 Rn. 13; *Kopp/Ramsauer*, VwVfG, § 36 Rn. 15; *Brenner*, JuS 1996, 281 (283); *Gern/Wachenheim*, JuS 1980, 276 (276); *Karl*,S. 20.

[38] *Laubinger*, WiVerw. 1982, 117 (119); *Ule/Laubinger*, VerwaltungsverfahrensR, § 50 Rn. 7 (S. 500); *Erichsen*, Jura 1990, 214 (215) und *Gern/Wachenheim*, JuS 1980, 276 (276).

[39] Vgl. hierzu BVerwGE 60, 269 (275); *Kopp/Ramsauer*, VwVfG, § 36 Rn. 15 und *Ule/Laubinger*, VerwaltungsverfahrensR, § 50 Rn. 7 (S. 501).

[40] *P. Stelkens/U. Stelkens*, in: *Stelkens/Bonk/Sachs*, VwVfG, § 36 Rn. 6; *Brenner*, JuS 1996, 281 (283); *Gern/Wachenheim*, JuS 1980, 276 (277). Von der Inhaltsbestimmung grenzt sie sich insofern ab, als sie nicht das genehmigte Vorhaben bzw. die genehmigte Handlung qualitativ oder quantitativ näher definiert, sondern eine einzelne Voraussetzung, hier die der zeitlichen Geltungsdauer, abweichend vom gesetzlichen Regelfall des § 43 VwVfG festlegt bzw. modifiziert. Zur Abgrenzung von der sog. Inhaltsbestimmung eines Verwaltungsaktes vgl. auch *P. Stelkens/U. Stelkens*, in: *Stelkens/Bonk/Sachs*, VwVfG, § 36 Rn. 10.

[41] So auch *Sieckmann*, DÖV 1998, 525 (530).

auflösende oder aufschiebende) Regelungen hinsichtlich ihrer zeitlichen Geltungsdauer in sich trägt.[42]
Ein über diese Wirkungen hinausgehender Zweck kommt der Befristung allerdings nicht zu. Vielmehr beschränkt sich eine Befristung im Sinne des § 36 II Nr. 1 VwVfG stets darauf, die zeitliche bzw. die innere Wirksamkeit des Hauptverwaltungsaktes zu regeln, indem sie dessen Geltungsdauer zeitlich und in konditionaler Weise einschränkt. Aus diesem Grunde hängt der (Fort-)Bestand der Befristung stets von der Existenz eines zu befristenden Inhalts, d. h. von der Existenz einer Hauptregelung ab.
Diese Abhängigkeit beruht allerdings auf Gegenseitigkeit. Eine einmal unter einer Befristung erteilte Genehmigung hängt ebenso von dem Fortbestand der Befristung ab, wie diese von der Genehmigung. Würde man eine solche wechselseitige Abhängigkeit verneinen bzw. die Abhängigkeit einer Befristung von der Hauptregelung nur einseitig bestimmen, würde man die Rechtsnatur einer Befristung bzw. ihr Verhältnis zur Hauptregelung verkennen. Bei Annahme einer nur einseitigen Abhängigkeit müßte man die Befristung als eine inhaltliche Ergänzung der Hauptregelung in Form einer separaten zeitlichen Geltungsregelung qualifizieren. Die beigefügte Befristung wiese keinen einschränkenden Charakter mehr auf, weil sie - abstrakt betrachtet und bei Annahme einer nur einseitigen Akzessorietät - nur noch durch das Bindewort "und" mit der Hauptregelung verbunden wäre. Der Eintritt des in der Befristung bezeichneten Ereignisses hätte keine Auswirkungen auf den Bestand der Hauptregelung mehr. Es entstünde also nicht nur ein Widerspruch zu der zwischen ihr und der Hauptregelung bestehenden konditionalen Struktur, sondern die Befristung würde auch ihre typische Funktion als zeitliche Inhaltsbestimmung verlieren, da die Hauptregelung selbst im Falle des Eintritts des in der jeweiligen Befristungsart bestimmten Zeitpunktes weiter existieren könnte.
Besonders deutlich wird dies beispielsweise im Falle einer *auflösenden* Befristung. Bei Verneinung einer wechselseitigen Abhängigkeit sowie bei Eintritt des in der Befristung bestimmten zeitlichen Ereignisses (also

---

[42] Dies gilt auch im Falle einer auflösenden Befristung, obgleich bei dieser die konditionale Struktur nicht sofort erkennbar ist. Denn zumindest rein äußerlich betrachtet erweckt die Hauptregelung zunächst den Anschein, uneingeschränkt zu gelten. Daß letzteres jedoch nicht so ist, wird spätestens mit Eintritt des (gewissen) auflösenden Ereignisses deutlich.

etwa bei Eintritt eines bestimmten Tages) würde die für eine auflösende Befristung sonst übliche Auflösungswirkung hinsichtlich des Verwaltungsaktinhaltes ausbleiben. Der gleiche Effekt würde - unter umgekehrten Vorzeichen - auch bei einer *aufschiebenden* Befristung eintreten. Denn obwohl das zeitliche Ereignis noch nicht eingetreten ist, könnte ein Verwaltungsaktadressat bereits vor Eintritt der Befristung in den Genuß der Hauptregelung kommen. Dies wäre in beiden Fällen ein untragbares Ergebnis, da die auf die Geltungsdauer der Hauptregelung abzielende Revozierungs- bzw. Suspendierungswirkung essentieller Bestandteil der einschränkenden Rechtsnatur einer Befristung, besser gesagt deren konditionalen Struktur sowie des damit verbundenen Alles-oder-Nichts-Prinzips ist.

Leugnete man diese wechselseitige Akzessorietät, machte die in § 36 II VwVfG getroffene Unterscheidung zwischen Befristungen und Auflagen wenig Sinn, denn eine Behörde könnte dasselbe Ziel auch über eine Auflage erreichen. So könnte sie zum Beispiel den Adressaten der Genehmigung im Rahmen einer Auflage schlicht dazu verpflichten, von der Genehmigung nicht mehr Gebrauch zu machen, wenn eine bestimmte Frist abgelaufen ist. Auch hier hinge die Geltung der Hauptregelung von der Einhaltung dieser Pflicht bzw. der Auflage nicht ab.[43]

All dies zeigt, daß sich überhaupt nur bei Bejahung einer *wechselseitigen Akzessorietät* zwischen Hauptregelung und Befristung die Rechtsnatur einer Befristung widerspruchsfrei beschreiben läßt. Eine nur einseitige Akzessorietät der Befristung zum Hauptverwaltungsakt genügt hierfür nicht. Auch die Hauptregelung muß zwingend vom Bestand einer ihr einmal beigefügten Befristung abhängen. Letztlich verwundert dies jedoch nicht. Die Annahme einer solchen wechselseitigen Akzessorietät zwischen Hauptregelung und Befristung beschreibt die generelle Rechtsnatur unselbständiger Nebenbestimmungen. Ihnen liegt stets eine bedingte bzw. konditionale Struktur in Form eines wechselseitigen Wenn-Dann-Satzes zugrunde, die abstrakt lautet: Die unselbständige Nebenbestimmung gilt nur dann, wenn der Hauptverwaltungsakt gilt, und der Hauptverwaltungsakt gilt nur dann, wenn die unselbständige Nebenbestimmung gilt.[44] Ein solches Gedankenmuster kann nie aufgespalten werden. Vielmehr hängt der eine Teil ("wenn") stets vom anderen Teil

---

[43] Zur Auflage vgl. unten S. 29 f.
[44] Vgl. auch bereits die Ausführungen oben auf S. 6 f.

("dann") und umgekehrt voneinander ab. Gerade diese konditionale Struktur bzw. die damit verbundene wechselseitige Akzessorietät ist es, die eine Befristung zu einer Einschränkung der Hauptregelung macht. Denn schließlich verliert die Hauptregelung durch die Beifügung einer unselbständigen Nebenbestimmung ihre ansonsten zeitlich uneingeschränkte Geltungsdauer.

Abschließend läßt sich daher sagen, daß die Befristung als eine einschränkende Nebenbestimmung stets eine konditionale bzw. bedingte Struktur aufweist, die eine zwingende *wechselseitige Akzessorietät* zwischen ihr und der Hauptregelung begründet. In Abgrenzung zu den selbständigen Nebenbestimmungen weist die Befristung keine konjunktive Verbindung zum Hauptverwaltungsakt auf, die sich typischerweise in der Formel ausdrücken läßt: Es gilt die Hauptregelung, *und* es gilt die selbständige Nebenbestimmung.[45] Auch läßt sich die (abstrakt) konditionale Struktur einer Befristung in Form eines Wenn-Dann-Satzes nicht in eine konjunktive Struktur umdeuten. Das Alles-oder-Nichts-Prinzip einer konditionalen Verbindung verträgt sich nicht mit dem Ergänzungs-Prinzip einer konjunktiven Verbindung. Vielmehr schließen sich beide Strukturen schon rein denkgesetzlich gegenseitig aus.[46] Schließlich ist darauf hinzuweisen, daß bei Fristablauf bzw. bei Fristbeginn ihre Wirkung, also das Erlöschen oder der Beginn der im Verwaltungsakt ausgesprochenen Rechtsfolgen, automatisch eintritt.[47]

c.) *Rechtsnatur*

Aufgrund der bestehenden wechselseitigen Akzessorietät zwischen Hauptregelung und Befristung kann die Befristung selbst keine selbständige Regelung im Sinne des § 35 S. 1 VwVfG darstellen. Sie ist daher kein Verwaltungsakt. Vielmehr ist sie als ein unselbständiger Bestand-

---

[45] Ausführlicher hierzu später unten auf S. 31 f.
[46] Nur ergänzend sei darauf hingewiesen, daß es keine *konjunktiven* Verbindungen gibt, die eine wechselseitige Akzessorietät begründen können. Bei Annahme einer *wechselseitigen Akzessorietät* handelt es sich bereits um eine Verbindung, der ein Alles-oder-Nichts-Prinzip zugrunde liegt und die daher als *konditionale* Verknüpfung zu interpretieren ist.
[47] *Schwerdtfeger*, Öffentliches Recht in der Fallbearbeitung, Rn. 166; *Axer*, Jura 2001, 748 (748).

teil, genauer gesagt als zeitliche Inhaltsbestimmung der Hauptregelung zu qualifizieren.

2. Die Bedingung gemäß § 36 II Nr. 2 VwVfG

a.) Inhalt und Bedeutung

Die Bedingung im Sinne des § 36 II Nr. 2 VwVfG ist eine Bestimmung, nach der der Eintritt oder Wegfall einer Vergünstigung oder Belastung von dem *ungewissen Eintritt* eines zukünftigen Ereignisses abhängt. Ähnlich wie bei einer Befristung schränkt auch die Bedingung lediglich den Beginn (*aufschiebende Bedingung*) oder das Ende (*auflösende Bedingung*) der *inneren* Wirksamkeit eines Verwaltungsaktes ein.[48] Die *äußere* Wirksamkeit des bedingten Hauptverwaltungsaktes wird durch die Beifügung einer *aufschiebenden* Bedingung nicht berührt, sondern hängt gemäß § 43 I VwVfG allein von seiner Bekanntgabe ab.[49]
Wie oben bereits erwähnt, ist im Gegensatz zur Befristung der Eintritt des künftigen Ereignisses, von dem der Beginn oder das Ende der im Verwaltungsakt enthaltenen Rechtsfolgen abhängt, *ungewiß*. Diese Ungewißheit beschränkt sich hierbei nicht nur darauf, wann das Ereignis eintritt, sondern auch darauf, ob es überhaupt eintritt.[50] Macht die Behörde den (ungewissen) Eintritt des Ereignisses vom Willen bzw. vom Verhalten des Verwaltungsaktadressaten oder eines anderen abhängig, so spricht man von einer sog. *unechten* oder von einer *Wollens-* bzw. *Potestativbedingung*.[51] Keine Bedingung im Sinne des § 36 II Nr. 2 VwVfG liegt dagegen vor, wenn es sich um einen bloßen Hinweis auf eine bereits

---

[48] Näher zur einschränkenden Rechtsnatur der Bedingung sogleich unten auf S. 17 f.
[49] Ähnlich *Schachel*, Jura 1981, 449 (449); BVerwGE 57, 69 (70 und 73); zur aufschiebenden Befristung vgl. die Ausführungen oben auf S. 11.
[50] *Gern/Wachenheim*, JuS 1980, 276 (276); *Brenner*, JuS 1996, 281 (283).
[51] *P. Stelkens/U. Stelkens*, in: *Stelkens/Bonk/Sachs*, VwVfG, § 36 Rn. 19; *Brenner*, JuS 1996, 281 (283); *Wolff/Bachof/Stober*, VerwR II, § 47 Rn. 4; *Axer*, Jura 2001, 748 (750). Stellt die Bedingung auf Ereignisse außerhalb des Machtbereiches des Verwaltungsaktadressaten ab, so handelt es sich um eine sog. *kasuelle* bzw. *sog. Zufallsbedingung*, vgl. zur unterschiedlichen Verwendung der Terminologie: *Schachel*, S. 22 f. (S. 25); *ders.*, Jura 1981, 449 (449); *Karl*, S. 18 und *Hönig*, S. 49 und S. 76.

kraft Gesetzes bestehende Bedingung handelt (sog. Rechtsbedingung).[52] Insoweit fehlt es bereits an einer selbständigen Rechtserheblichkeit.[53]

b.) *Struktur*

Wie der Befristung liegt auch der Bedingung das abstrakte Gedankenmuster eines Wenn-Dann-Satzes zugrunde, d. h. auch sie weist eine für unselbständige Nebenbestimmungen typische konditionale Struktur auf.[54] Diese Struktur bewirkt eine wechselseitige Akzessorietät zwischen Bedingung und Hauptregelung. Nur bei Annahme einer wechselseitigen Akzessorietät läßt sich die für die Bedingung typische Wirkungsweise, daß die Hauptregelung nur dann Geltung beanspruchen soll, wenn ein in der Bedingung bezeichnetes Ereignis eintritt (Fall der aufschiebenden Bedingung), oder nur solange gelten soll, bis ein bestimmtes Ereignis noch nicht eingetreten ist (Fall der auflösenden Bedingung), erklären. Da die Hauptregelung durch die Beifügung einer Bedingung in zeitlicher Hinsicht ihre uneingeschränkte Geltungdauer verliert, wird sie durch die konditionale Verbindung inhaltlich eingeschränkt und inhaltlich verändert.[55]

c.) *Rechtsnatur*

Da auch die Bedingung für sich *allein* keine Rechtsfolge setzt, sondern allein die zeitliche Geltungsdauer des Verwaltungsaktes regelt, indem sie diese vom Eintritt einer aufschiebenden oder auflösenden Bedingung abhängig macht, ist sie wie die Befristung stets ein integraler (inte-

---

[52] Vgl. *Mayer/Kopp*, Allg. VerwR, § 13 II 1 (219) und *Kopp/Ramsauer*, VwVfG, § 36 Rn. 8 und Rn. 20.

[53] *Mayer/Kopp*, Allg. VerwR, § 13 II 1 (S. 220); zutreffend spricht *Brenner* [JuS 1996, 281 (283)] einer solchen Bestimmung nur *deklaratorische* Wirkung zu.

[54] Die Ausführungen zur Befristung gelten insofern sinngemäß, vgl. hierzu S. 12 f.

[55] Dies gilt insbesondere auch im Falle der *auflösenden* Bedingung, obgleich hier rein äußerlich der Anschein erweckt wird, die Genehmigung gelte bis zum Eintritt des auflösenden Ereignisses uneingeschränkt. Daß dies nicht der Fall ist, wird beim Eintritt des auflösenden Ereignisses deutlich.

grierter, integrierender [56] Teil, besser gesagt Bestandteil des Verwaltungsaktes.[57] Als zeitliche Inhaltsbestimmung des Verwaltungsaktes kommt der Bedingung auch keine eigenständige Sachregelungsfunktion zu.[58] Sie selbst ist kein Verwaltungsakt, sondern bleibt unselbständiger Bestandteil des Verwaltungsaktes.

3. Der Widerrufsvorbehalt gemäß § 36 II Nr. 3 VwVfG

a.) Inhalt, Bedeutung und Struktur

Als dritte unselbständige Nebenbestimmung nennt § 36 II Nr. 3 VwVfG den Vorbehalt des Widerrufs.
Der Widerrufsvorbehalt ist eine Bestimmung, die es der Behörde ermöglicht, den Verwaltungsakt ganz oder teilweise nach § 49 II 1 Nr. 1, 2. Alt. VwVfG oder nach vergleichbaren Vorschriften oder Rechtsgedanken zu widerrufen und dadurch seine Wirksamkeit zu beenden.[59] Der Widerrufsvorbehalt konstituiert damit einen Widerrufsgrund [60]; zugleich weist er den Adressaten auf die Möglichkeit eines späteren Widerrufs hin und schließt dadurch die Entstehung schutzwürdigen Vertrauens in die Beständigkeit des Verwaltungsaktes und damit insbesondere eine nach § 49 II 1 Nr. 1, 2. Alt., VI VwVfG bestehende behördliche Entschädigungspflicht in Höhe des Vertrauensschadens von vornherein (*ex ante*) aus.[61] Auf diese Weise definiert er bereits selbst die innere Wirksamkeit des Hauptverwaltungsaktes.[62]

---

[56] Kritisch zu dem sprachlich ungenauen Begriff des *integrierenden* Bestandteils, *Brenner*, JuS 1996, 281 (284; dort Fn. 33) sowie *Schneider*, S. 128 und *Pietzcker*, NVwZ 1995, 15 (16) .

[57] *Mayer/Kopp*, Allg. VerwR, § 13 II 3 (S. 220); *Wolff/Bachof/Stober*, VerwR II, § 47 Rn. 5; *Brenner*, JuS 1996, 281 (283).

[58] *Maurer*, Allg. VerwR, § 12 Rn. 8; *Störmer*, DVBl. 1996, 81 (82).

[59] *Kopp/Ramsauer*, VwVfG, § 36 Rn. 23; *Mayer/Kopp*, Allg. VerwR, § 13 II 4 (S. 220).

[60] *P. Stelkens/U. Stelkens*, in: *Stelkens/Bonk/Sachs*, VwVfG, § 36 Rn. 22; *Kopp/Ramsauer*, VwVfG, § 36 Rn. 25.

[61] *Wolff/Bachof/Stober*, VerwR II, § 47 Rn. 7; *P. Stelkens/U. Stelkens*, in: *Stelkens/Bonk/Sachs*, VwVfG, § 36 Rn. 22; *Brenner*, JuS 1996, 281 (283); *Gern/Wachenheim*, JuS 1980, 276 (277).

[62] So zutreffend *P. Stelkens/U. Stelkens*, in: *Stelkens/Bonk/Sachs*, VwVfG, § 36 Rn. 22.

Zu beachten ist, daß der Widerrufsvorbehalt bereits *selbst* und nicht erst der auf ihm basierende Widerruf zu einer Einschränkung der Hauptregelung führt. Die in weiten Teilen der Literatur häufig anzutreffende Auffassung, der Hauptverwaltungsakt sei bis zur Ausübung eines Widerrufs voll wirksam und der Widerrufsvorbehalt berühre bis dahin in keiner Weise den Bestand oder die Wirksamkeit des Hauptverwaltungsaktes, da er nicht unmittelbar den zeitlichen Geltungsumfang der Begünstigung einschränke [63], ist zu undifferenziert. Sie zielt allein auf die *äußere* Wirksamkeit des Verwaltungsaktes bzw. auf den Widerruf nach § 49 II 1 Nr. 1, 2. Alt. VwVfG ab und läßt den Umstand, daß der Verwaltungsakt bereits von Anfang an nur mit einem Widerrufsvorbehalt und daher mit einem *eingeschränkten* Inhalt erlassen wurde, außer Betracht.[64]

In diesem Zusammenhang darf nicht übersehen werden, daß bereits der Widerrufsvorbehalt selbst eine behördliche *Widerrufsmöglichkeit* in sich trägt, die konditional in den Inhalt des Hauptverwaltungsaktes eingebunden ist. Diese konditionale Einbindung wirkt sich bereits selbst rechtsverkürzend auf den Inhalt der Hauptregelung aus. Dies wird vor allen Dingen daran ersichtlich, daß die in der Hauptregelung angelegte *Widerrufsmöglichkeit* nicht zur Disposition des Adressaten des Verwaltungsaktes steht.[65] Der Adressat einer solchen Regelung kann zwar versuchen, bestimmten Widerrufsgründen, sofern sie überhaupt in seinem Machtbereich liegen, durch sein Eigenverhalten entgegenzuwirken. Abwenden kann er damit aber allenfalls eine Aktivierung der Widerrufsmöglichkeit, d. h. den Widerruf selbst, nicht aber die in der Hauptregelung angelegte Widerrufsmöglichkeit in Gestalt des Widerrufvorbehaltes. Mit anderen Worten heißt das, daß die Behörde mit der Beifügung eines Widerrufsvorbehaltes dem Verwaltungsaktadressaten die in ihm angelegte Widerrufsmöglichkeit zur Bedingung macht.

---

[63] So etwa *Kopp/Ramsauer*, VwVfG, § 36 Rn. 23; *Brenner*, JuS 1996, 281 (284); *Remmert*, VerwArch. 88, 1997, 112 (133); *Schachel*, Jura 1981, 449 (450).

[64] Ebenfalls den einschränkenden Charakter des Widerrufsvorbehaltes bejaht *Sieckmann*, DÖV, 1998, 525 (530; dort Fn. 54).

[65] Anders verhält sich die Widerrufsmöglichkeit bei einer Auflage. Die behördliche Widerrufsmöglichkeit nach § 49 II Nr. 2 VwVfG entsteht erst gar nicht, wenn ein Adressat die ihm in einer Auflage gemachte Verpflichtung erfüllt. Der Adressat einer Auflage entscheidet also selbst über die Entstehung einer solchen Widerrufsmöglichkeit. Vgl. hierzu auch unten S. 33 f.

Dementsprechend lautet die Struktur eines Verwaltungsaktes unter Widerrufsvorbehalt abstrakt: Die Hauptregelung unter Widerrufsvorbehalt gilt nur dann, wenn kein Widerruf erfolgt.[66] Diese konditionale Einbindung bewirkt automatisch eine wechselseitige Akzessorietät zwischen Hauptregelung und Widerrufsvorbehalt. Abstrakt betrachtet schränkt der Widerrufsvorbehalt die Hauptregelung daher ein. Der Widerrufsvorbehalt modifiziert den zeitlichen Geltungsumfang des Verwaltungsaktes dahingehend, daß dieser nunmehr in zeitlicher Hinsicht nicht mehr unabhängig, sondern nur noch mit einer abstrakten Widerrufsmöglichkeit gilt. Das soeben Gesagte gilt unabhängig davon, daß die Aktivierung des Widerrufsvorbehaltes noch von einer späteren behördlichen Entscheidung - nämlich dem Widerruf - abhängt. Denn selbst für den Fall, daß eine Behörde von ihrer Widerrufsmöglichkeit keinen Gebrauch machen sollte, bleibt - bei abstrakter Betrachtungsweise - die konditionale Struktur zwischen Widerrufsvorbehalt und Hauptregelung erhalten.[67]

Tatsächlich unterscheidet sich die Struktur eines Widerrufsvorbehaltes damit nur unwesentlich von der einer auflösenden Bedingung oder auflösenden Befristung. Auch bei diesen erfolgt die Einschränkung der Hauptregelung nicht erst mit Eintritt des auflösenden Ereignisses. Bereits die abstrakte Möglichkeit des Eintritts eines auflösenden Ereignisses stellt eine Einschränkung der Hauptregelung dar, wenn sie dem Adressaten zur Bedingung gemacht wird. Gegen die einschränkende Rechtsnatur des Widerrufsvorbehaltes kann daher nicht eingewandt werden, daß eine Einschränkung der Hauptregelung erst mit dem behördlichen Widerruf erfolge. Wäre dies der Fall, würde der Widerrufsvorbehalt den Grundverwaltungsakt nicht einschränken, sondern zu diesem in einer konjunktiven Verbindung stehen. Die Behörde würde mit Erlaß der Hauptregelung *uneingeschränkt* ihre Geltung anordnen. Dies stünde in Widerspruch zum Inhalt des Widerrufsvorbehaltes, der in diesem Falle quasi als eine Art konträrer Metaregelung [68] vorsähe,

---

[66] In diesem Sinne auch *Sieckmann*, DÖV 1998, 525 (530).
[67] So auch *Sieckmann*, DÖV 1998, 525 (530; dort Fn. 53).
[68] Der Begriff "Meta-" drückt in Bildungen mit Substantiven aus, daß sich etwas auf einer höheren Stufe (Ebene) befindet, übergeordnet ist oder hinter etwas steht, vgl. *Duden*, Deutsches Universalwörterbuch, 4. Auflage, 2001, S. 1073.

daß die Hauptregelung nur dann gelten solle, wenn kein Widerruf erfolgt.[69]

b.) *Rechtsnatur*

Was die dogmatische Einordnung bzw. die Rechtsnatur des Widerrufsvorbehalts anbetrifft, so gehen die Meinungen im Schrifttum weit auseinander. So wurde er insbesondere in früheren Tagen noch als eine "Abart" der Befristung [70] oder sogar als ein Unterfall der Auflage [71] bezeichnet. Heutzutage hingegen sieht man in ihm entweder einen (Spezial-)Fall der auflösenden (Potestativ-)Bedingung [72] oder aber ein eigenständiges Rechtsinstitut [73].
Letzterer Rechtsauffassung ist der Vorzug einzuräumen. Der Widerrufsvorbehalt ist vom Gesetzgeber voluntativ als ein eigenständiges Rechtsinstitut ausgestaltet worden, wie ein Blick auf § 36 II Nr. 3 sowie auf § 49 II 1 Nr. 1 VwVfG verdeutlicht.[74] Eines Rückgriffs auf den Nebenbestimmungstyp der Potestativbedingung in Form einer auflösenden Bedin-

---

[69] Ebenso, allerdings allgemeingültig für Befristungen, Bedingungen und Widerrufsvorbehalte: *Sieckmann*, DÖV 1998, 525 (530; dort Fn. 54).

[70] *Kormann*, System der rechtsgeschäftlichen Staatsakte, 1910, S. 148; *O. Mayer*, Deutsches Verwaltungsrecht, Band I, 3. Auflage, 1924, S. 249; diese Rechtsauffassung konnte sich jedoch zu Recht nicht durchsetzen, da der Widerrufsvorbehalt weder das Merkmal der Gewißheit des Eintritts des befristeten Umstandes noch die "automatische Wirkung" der Befristung aufweist; denn beim Widerrufsvorbehalt bedarf es erst noch eines Widerrufs, so zutreffend *Karl*, S. 23; im Ergebnis ebenso *Schneider*, S. 26.

[71] *Baltz*, Preußisches Baupolizeirecht, 4. Auflage, 1910, S. 146; diese Nebenbestimmungsart scheidet bereits deshalb aus, weil der Widerrufsvorbehalt kein der Auflage typisches, verpflichtendes Element aufweist, vgl. hierzu auch *Karl*, S. 23.

[72] *Brenner*, 1996, 281 (283); *Karl*, S. 23; *Maurer*, Allg. VerwR, § 12 Rn. 7; *Wolff/Bachof/Stober*, VerwR II, § 47 Rn. 6; *Kruse*, Steuerrecht I, 1973, § 22 V (S. 211).

[73] *Laubinger*, WiVerw 1982, 117 (123); *Ule/Laubinger*, Verwaltungsverfahrensr, § 50 Rn. 11; *Elster*, S. 63; *Schneider*, S. 27; *P. Stelkens/U. Stelkens*, in: *Stelkens/Bonk/Sachs*, VwVfG, § 36 Rn. 21-22.

[74] So zutreffend *Schneider*, S. 30 und *P. Stelkens/U. Stelkens*, in: *Stelkens/Bonk/Sachs*, VwVfG, § 36 Rn. 22.

gung [75] bedarf es daher nicht mehr, zumal der Vergleich mit dieser Nebenbestimmungsform ohnehin hinkt und demzufolge dem eigenständigen Charakter des Widerrufsvorbehalts nicht gerecht wird.
Im Unterschied zu einer auflösenden Potestativbedingung, bei der die Wirksamkeit des Hauptverwaltungsaktes mit Bedingungseintritt automatisch erlischt, fehlt dem Widerrufsvorbehalt dieser Automatismus. Beim Widerrufsvorbehalt bedarf es noch einer zweiten behördlichen Aufhebungsentscheidung in Form eines Widerrufs, um die Wirksamkeit des Hauptverwaltungsaktes zu beseitigen.[76] Erst dieser Widerruf aktiviert die im Widerrufsvorbehalt konditional angelegte Möglichkeit der (Teil-)Aufhebung der Hauptregelung.
Bei einer auflösenden Potestativbedingung bedarf es einer solchen zusätzlichen behördlichen Aufhebungsentscheidung nicht, obgleich auch hier eine (behördliche) Entscheidung der Revozierungswirkung einer auflösenden Potestativbedingung vorgeschaltet ist. Schließlich hängt der Fortbestand der Hauptregelung im Falle einer auflösenden Potestativbedingung von der Entscheidung ab, ob der Verwaltungsaktadressat, ein Dritter oder die Behörde [77] gewillt ist, die auflösende Bedingung zu verwirklichen, um damit die Rechtswirkungen des Verwaltungsaktes zu beenden.[78] Im Vergleich zu einem Widerrufsvorbehalt ändert dieser Umstand gleichwohl nichts daran, daß die Behörde mit der Beifügung einer *auflösenden* Potestativbedingung das Inkrafttreten der für diese Nebenbestimmungsart typischen revozierenden Wirkung in Form einer Auflösung der Hauptregelung bereits abschließend geregelt hat. Denn mit Bedingungseintritt gilt die Genehmigung automatisch nicht mehr.

---

[75] Die Vertreter dieser Ansicht sehen das zukünftige, ungewisse Ereignis, das das Ende der Wirksamkeit des Verwaltungsaktes herbeiführt, in dem von der jeweiligen Behörde erklärten Widerruf, vgl. *Brenner*, JuS 1996, 281 (283) und *Maurer*, Allg. VerwR, § 12 Rn. 7.

[76] Vgl. *Remmert*, VerwArch 88, 1997, 112 (133). Dieser Umstand ändert nichts an der konditionalen Verknüpfung zwischen Hauptregelung und Widerrufsvorbehalt, vgl. dazu oben S. 19 und S. 20.

[77] Allgemein hierzu *P. Stelkens/U. Stelkens*, in: *Stelkens/Bonk/Sachs*, VwVfG, § 36 Rn. 19.

[78] Als auflösende Potestativbedingung ist z. B. der Fall anzusehen, daß eine Güterkraftverkehrsgenehmigung mit dem Zusatz erteilt wird, daß diese im Falle einer Verlegung des Unternehmenssitzes erlischt; vgl. hierzu BVerwGE 78, 114 (119) sowie zu weiteren Beispielen *P.Stelkens/U. Stelkens*, in: *Stelkens/Bonk/Sachs*, VwVfG, § 36 Rn. 104a.

Aufgrund seiner konditionalen Verknüpfung mit der Hauptregelung ist auch der Widerrufsvorbehalt - wie bereits die Bedingung und die Befristung - als ein unselbständiger Bestandteil des Verwaltungsaktes zu qualifizieren; er besitzt keine Verwaltungsaktqualität gemäß § 35 S. 1 VwVfG.

c.) *Abgrenzung zum Auflagenvorbehalt*

Die soeben dargelegte Rechtsnatur des Widerrufsvorbehaltes, insbesondere seine konditionale Verknüpfung zur Hauptregelung, spielt auch bei der Abgrenzung zum sog. *Auflagenvorbehalt* nach § 36 II Nr. 5 VwVfG eine nicht unbedeutende Rolle. Es sollte nicht übersehen werden, daß der *Auflagenvorbehalt* im Gegensatz zum Widerrufsvorbehalt eine konjunktive Verbindung zum Hauptverwaltungsakt aufweist. Seine strukturelle Verbindung zur Hauptregelung läßt sich abstrakt durch das Bindewort "und" kennzeichnen. Die konjunktive Verbindung des Auflagenvorbehaltes wird sichtbar, wenn man sich die Funktion und Wirkungsweise des Auflagenvorbehaltes im Vergleich zum Widerrufsvorbehalt vor Augen führt.

Der Auflagenvorbehalt im Sinne des § 36 II Nr. 5 VwVfG eröffnet (nur) die Möglichkeit, Auflagen nachträglich einem Verwaltungsakt beizufügen. Bereits von seiner Zielsetzung ist der Auflagenvorbehalt damit nicht wie der Widerrufsvorbehalt auf die vollständige oder teilweise Beseitigung des Inhalts eines Hauptverwaltungsaktes ausgerichtet, sondern zunächst auf die Ergänzung durch nachträgliche Auflagen, die regelmäßig sogar etwas völlig Unabhängiges von der eigentlichen Hauptregelung verlangen.[79]

Die auf der Grundlage eines Auflagenvorbehaltes ergehenden Auflagen stellen selbst keine Einschränkungen der Hauptregelung dar. Denn wie bereits der Auflagenvorbehalt haben auch Auflagen keine rechtsverkürzenden Auswirkungen auf die Hauptregelung. Vielmehr entfaltet die

---

[79] "Unabhängig von der Hauptregelung" ist dabei im Sinne der Auferlegung einer Nebenpflicht zu verstehen, nicht auch im Sinne einer fehlenden Sachbezogen- oder Sachgerechtigkeit, die gemäß § 36 III VwVfG stets auch bei Auflagen vorliegen muß; zu dieser Zulässigkeitsfrage vgl. *P. Stelkens/U. Stelkens*, in: *Stelkens/Bonk/ Sachs*, VwVfG, § 36 Rn. 78 bis Rn. 81.

jeweilige Hauptregelung selbst bei Nichterfüllung einer Auflage ihre volle Wirksamkeit.[80]
Zwar ist der Inhalt einer jeden Auflage zu dem Inhalt der Hauptregelung insofern (einseitig) *doppelt* akzessorisch, als ihre innere Wirksamkeit sowie ihr Bestand von der Umsetzung und der Existenz des Hauptverwaltungsaktes abhängen.[81] Eine für die Annahme einer konditionalen Verknüpfung notwendige wechselseitige Akzessorietät besteht deshalb aber nicht. Der Bestand der Hauptregelung bleibt auch in diesem Verhältnis weiterhin von der Existenz der jeweils erlassenen Auflage unabhängig, weil anderenfalls ein Widerspruch zu dem Ergänzungsprinzip von Auflagen entstünde.[82] Im übrigen spiegelt sich die ausschließlich konjunktive Struktur einer auf der Grundlage eines Auflagenvorbehaltes ergangenen Auflage darin wider, daß diese im Gegensatz zu einem auf dem Widerrufsvorbehalt beruhenden Widerruf nicht in der Lage ist, den Inhalt eines Hauptverwaltungsaktes in eine *ausschließliche* begünstigende Wirkungsweise zu verändern. Dazu folgendes Beispiel.
Ein Teilwiderruf nach § 49 II 1 Nr. 1, 2. Alt. VwVfG führt, obwohl er den Verwaltungsakt teilweise oder gänzlich aufhebt und insofern den Eindruck erweckt, stets eine Belastung zu sein, nicht immer zwingend zu einer weiteren Belastung. Es sind durchaus Fälle denkbar, in denen ausschließlich der belastende Teil eines Verwaltungsaktes widerrufen wird, so daß ein Widerrufsvorbehalt, trotz seiner anfänglichen einschränkenden Rechtsnatur, auch zu einer ausschließlich begünstigenden Wirkung führen kann.[83]
Eine auf der Grundlage eines Auflagenvorbehalts ergangene Auflage beinhaltet hingegen stets eine nachträgliche Belastung für den Betroffenen,

---

[80] Ausführlich zur ergänzenden bzw. konjunktiven Rechtsnatur der Auflage vgl. S. 29 f.

[81] Zur doppelten Akzessorietät von Auflagen vgl. auch *P.Stelkens/U. Stelkens*, in: *Stelkens/Bonk/Sachs*, VwVfG, § 36 Rn. 34.

[82] Zur Struktur der Auflage, die wegen ihrer konjunktiven Verbindung zur Hauptregelung nicht einen Bestandteil, sondern einen zwar einseitig akzessorischen aber letztlich selbständigen Teil der Hauptregelung darstellt und die daher in ihrem Gedankenmuster stets durch ein "und" von der Hauptregelung zu trennen ist, vgl. unten S. 29 f.

[83] Eine weitere Besonderheit bei einem solchen Widerruf nach § 49 II Nr. 1 2. Alt. VwVfG ist darin zu sehen, daß die Hauptregelung nicht erst durch ihn, sondern bereits mit Beifügung des Widerrufsvorbehaltes eine Veränderung der inneren Wirksamkeit erfahren hat.

da sie von ihm stets ein zusätzliches Tun, Dulden oder Unterlassen abverlangt.[84] Der Regelungsgehalt des Verwaltungsaktes bleibt dabei für sich betrachtet völlig unangetastet. Dies gilt selbst dann, wenn sich eine auf einem Auflagenvorbehalt beruhende nachträgliche Auflage als belastend für den Adressaten auswirken sollte. Zur Hauptregelung tritt lediglich eine weitere Regelung in Form einer nachträglichen Auflage hinzu, es tritt aber keine Inhaltsänderung des bereits bestehenden Verwaltungsaktes ein, da die Auflage keine einschränkende Rechtsnatur aufweist.

Eine auf einem Auflagenvorbehalt beruhende Auflage kann demnach im Wege einer Gesamtschau zwar zu einer zusätzlichen Belastung der Rechtsposition des Verwaltungsaktadressaten führen, eine solche zusätzliche Belastung beruht aber nicht auf einer Einschränkung des Hauptverwaltungsaktes, sondern lediglich auf einer konjunktiven Ergänzung. Dies dokumentiert die Selbständigkeit des Auflagenvorbehaltes. Denn schließlich kann dieser keine engere Verbindung zur Hauptregelung eingehen als die auf ihm basierenden nachträglichen Auflagen, die selbst erst einen zwar sachbezogenen und sachgerechten, nie aber einen den Inhalt des Hauptverwaltungsaktes einschränkenden Kontakt zum Hauptverwaltungsakt herstellen.[85]

Wegen der konjunktiven Verbindung der auf einem Auflagenvorbehalt beruhenden Auflagen zur Hauptregelung ist ein Auflagenvorbehalt im Sinne des § 36 II Nr. 5 VwVfG daher stets als eine Ergänzung, nicht aber als eine Einschränkung des Hauptverwaltungsaktes zu qualifizieren. Mangels konditionaler Verknüpfung begründet der Auflagenvorbehalt daher auch keine *wechselseitige* Akzessorietät zur Hauptregelung. Selbst der Umstand, daß der Auflagenvorbehalt seinerseits stets vom Bestand eines Hauptverwaltungsaktes abhängt, vermag hieran nichts zu ändern. Bei dieser Abhängigkeit handelt es sich (nur) um eine *einseitige* Akzes-

---

[84] Ähnlich *Sieckmann*, DÖV 1998, 525 (530; dort Fn. 55). Nur ergänzend sei mit Blick auf die sog. Verwaltungsakte mit Dritt- bzw. Doppelwirkung an dieser Stelle angemerkt, daß sich eine nachträgliche Auflage zum Schutze eines Dritten, wie zum Beispiel eines Nachbarn, *für diesen* auch positiv auswirken kann. Letztlich bleibt es aber dabei, daß die Wirkungsweise *für* den Verwaltungsaktadressaten auch in einem solchen Falle eine Belastung darstellt und daher nie eine *vollständige* begünstigende Wirkung durch die Beifügung einer nachträglichen Auflage erreicht werden kann.

[85] In diesem Sinne auch *Sieckmann*, DÖV 1998, 525 (530; dort Fn. 55).

sorietät, die sämtlichen Nebenbestimmungen gemein ist. Nebenbestimmungen weisen einen Bezug zu einer Hauptregelung insofern auf, als sie selbst von der Existenz eines zu konkretisierenden oder eines zu ergänzenden Hauptverwaltungsaktes abhängen.
Die konjunktive Struktur des Auflagenvorbehaltes läßt sich auch nicht mit der Widerrufsmöglichkeit nach § 49 II 1 Nr. 2 VwVfG in Abrede stellen.[86] Zwar ist die Behörde bei Auflagen, die aufgrund eines Auflagenvorbehaltes ergehen, nach § 49 II 1 Nr. 2 VwVfG zum Widerruf der Hauptregelung berechtigt und kann auf diese Weise unmittelbar in den Inhalt der Hauptregelung eingreifen. Diese Widerrufsmöglichkeit ist bei abstrakter Betrachtungsweise allerdings nicht konditional in die jeweilige Hauptregelung eingebunden. Der Adressat einer solchen Regelung hat es vielmehr selbst in der Hand, ob er diese behördliche Widerrufsmöglichkeit überhaupt zur Entstehung kommen lassen will. Kommt er der in der Auflage enthaltenen Verpflichtung nach, so bleibt die Widerrufsmöglichkeit nach § 49 II 1 Nr. 2 VwVfG der zuständigen Behörde verwehrt, und es bleibt bei der bisher uneingeschränkten Hauptregelung.
Im Unterschied zum Widerrufsvorbehalt wird die Widerrufsmöglichkeit nach § 49 II 1 Nr. 2 VwVfG dem Verwaltungsaktadressaten also seitens der Behörde nicht zur Bedingung gemacht. Aus der Widerrufsmöglichkeit nach § 49 II 1 Nr. 2 VwVfG kann daher auch nicht die Schlußfolgerung gezogen werden, der Auflagenvorbehalt lebe wie der Widerrufsvorbehalt mit dem Hauptverwaltungsakt in einer inhaltlichen Schicksalsgemeinschaft; denn die Widerrufsmöglichkeit nach § 49 II 1 Nr. 2 VwVfG hat nicht zur Folge, daß sich bereits der Auflagenvorbehalt bzw. die auf ihm basierenden Auflagen einschränkend auf den Inhalt des Hauptverwaltungsaktes auswirken.[87]
Im Ergebnis muß der Widerrufsvorbehalt im Vergleich zum Auflagenvorbehalt daher als *unselbständige* Nebenbestimmung eingeordnet und gemeinsam mit der Bedingung und der Befristung in einer Gruppe zusammengefaßt werden.[88] Der Auflagenvorbehalt ist aufgrund seiner Ge-

---

[86] In diese Richtung argumentiert *Stadie*, DVBl. 1991, 613 (615), der die Ansicht vertritt, daß die Hauptregelung durch die Beifügung einer Auflage *eingeschränkt* werde, weil bei Nichterfüllung der Auflage die Hauptregelung nach § 49 II Nr. 2 VwVfG widerrufen werden könne.
[87] Vgl. hierzu auch die Ausführungen hinsichtlich der Auflage auf S. 33 f.
[88] Ebenso *P. Stelkens/U. Stelkens*, in: *Stelkens/Bonk/Sachs*, VwVfG, § 36 Rn. 22.

meinsamkeiten mit der Auflage, d. h. aufgrund seiner konjunktiven Verbindung zur Hauptregelung, hingegen als eine selbständige Nebenbestimmung zu qualifizieren.[89]

d.) Das Erfordernis der Angabe von Widerrufsgründen

Neben der Rechtsnatur des Widerrufsvorbehalts sowie seiner Abgrenzung zum Auflagenvorbehalt wird in der Literatur zudem häufig die Frage diskutiert, wie präzise die zum Widerruf berechtigenden Gründe im Widerrufsvorbehalt aufgeführt werden müssen, um ein Mindestmaß an Vorhersehbarkeit für den Betroffenen gewährleisten zu können. Die Vertreter einer Mindermeinung in der Literatur sind der Auffassung, daß die Behörde wegen des rechtsstaatlichen Bestimmtheitsgebots dazu verpflichtet sei, die möglichen Widerrufsgründe näher zu präzisieren, damit der Adressat eines Verwaltungsaktes im voraus einkalkulieren könne, wann er mit einem Widerruf seiner Begünstigung zu rechnen habe.[90]

Zu Recht lehnt der überwiegende Teil des Schrifttums eine solche Präzisierungspflicht der Behörde ab und hat selbst gegen den Erlaß eines Verwaltungsaktes unter dem Vorbehalt "jederzeitigen Widerrufs" nichts einzuwenden.[91] Die von der Gegenseite zum Ausdruck gebrachten Bedenken, daß durch die Nicht-Angabe von Widerrufsgründen der Verwaltungsaktadressat einem willkürlichen Widerruf ausgesetzt werde, sind nicht stichhaltig. Wird aufgrund eines nicht näher spezifizierten Widerrufsvorbehaltes ein Verwaltungsakt widerrufen, so setzt dies für den Erlaß des Widerrufs stets eine pflichtgemäße Ermessensausübung seitens der Behörde voraus.[92] Pflichtgemäß ist eine solche Ermessensausübung nur dann, wenn die Gründe, auf die der Widerruf gestützt wird, mit der jeweiligen Ermächtigungsgrundlage des Verwaltungsaktes

---

[89] Näher zum Auflagenvorbehalt unten S. 54 f.

[90] *Janßen*, in: *Obermayer*, VwVfG, § 36 Rn. 18 und *Gern/Wachenheim*, JuS 1980, 276 (277); rechtsstaatliche Bedenken äußert *Detterbeck*, Ergänzbares Lexikon des Rechts, Bd. 4, 9/1220, S. 8.

[91] *Erichsen*, Jura 1990, 214 (216); *Brenner*, JuS 1996, 281 (284); *P. Stelkens/U. Stelkens*, in: *Stelkens/Bonk/Sachs*, VwVfG, § 36 Rn. 24; *Schachel*, Jura 1981, 449 (450); ebenso, unter Aufgabe seiner früheren Auffassung, *Kopp*, VwVfG, § 36 Rn. 28.

[92] *Erichsen*, Jura 1990, 214 (216).

in einem *sachlichen* Zusammenhang stehen, also demjenigen Sachbereich zuzuordnen sind, den die Ermächtigungsgrundlage regelt.[93] Selbst bei Nicht-Angabe von Widerrufsgründen wird also der Adressat durch die Notwendigkeit einer pflichtgemäßen behördlichen Ermessensausübung hinreichend geschützt. Einer näheren behördlichen Präzisierungspflicht, d. h. einer im jeweiligen Widerrufsvorbehalt enthaltenen präzisen Angabe sämtlicher Widerrufsgründe bedarf es daher nicht.[94]

Schließlich ist zu beachten, daß der Widerruf selbst durch Erlaß eines neuen und daher selbständig mit Rechtsbehelfen anfechtbaren Verwaltungsaktes erfolgt.[95]

---

[93] *Brenner*, JuS 1996, 281 (284); *Erichsen*, Jura 1990, 214 (216); BVerwGE 45, 235 (242) und BayVGH NJW 1986, 1564 (1566). *Schachel*, Jura 1981, 449 (450); *ders.*, S. 40.

[94] P. *Stelkens/U. Stelkens* wollen dem Betroffenen auch insofern Schutz gewähren, als sie die Begründungspflicht des § 39 VwVfG nicht nur auf den Verwaltungsakt, sondern auch auf die Voraussetzung des Widerrufsvorbehalts erstrecken, vgl. *dies.*, in: *Stelkens/Bonk/Sachs*, VwVfG, § 36 Rn. 24. Sie übersehen dabei jedoch, daß die Begründungspflicht nach § 39 VwVfG eine Behörde nur verpflichtet, zu begründen, weshalb sie einen Widerrufsvorbehalt angeordnet hat. Eine Pflicht zur Benennung der möglichen Widerrufsgründe ist damit jedoch nicht verbunden, so auch *Detterbeck*, Ergänzbares Lexikon des Rechts, Bd. 4, 9/1220, S. 8.

[95] *Kopp/Ramsauer*, VwVfG, § 36 Rn. 24; *Brenner*, JuS 1996, 281 (284).

III. Die selbständigen Nebenbestimmungen gemäß § 36 II Nr. 4 und Nr. 5 VwVfG

1. *Die Auflage gemäß § 36 II Nr. 4 VwVfG*

a.) *Inhalt und Bedeutung*

Aufgrund ihrer Häufigkeit und ihrer Vielseitigkeit ist die Auflage in der Praxis die wohl bedeutsamste selbständige Nebenbestimmung. Dementsprechend ist es auch nicht verwunderlich, daß neben § 36 II Nr. 4 VwVfG noch zahlreiche weitere Rechtsvorschriften existieren, die die Verwaltungsbehörden ermächtigen, Erlaubnisse mit Auflagen zu versehen (vgl. etwa § 5 I GastG, § 12 I BImSchG, § 34 I S. 2 GewO oder § 14 II S. 1 AuslG).[96]

Der Legaldefinition des § 36 II Nr. 4 VwVfG zufolge ist unter einer Auflage eine Bestimmung zu verstehen, durch die ausschließlich dem *Begünstigten* ein Tun, Dulden oder Unterlassen in Form eines behördlichen Gebots oder Verbots vorgeschrieben wird. Keine Auflage im Sinne des § 36 II Nr. 4 VwVfG liegt demnach vor, wenn die in der Auflage enthaltende Anordnung eine *andere Person* als den Begünstigten trifft.[97]

b.) *Struktur*

Was die rechtliche Struktur der Auflage anbelangt, so bereitet zuweilen ihre Abgrenzung zur aufschiebenden (Potestativ-)Bedingung Schwierigkeiten, da auch diese ein bestimmtes Tun, Dulden oder Unterlassen zum Gegenstand hat und daher in Konkurrenz zur Auflage treten kann.[98]

---

[96] Zu zahlreichen Beispielen aus der Rechtsprechung vgl. *Detterbeck*, Ergänzbares Lexikon des Rechts, Bd. 4, 9/1220, S. 2.
[97] *Laubinger*, WiVerw. 1982, 117 (123; dort Fn. 17); *Ule/Laubinger*, VerwaltungsverfahrensR, § 50 Rn. 12.
[98] Vgl. hierzu auch *Brenner*, JuS 1996, 281 (284); *Maurer*, Allg. VerwR, § 12 Rn. 10; *Hönig*, S. 76. Zum Begriff der Potestativbedingung vgl. bereits oben S. 16.

Zieht man aber den - bereits oben für entscheidend befundenen - materiellen Gehalt beider Nebenbestimmungsarten heran, so lassen sich deutliche Gegensätze ausmachen. So unterscheidet sich die Auflage von der Bedingung vor allen Dingen dadurch, daß ihre Erfüllung keine Voraussetzung für den Eintritt der Vergünstigung ist.[99] Der Begünstigte behält also die ihm erteilte Genehmigung selbst dann, wenn er die Auflage nicht erfüllt.[100] Außerdem erlangt die jeweilige Hauptregelung bereits aufgrund ihrer Bekanntgabe nach § 43 VwVfG sowohl ihre innere als auch äußere Wirksamkeit. Macht der Begünstigte allerdings von seiner Genehmigung Gebrauch, ohne der Auflage nachzukommen, dann hat die Behörde die Möglichkeit, ihn im Wege des Verwaltungszwanges zur Erfüllung der Auflage anzuhalten oder den Verwaltungsakt nach § 49 II 1 Nr. 2 VwVfG zu widerrufen.[101] Die Auflage wird deshalb häufig auch als eine selbständig erzwingbare hoheitliche Anordnung bezeichnet.[102] Wird im Gegensatz hierzu ein bestimmtes Verhalten im Rahmen einer aufschiebenden Potestativbedingung vom Begünstigten gefordert, so kann dieses von ihm nicht separat erzwungen werden [103], da vor Nichterfüllung der Bedingung die Genehmigung noch gar keine Wirksamkeit entfaltet.[104] Im Unterschied zur Auflage kann also eine Bedingung einen Verwaltungsaktadressaten nicht verpflichten und ist daher auch nicht wie diese selbständig durchsetzbar.[105] Am deutlichsten zusammengefaßt hat den soeben aufgezeigten Gegensatz *Friedrich Carl von Savigny* in

---

[99] *Janßen*, in: *Obermayer*, VwVfG, § 36 Rn. 21; *Knack/Henneke*, VwVfG, § 36 Rn. 43; *Laubinger*, WiVerw 1982, 117 (125); *P. Stelkens/U. Stelkens*, in: *Stelkens/Bonk/Sachs*, VwVfG, § 36 Rn. 27a.

[100] *Knack/Henneke*, VwVfG, § 36 Rn. 43; *Hönig*, S. 58; *Brenner*, JuS 1996, 281 (285); *Schneider*, S. 31; *Laubinger*, WiVerw. 1982, 117 (125); *Elster*, S. 74.

[101] *Laubinger*, WiVerw. 1982, 117 (125); *Brenner*, JuS 1996, 281 (285); *Kopp*, VwVfG, § 36 Rn. 30; *Janßen*, in: *Obermayer*, VwVfG, § 36 Rn. 21; ausführlich *Hönig*, S. 71 f.

[102] *Kopp/Ramsauer*, VwVfG, § 36 Rn. 29; *Knack/Henneke*, VwVfG, § 36 Rn. 40; *P. Stelkens/U. Stelkens*, in: *Stelkens/Bonk/Sachs*, VwVfG, § 36 Rn. 27a.

[103] *Erichsen*, Jura 1990, 214 (215); *Laubinger*, WiVerw. 1982, 117 (125); *Maurer*, Allg. VerwR, § 12 Rn. 12. Im Hinblick auf die *äußere* Wirksamkeit ist jedoch zu beachten, daß auch der aufschiebend bedingte Verwaltungsakt bereits mit seiner Bekanntgabe Regelungswirkung entfaltet; er kann mithin bestandskräftig werden. Vgl. bereits oben S. 16 f.

[104] *Brenner*, JuS 1996, 281 (285).

[105] *Erichsen*, Jura 1990, 214 (215); *Brenner*, JuS 1996, 281 (285); *Maurer*, Allg. VerwR, § 12 Rn. 12.

seiner immer wieder zitierten Formel aus dem Jahre 1848: " Die Bedingung... suspendiert, zwingt aber nicht; der Modus (die Auflage) zwingt, suspendiert aber nicht ".[106]
Eine gewisse Renaissance bzw. Weiterführung fand diese Formel in einem Beitrag von *Jan-R. Sieckmann* [107] aus dem Jahre 1998. *Sieckmann* charakterisiert die Auflage dahingehend, daß sie eine einseitige konjunktive Verbindung zur Hauptregelung aufweise. Unter einer konjunktiven Verbindung versteht auch er eine Verknüpfung, die grammatikalisch durch die Konjunktion bzw. das Bindewort "und" ausgedrückt werden kann.[108] Mit Blick auf die Auflage lautet eine solche Verbindung abstrakt: Es gilt die Hauptregelung A *und* die Auflage B.
Zu Recht geht *Sieckmann* davon aus, daß aus einer solchen konjunktiven Verbindung sowohl A als auch B gefolgert werden kann, und verkennt im Gegenzug nicht, daß aus einer bedingten bzw. konditionalen Verbindung, der das abstrakte Gedankenmuster "wenn A, dann B" zugrunde liegt, sich eine solche separate Sichtweise nicht ableiten läßt.[109] Lautet eine Verbindung "wenn A, dann B", kann aus ihr nicht mehr gefolgert werden, es gilt A, *und* es gilt B.[110] Ein Alles-oder-Nichts-Prinzip läßt sich also nicht in ein Ergänzungs-Prinzip ummünzen.
Sieckmann stellt darüber hinaus fest, daß eine Auflage zur Hauptregelung stets nur in einem *einseitigen* Abhängigkeitsverhältnis stehe.[111] Konkret heißt das, daß eine Auflage von der jeweiligen Hauptregelung abhängig ist, nicht jedoch auch die Hauptregelung von der jeweiligen Auflage. Im Ergebnis besteht also keine *wechselseitige Akzessorietät*.[112] Dem ist zuzustimmen. Eine Abhängigkeit ist in der Tat nur im Verhältnis der Auflage zum Bestand der Hauptregelung zu bejahen. Dies namentlich deshalb, weil zum einen die in einer Auflage ausgesprochene

---

[106] *Von Savigny*, System des heutigen römischen Rechts, Band III, Berlin 1840, S. 231. Im übrigen revoziert eine Auflage auch nicht im Falle ihrer Nichterfüllung, vgl. *Fehn*, DÖV 1988, 202 (204).

[107] *Sieckmann*, DÖV 1998, 525 (534), in Anknüpfung an die Werke von *Koch/Rüßmann*, Juristische Begründungslehre, 1982, S. 33 f. und *Herberger/Simon*, Wissenschaftstheorie für Juristen, 1980, S. 37 f. und S. 45 f.

[108] *Sieckmann*, DÖV 1998, 525 (529). Ausführlich *Herberger/Simon*, Wissenschaftstheorie für Juristen, 1980, S. 37.

[109] *Sieckmann*, DÖV 1998, 525 (530).

[110] In diesem Sinne *Sieckmann*, DÖV 1998, 525 (530).

[111] *Sieckmann*, DÖV 1998, 525 (531).

[112] *Sieckmann*, DÖV 1998, 525 (531).

Verpflichtung nur dann gilt, wenn die Vergünstigung des Hauptverwaltungsaktes von ihrem Adressaten umgesetzt wird, und weil zum andern eine Auflage nur dann existent sein kann, wenn auch die Vergünstigung wirksam ist (sog. doppelte Akzessorietät der Auflage [113]).
Die Abhängigkeit einer Nebenbestimmung von der Hauptregelung ist sämtlichen Nebenbestimmungen gemein. Als Nebenbestimmungen bedürfen sie - wie bereits mehrfach erwähnt - immer eines Hauptverwaltungsaktes, den sie aufgrund ihrer Rechtsnatur entweder konjunktiv ergänzen oder konditional einschränken. Umso wichtiger ist daher die Erkenntnis, daß die Hauptregelung ihrerseits von der Existenz einer Auflage unabhängig ist, mithin also keine *wechselseitige* Akzessorietät im Verhältnis Hauptregelung zur Auflage besteht.[114]
Vielfach wird von Teilen der Literatur gerade dieser Aspekt allzu stiefmütterlich behandelt, mit der Folge, daß häufig ein falsches Bild von dem Abhängigkeitsverhältnis einer Hauptregelung zu einer ihr beigefügten Auflage gezeichnet wird und damit letztlich die Analyse einer möglichen Wechselwirkung zwischen der Hauptregelung und einer ihr beigefügten Auflage zu kurz greift. So führt beispielsweise *Stadie* zum Verhältnis zwischen einer Hauptregelung und einer Auflage aus, daß sich die Rechtsposition des Betroffenen nicht wesentlich von derjenigen unterscheide, die er im Falle einer befristeten oder auflösend bedingten Genehmigung innehabe.[115] Denn obwohl die Erfüllung der Auflage nicht Wirksamkeitsvoraussetzung der Hauptregelung sei, hänge die Hauptregelung von der Auflage ab. Dies deshalb, weil bei Nichterfüllung der in der Auflage ausgesprochenen Verpflichtung die Behörde zum Widerruf der Hauptregelung nach § 49 II 1 Nr. 2 VwVfG berechtigt sei. Indem die Aufrechterhaltung der günstigen Rechtslage, d. h. die *Fortdauer* der Genehmigung, von einem zukünftigen Tun, Dulden oder Unterlassen des Antragstellers abhängig gemacht werde, stelle die Beifügung einer Auflage wie jede andere Nebenbestimmung eine teilweise

---

[113] Zum Aspekt der Akzessorietät von Auflagen vgl. auch *P. Stelkens/U. Stelkens*, in: Stelkens/Bonk/Sachs, VwVfG, § 36 Rn. 34; sie schreiben der Auflage eine *dritte* Akzessorietät insofern zu, als sie rechtsnachfolgefähig ist, wenn es auch die Hauptregelung ist.
[114] *Sieckmann*, DÖV 1998, 525 (531).
[115] *Stadie*, DVBl. 1991, 613 (615).

Ablehnung des begehrten Verwaltungsaktes dar, da der Antrag auf eine uneingeschränkte Genehmigung gerichtet gewesen sei.116
Daß *Stadies* Sichtweise allerdings der wahren Wechselwirkung zwischen einer Hauptregelung und einer Auflage nicht gerecht wird, zeigt sich bereits darin, daß dieser selbst die Ansicht vertritt, die Erfüllung einer Auflage sei nicht Wirksamkeitsvoraussetzung des Verwaltungsaktes.117 Zwangsläufige Folge dieser zutreffenden Annahme ist nämlich, daß der Bestand der Hauptregelung *seinerseits* nicht akzessorisch zur Auflage ist, mithin also keine wechselseitige Bestandsakzessorietät zwischen Hauptregelung und Auflage besteht. Denn wenn eine Auflage sich nicht auf die Wirksamkeit einer Hauptregelung auswirkt, sondern diese unabhängig von der jeweiligen Auflage ihre volle Rechtswirksamkeit entfaltet, existiert sie aus eigener Kraft und ist daher in ihrem Bestand von einer ihr beigefügten Auflage unabhängig.

Es ist daher bereits ein Widerspruch in sich, wenn man einerseits diese Bestandsunabhängigkeit der Hauptregelung bejaht, andererseits aber zugleich die Auffassung vertritt, der (Fort-)Bestand der Hauptregelung hänge nun doch von einer Auflage ab, weil diese die Behörde zum Widerruf der Hauptregelung ermächtige. Dies ist ein Widerspruch, der letztlich auf eine Fehlinterpretation der Widerrufsmöglichkeit des § 49 II 1 Nr. 2 VwVfG zurückzuführen ist.

Eine Bestandsabhängigkeit der Hauptregelung von einer ihr beigefügten Auflage läßt sich aus der Widerrufsmöglichkeit des § 49 II 1 Nr. 2 VwVfG indes nicht ableiten. Bereits oben bei der Abgrenzung des Widerrufsvorbehaltes zum Auflagenvorbehalt wurde darauf hingewiesen, daß die Berechtigung zum Widerruf nach § 49 II 1 Nr. 2 VwVfG nicht konditional in eine Auflage eingebunden ist.118 Vielmehr stellt die Behörde die in einer Auflage enthaltene Widerrufsmöglichkeit dem Verwaltungsaktadressaten zur Disposition. Dieser kann durch Erfüllung oder Nichterfüllung der in der Auflage enthaltenen Verpflichtung darüber selbst entscheiden, ob er die Widerrufsmöglichkeit nach § 49 II 1 Nr. 2 VwVfG überhaupt zur Entstehung kommen lassen will oder nicht. Solange er die in der Auflage angeordnete Verpflichtung erfüllt, kommt

---

116 So *Stadie*, DVBl. 1991, 613 (615).
117 *Stadie*, DVBl. 1991, 613 (615).
118 Vgl. oben S. 26.

er in den Genuß einer Genehmigung, die nicht einmal durch eine Widerrufsmöglichkeit eingeschränkt ist.

Wollte man der Verknüpfung einer Auflage mit der Hauptregelung wegen der Widerrufsmöglichkeit nach § 49 II 1 Nr. 2 VwVfG dennoch eine konditionale Struktur beimessen, entstünde außerdem ein fundamentaler Widerspruch zur typischen Rechtsnatur einer Auflage. Die Hauptregelung würde in diesem Falle mit der Beifügung einer Auflage ihre Unabhängigkeit verlieren und nur dann gelten, wenn der Adressat der in der Auflage enthaltenen Verpflichtung nachkommt. Konträr hierzu würde die Auflage den Inhalt aufweisen, daß die Hauptregelung zunächst uneingeschränkt gilt und erst dann entfällt, wenn der Adressat der Auflage nicht nachkommt und ein behördlicher Widerruf nach § 49 II 1 Nr. 2 VwVfG erfolgt. Eine konditionale Struktur bzw. eine wechselseitige Akzessorietät zwischen einer Auflage und einer Hauptregelung ist daher abzulehnen.[119]

Die konjunktive Struktur der Auflage verdeutlicht zudem, daß die weitverbreitete Annahme, ein Verwaltungsaktadressat erlange im Falle der Beifügung einer Auflage eine durch eine zusätzliche Verpflichtung eingeschränkte Genehmigung [120], fehl geht. Denn schon rein denkgesetzlich ist es nicht möglich, einerseits von einer Einschränkung der Genehmigung zu sprechen, andererseits aber zu behaupten, die Struktur der Hauptregelung zeichne sich dadurch aus, daß die Erfüllung der Auflage keine Auswirkungen auf die *Wirksamkeit* der Hauptregelung habe. Wenn letzteres der Fall ist, handelt es sich um eine konjunktive Verknüpfung, die sich abstrakt durch das Bindewort "und" darstellen läßt. Im Wege einer solchen inhaltlichen Verknüpfung kann eine Auflage die Hauptregelung inhaltlich zwar ergänzen, nicht aber auch einschränken. Nur weil die Auflage eine zusätzliche Belastung in Form eines Tuns, Duldens oder Unterlassens mit sich bringt, rechtfertigt dies noch lange

---

[119] Anderer Ansicht könnte man allerdings dann sein, wenn man der Auflage ihre nur *verpflichtende* Wirkung abspricht und die Ansicht vertritt, daß auch die Auflage einen suspendierenden oder revozierenden Rechtscharakter aufweise. Soweit ersichtlich wird diese Auffassung jedoch von niemandem vertreten.

[120] *Stadie*, DVBl. 1991, 613 (615); *Hoenig*, S. 32, vertritt die Ansicht, daß eine schlichte Auflage eine Gewährung modifizieren könne, so daß diese letztlich hinter dem Beantragten zurückbleibe. Ähnlich *Schneider*, S. 103: Er vertritt die Ansicht, daß nach der Teilaufhebung einer schlichten Auflage ein *weitergehender* bzw. *anderer* Verwaltungsakt zurückbleibe.

nicht, die Auflage - im Vergleich zu einem weniger belastenden Verwaltungsakt ohne Auflage - auch als eine Einschränkung der Hauptregelung zu qualifizieren. Vielmehr bleibt die jeweilige Hauptregelung selbst im Falle der Beifügung einer schwer belastenden Auflage stets uneingeschränkt. Sie wird lediglich um eine weitere (belastende) Regelung ergänzt.

Anderer Ansicht könnte man nur dann sein, wenn die Auflage bereits selbst ein Alles-oder-Nichts-Prinzip in sich tragen würde. In diesem Falle müßte man der Auflage eine konditionale Struktur ("Wenn..., dann...") zuschreiben mit der Folge, daß der Grundverwaltungsakt seine Unabhängigkeit verlöre und die Auflage daher als eine Einschränkung der Hauptregelung zu qualifizieren wäre. Ein solches Alles-oder-Nichts-Prinzip liegt einer Auflage allerdings nicht zugrunde. Die Auflage *selbst* weist unbestritten weder suspendierende noch revozierende Rechtsfolgen hinsichtlich einer Hauptregelung auf.[121] Es gilt der klassische, aus dem Zivilrecht abgeleitete Grundsatz, daß die Auflage zwar einen Verwaltungsaktadressaten zu einem bestimmten Verhalten zwingt, nicht aber auch die Wirksamkeit der Hauptregelung in Frage stellt bzw. suspendiert oder revoziert.[122]

Wegen der oben beschriebenen Funktion und Wirkungsweise der Auflage ist es auch nicht gerechtfertigt, diese mit einer auflösenden (Potestativ-)Bedingung zu vergleichen.[123] Im Falle einer auflösenden Potestativbedingung kann ein Verwaltungsaktadressat zwar durch sein Eigenverhalten die automatische Auflösung der Hauptregelung hinauszögern oder verhindern, weil er durch sein Eigenverhalten Einfluß auf den Eintritt des auflösenden Ereignisses hat. Er hat aber keinen generellen Einfluß auf die Existenz dieser Auflösungs*möglichkeit*. Diese steht bereits mit Erlaß der Hauptregelung für ihn fest und wird ihm von der Behörde bei Erteilung der Hauptregelung zur Bedingung gemacht. Dieses zur Bedingungmachen bewirkt, daß auflösende Bedingungen oder Befris-

---

[121] Der Hauptverwaltungsakt erlangt, unabhängig von der Erfüllung der beigefügten Auflage, seine volle Wirksamkeit bereits mit seiner Bekanntgabe nach § 43 VwVfG.

[122] *von Savigny*, System des heutigen römischen Rechts III, 1840, S. 231; *P. Stelkens/ U. Stelkens*, in: *Stelkens/Bonk/Sachs*, VwVfG, § 36 Rn. 28; *Kopp/Ramsauer*, VwVfG, § 36 Rn. 34. Einen geschichtlichen Überblick zu den zivilrechtlichen Wurzeln der Auflage gibt *Fehn*, DÖV 1988, 202 (203 und 204).

[123] So aber *Stadie*, DVBl. 1991, 613 (615).

tungen - im Gegensatz zu einer Auflage - als Einschränkung der Hauptregelung zu qualifizieren sind und in einer wechselseitigen Akzessorietät zur Hauptregelung stehen. Schließlich verliert die Hauptregelung durch diese konditionale Verknüpfung ihre zeitlich uneingeschränkte Geltungsdauer. Dies gilt unabhängig davon, ob der Adressat durch sein Verhalten das auflösende Ereignis eintreten läßt oder nicht. Denn selbst wenn der Verwaltungsaktadressat das Ereignis nicht eintreten läßt, kann er nur von einer eingeschränkten Hauptregelung Gebrauch machen, da die Hauptregelung - bei abstrakter Betrachtung - eine von Anfang an konditional eingebundende Revozierungswirkung in sich trägt. Diese abstrakte Revozierungswirkung ist ein Minus gegenüber einer Hauptregelung, der keine auflösende (Potestativ-)Bedingung beigefügt wurde.

Es bleibt daher zunächst festzuhalten, daß sich aus der Verbindung zwischen einem Hauptverwaltungsakt und einer Auflage *kein* wechselseitiges Abhängigkeitsverhältnis ableiten läßt, sofern man ausschließlich auf die Rechtswirkungen dieses Nebenbestimmungstyps bzw. auf dessen strukturelle Verknüpfung mit der Hauptregelung abstellt. Gerade dieser Sichtweise wird in der Literatur allerdings widersprochen, indem immer wieder vereinzelt Versuche unternommen werden, eine wechselseitige Akzessorietät zwischen Auflage und Hauptregelung auch aus anderen Gesichtspunkten als dem der Wirkungsweise einer Auflage bzw. deren strukturellen Verbindung zur Hauptregelung abzuleiten.

So wird beispielsweise neben der soeben angesprochenen Widerrufsmöglichkeit versucht, eine wechselseitige Akzessorietät zwischen Auflage und Begünstigung damit zu belegen, daß eine Auflage notwendig sein könne, um die *Erfüllung der gesetzlichen Voraussetzungen* eines Verwaltungsaktes sicherzustellen. Fehle im Falle der gebundenen Verwaltung eine spezialgesetzliche Ermächtigungsgrundlage für den Erlaß einer Auflage, so dürfe diese gemäß § 36 I 2. Alt. VwVfG nur erlassen werden, wenn sie dazu diene, die gesetzlichen Voraussetzungen des Verwaltungsaktes sicherzustellen.[124] Ein weiterer inhaltlicher Zusammenhang zwischen Auflage und Gewährung soll sich daraus ergeben, daß die Auflage stets *sachbezogen und sachgerecht* im Sinne des § 36 III

---

[124] So *Fehn*, DÖV 1988, 202 (208).

VwVfG sein müsse.125 Außerdem wird für die Annahme einer Wechselwirkung auch auf das Kriterium der *einheitlichen Ermessensentscheidung* nach § 36 II VwVfG abgestellt. Eine Behörde übe ihr Ermessen einheitlich aus und gebe durch den Erlaß der Hauptregelung zu erkennen, daß sie die Begünstigung ohne Auflage nicht habe gewähren wollen.126
All diese Gesichtspunkte sind letztlich aber ohne Belang. Eine wechselseitige Akzessorietät zwischen einer Auflage und einer Hauptregelung läßt sich aus diesen Kriterien nicht ableiten. Die Feststellungen, daß eine Auflage die gesetzlichen Voraussetzungen eines Hauptverwaltungsaktes sicherstelle oder daß eine Auflage sachbezogen und sachgerecht im Sinne des § 36 III VwVfG sein müsse, mögen zwar Aufschluß darüber geben, welchem Zweck eine Auflage dient und wie sie *ihrerseits* inhaltlich mit der Hauptregelung verknüpft ist. Diese Kriterien geben aber keinen Aufschluß darüber, ob deswegen auch der Hauptverwaltungsakt seinerseits vom Bestand einer solchen Auflage abhängt. Hier ist strikt zwischen Zweckbezogenheit bzw. einseitiger Akzessorietät einer Auflage einerseits und deren Funktion und Wirkungsweise hinsichtlich des Bestandes der Hauptregelung andererseits zu unterscheiden.127
Stellt zum Beispiel eine Auflage die Voraussetzung einer Genehmigung nicht ausreichend im Sinne des § 36 I 2. Alt. VwVfG sicher oder weist sie keine Sachbezogenheit oder Sachgerechtigkeit im Sinne des § 36 III VwVfG auf, können diese auf die Hauptregelung bezogenen Gesichtspunkte allenfalls die Frage beantworten, ob die jeweilige Auflage seitens der Behörde rechtmäßig erteilt worden ist. Diese Rechtmäßigkeitsfrage hat allerdings nichts mit der Frage zu tun, ob auch die jeweilige Hauptregelung in ihrem Bestand von einer Auflage abhängig ist. Wird zum Beispiel eine Hauptregelung erlassen, obwohl ihre gesetzlichen Voraussetzungen durch eine Auflage nach § 36 I 2. Alt. VwVfG nicht ausreichend abgesichert sind, ist die Auflage zwar rechtswidrig, die Genehmigung mit ihrem Erlaß jedoch als rechtlich existent zu behandeln. Verstößt die Auflage gegen § 36 III VwVfG, ist sie ebenfalls rechtswidrig, gleichwohl hängt die Wirksamkeit bzw. der Bestand der Hauptregelung

---

125 In diesem Sinne ist wohl *Fehns* Einwand zu verstehen, wenn er in diesem Zusammenhang auf das Verhältnismäßigkeitsprinzip abstellt, ohne § 36 III VwVfG ausdrücklich zu nennen.
126 *Fehn*, DÖV 1988, 202 (208).
127 Vgl. hierzu auch *Mutschler*, S. 11 und S. 12.

auch in diesem Falle allein von ihrer Bekanntgabe nach § 43 VwVfG ab; sie geht nicht wegen einer rechtswidrig beigefügten Auflage unter.[128]

Eine konjunktive Verbindung bzw. eine nur einseitige Akzessorietät läßt sich auch nicht mit dem Argument einer einheitlichen Ermessensentscheidung in Abrede stellen. Selbst wenn man eine solche einheitliche Ermessensentscheidung bejaht [129], läßt sich aus ihr nicht der Wille der Behörde folgern, der Bestand der Hauptregelung solle mit dem Bestand der Auflage stehen oder fallen. Im Gegenteil - mit dem Gebrauch einer Auflage gibt eine Behörde konkludent und unmißverständlich zu verstehen, daß sie den Bestand der Hauptregelung gerade nicht von der darin enthaltenen Verpflichtung abhängig machen will, da Auflagen keine revozierenden oder suspendierenden Rechtsfolgen hinsichtlich der Hauptregelung anordnen.

Würde man der Auflage aufgrund einer einheitlichen Ermessensentscheidung dennoch eine wechselseitige Akzessorietät zuschreiben, liefe das Rechtsinstitut Auflage außerdem aus systematischer Sicht leer.[130] Zur Erreichung des Zwecks könnte sich die Behörde nämlich auch einer Bedingung bedienen. Schließlich ist die Erfüllung einer Auflage ein Ereignis und kann ohne weiteres tauglicher Gegenstand einer Bedingung sein.[131] Kriterien wie zum Beispiel die Rechtmäßigkeit der Hauptregelung, die Sachbezogenheit oder Sachgerechtigkeit von Auflagen sowie eine eventuell vorhandene einheitliche Ermessensentscheidung eignen sich daher nicht dazu, eine Auflage praktisch als eine Bedingung zu qualifizieren. Erst recht dürfen solche Kriterien nicht dafür herangezogen werden, um Fehler einer Behördenentscheidung - quasi durch die Hintertür - nachträglich zu korrigieren.

Ergibt die Auslegung eindeutig, daß eine Behörde anstatt einer allein zulässigen Bedingung fälschlicherweise doch eine Auflage erlassen hat [132], muß es schon aus Gründen der Rechtssicherheit dabei bleiben, daß die

---

[128] Zu der in diesem Zusammenhang wichtigen Frage, ob die gerichtliche Teilkassation einer rechtswidrigen Auflage eine rechtswidrige Hauptregelung bewirken kann, vgl. unten S. 197 f.

[129] Theoretisch denkbar ist allerdings auch, daß zwei Ermessensentscheidungen vorliegen, die lediglich in der äußeren Form einer einheitlichen Entscheidung ergehen.

[130] Vgl. hierzu *Sieckmann*, DÖV 1998, 525 (531).

[131] *Sieckmann*, DÖV 1998, 525 (531).

[132] Ausführlich zur Abgrenzung von Auflage und Bedingung unten S. 40 f.

Hauptregelung in ihrem Bestand weiterhin unabhängig von dieser Auflage existiert. In einem solchen Falle kann eine Behörde nicht nachträglich anführen, sie habe diese Entscheidung wegen der damit verbundenen Konsequenzen eigentlich gar nicht treffen wollen. Die Behörde muß sich vielmehr bereits beim Erlaß des Hauptverwaltungsaktes darüber im klaren sein, mit welchem Nebenbestimmungstyp sie die Hauptregelung versieht und welche Auswirkungen ihre Entscheidung, insbesondere die Inanspruchnahme des Rechtsinstituts Auflage, auf den Fortbestand der Hauptregelung haben kann.

Es bleibt also dabei: Entscheidend für die Bejahung einer wechselseitigen Akzessorietät ist auch im Falle der Auflage die von der Behörde gewählte Handlungsform. Sie allein entscheidet darüber, ob die Behörde eine konditionale oder eine konjunktive Verknüpfung anstrebt. Da die Auflage in Bezug auf die Hauptregelung unbestritten keine suspendierenden oder revozierenden Rechtsfolgen aufweist, dokumentiert die Behörde mit der Inanspruchnahme einer solchen Nebenbestimmung nach außen, daß sie eine konjunktive Verknüpfung anstrebt. Ein etwaiger entgegengesetzter innerer Behördenwille findet keine Berücksichtigung mehr.

Da § 36 II Nr. 4 VwVfG zudem auf den durch die Hauptregelung "Begünstigten" abstellt, besteht ein weiterer Gegensatz zwischen Auflage und Bedingung darin, daß die Auflage dem Gesetzeswortlaut zufolge einen begünstigenden Verwaltungsakt voraussetzt [133], während die Bedingung auch zu belastenden Verwaltungsakten ergehen kann. Im Hinblick auf diese Unterscheidung ist allerdings zu beachten, daß der Gesetzeswortlaut des § 36 II Nr. 4 VwVfG etwas ungenau ist. Dieser verbietet die Verbindung einer Auflage zumindest nicht mit solchen Verwaltungsakten, die den Adressaten teilweise begünstigen und teilweise belasten.[134] Besonders deutlich wird dies am Beispiel der sog. Verwaltungsakte mit Doppel- bzw. Drittwirkung. Diese können den Verwaltungsaktadressaten begünstigen, einen Dritten aber belasten.[135] Besteht

---

[133] *Knack/Henneke*, VwVfG, § 36 Rn. 40; *Janßen*, in: *Obermayer*, VwVfG, § 36 Rn. 19; *P. Stelkens/U. Stelkens*, in: *Stelkens/Bonk/Sachs*, VwVfG, § 36 Rn. 27 und Rn. 66; *Meyer/Borgs*, VwVfG, § 36 Rn. 17; *Karl*, S. 14.

[134] *Meyer/Borgs*, VwVfG, § 36 Rn. 17; *P. Stelkens/U. Stelkens*, in: *Stelkens/Bonk/Sachs*, VwVfG, § 36 Rn. 27 und Rn. 66; *Schneider*, S. 30; *Hönig*, S. 60.

[135] *P. Stelkens/U. Stelkens*, in: *Stelkens/Bonk/Sachs*, VwVfG, § 36 Rn. 66; *Schneider*, S. 30; *Hönig*, S. 61.

also ein Verwaltungsakt teils aus einer begünstigenden teils aus einer belastenden Regelung, so ist es durchaus zulässig, den begünstigenden Teil mit einer Auflage zu verbinden.[136] Mit dem Gesetzeswortlaut des § 36 II Nr. 4 VwVfG hingegen nicht mehr vereinbar ist die Ansicht, daß die Beifügung einer Auflage auch mit einem *ausschließlich* belastenden Verwaltungsakt möglich sei.[137] Diese Rechtsauffassung verkennt, daß in diesem Falle der Adressat des Verwaltungsaktes in keiner Weise mehr begünstigt ist.[138]

c.) *Abgrenzung zur Potestativbedingung*

So eindeutig die soeben geschilderten materiellen Unterscheidungsmerkmale zwischen Auflage und Bedingung in der Theorie auch sein mögen, so schwierig gestaltet sich zuweilen in der Praxis die Frage, welche von beiden Nebenbestimmungsarten nun im konkreten Fall vorliegt. Zur korrekten Ermittlung des jeweiligen Verwaltungsaktzusatzes bedarf es dann häufig einer Auslegung.

Die von der Behörde - häufig fehlerhaft - gewählte Bezeichnung kann als erstes Indiz zur Ermittlung des jeweiligen Nebenbestimmungstyps herangezogen werden.[139] Maßgebliches Auslegungskriterium ist allerdings der materielle Gehalt der jeweiligen Nebenbestimmung bzw. der sog. Rechtsfolgewille der handelnden Behörde.[140] Ermittelt wird dieser aus den behördlichen Erklärungen sowie aus den jeweiligen konkreten

---

[136] *Meyer/Borgs*, VwVfG, § 36 Rn. 17; *Schneider*, S. 30; *P. Stelkens/U. Stelkens*, in: *Stelkens/Bonk/Sachs*, VwVfG, § 36 Rn. 27 und Rn. 66.

[137] So *Faber*, VerwR, § 25 I (S. 266) und *Schachel*, S. 29, die entgegen dem Gesetzeswortlaut auch eine Anwendbarkeit der Auflage bei *durchweg* belastenden Verwaltungsakten für möglich halten, ohne dafür jedoch überzeugende Argumente zu liefern.

[138] *Schneider*, S. 30; im Ergebnis ebenso *Laubinger*, WiVerw. 1982, 117 (123); *Hönig*, S. 61; *Meyer/Borgs*, VwVfG, § 36 Rn. 17. Vereinzelt erachtet man "Auflagen", die einem belastenden Verwaltungsakt beigefügt sind, nicht als Auflagen, sondern als selbständige zusätzliche Anordnungen, für die die Voraussetzungen der jeweiligen Ermächtigungsgrundlage, nicht aber die des § 36 VwVfG vorliegen müssen, vgl. *P. Stelkens/U. Stelkens*, in: *Stelkens/Bonk/Sachs*, VwVfG, § 36 Rn. 27.

[139] *Knack/Henneke*, VwVfG, § 36 Rn. 43; *Janßen*, in: *Obermayer*, VwVfG, § 36 Rn. 16.

[140] *Laubinger*, WiVerw. 1982, 117 (126); *Maurer*, Allg. VerwR, § 12 Rn. 17.

Verhältnissen des Einzelfalles.141 Entscheidend kommt es also nicht auf den inneren Behördenwillen, wie etwa auf den Willen des handelnden Amtsträgers, sondern auf den *erklärten Willen* der Behörde, wie ihn ein Empfänger bei objektiver Würdigung verstehen durfte, an (sog. objektiver Erklärungsinhalt).142 Ergibt sich hierbei, daß das öffentliche Wohl oder die Interessen Dritter ohne vorherige Erfüllung der Nebenbestimmung die Inanspruchnahme der Vergünstigung nicht zulassen, spricht dies für das Vorliegen einer Bedingung.143 Erscheint dagegen die Inanspruchnahme der Vergünstigung ohne vorherige Erfüllung der Nebenbestimmung aus Gründen des öffentlichen Wohls vertretbar 144, will sich insbesondere die Behörde mit dem durch eine Nebenbestimmung angeordneten Gebot oder Verbot nur einen Titel verschaffen, um den Begünstigten zu einem entsprechenden Verhalten zwingen zu können, falls er die Genehmigung in Anspruch nimmt, so spricht dies dafür, die Nebenbestimmung als Auflage zu qualifizieren. 145

Für den Fall, daß trotz dieser Abgrenzungskriterien weiterhin Zweifel am Vorliegen eines bestimmten Nebenbestimmungstyps bestehen bleiben, werden in der Literatur weitere Auslegungshilfen zur Ermittlung der jeweiligen Nebenbestimmung vorgetragen. So soll es entscheidend neben dem objektiven Willen der Behörde auch auf die Zulässigkeit der jeweiligen Nebenbestimmung ankommen (sog. normkonforme Auslegung).146 Im Zweifelsfall könne man nicht davon ausgehen, daß die Be-

---

141 *Brenner*, JuS 1996, 281 (285); *Maurer*, Allg. VerwR, § 12 Rn. 17; *Elster*, S. 124; *Laubinger*, WiVerw. 1982, 117 (126).
142 *Laubinger*, WiVerw. 1982, 117 (126); *Weyreuther*, DVBl. 1969, 232 (233); *P. Stelkens/U. Stelkens*, in: Stelkens/Bonk/Sachs, VwVfG, § 36 Rn. 8a und Rn. 29; *Schneider*, S. 38; *Elster*, S. 124; *Knack/Henneke*, VwVfG, § 36 Rn. 43; *Janßen*, in: Obermayer, VwVfG, § 36 Rn. 22; vgl. hierzu auch BVerwGE 41, 305 (306).
143 *P. Stelkens/U. Stelkens*, in: Stelkens/Bonk/Sachs, VwVfG, § 36 Rn. 30; *Janßen*, in: Obermayer, VwVfG, § 36 Rn. 24; *Knack/Henneke*, VwVfG, § 36 Rn. 43; *Schachel*, S. 81; *Brenner*, JuS 1996, 281 (285); *Maurer*, Allg. VerwR, § 12 Rn. 17; *Schneider*, S. 39.
144 *P. Stelkens/U. Stelkens*, in: Stelkens/Bonk/Sachs, VwVfG, § 36 Rn. 30; *Janßen*, in: Obermayer, VwVfG, § 36 Rn. 24; *Knack/Henneke*, VwVfG, § 36 Rn. 43.
145 *Laubinger*, WiVerw. 1982, 117 (126).
146 *Maurer*, Allg. VerwR, § 12 Rn. 17; *Brenner*, JuS 1996, 281 (285); *Sulser*, S. 36; einschränkend *Hönig*, S. 79; *Karl*, S. 18; *Faber*, VerwR, § 25 I (S. 268); *Achterberg*, Allg. VerwR, S. 110; *Axer*, Jura 2001, 748 (749).

hörde eine rechtswidrige Anordnung habe treffen wollen [147], so daß man häufig im Wege einer "gesetzeskonformen Auslegung" eine Harmonisierung zwischen Gesetzeslage und Nebenbestimmung erreichen könne.[148] Ist also im konkreten Falle eine Auflage, nicht aber eine Bedingung nach den gesetzlichen Vorschriften zulässig, so soll dies für das Vorliegen einer Auflage sprechen.[149] Auch wird weiterhin die Ansicht vertreten, daß im Zweifelsfalle - wegen des Grundsatzes der Verhältnismäßigkeit - die Auflage als das im Vergleich zur Bedingung weniger einschneidende Mittel anzunehmen sei.[150]

Beide zusätzlichen Auslegungshilfen stoßen in der Literatur zu Recht auf Kritik. Würde man in der Tat einerseits darauf abstellen, welche von beiden Nebenbestimmungen im konkreten Fall gesetzlich zulässig ist (also Bedingung oder Auflage), dann würde man es einer Behörde zugestehen, ihre unzulängliche Konkretisierung der Nebenbestimmung zum Nachteil des Betroffenen im Wege eines Durchgriffs auf das Gesetz zu heilen.[151] Diese Heilungsmöglichkeit stünde in Widerspruch zur Grundrechtsbestimmung des Art. 19 IV GG. Nach Art. 19 IV GG darf ein Bürger als Empfänger einer nach ihrem objektiven Erklärungsinhalt mißverständlichen Willensäußerung der Verwaltung nicht benachteiligt werden, weil sein Vertrauen auf die Erklärung der öffentlichen Hand geschützt werden muß.[152] Ein nachlässiger Sprachgebrauch der Behörde

---

[147] *Brenner*, JuS 1996, 281 (285); *Maurer*, Allg. VerwR, § 12 Rn. 17; *Hönig*, S. 79.
[148] So *Hönig*, S. 79.
[149] *Brenner*, JuS 1996, 281 (285); *Maurer*, Allg. VerwR, § 12 Rn. 17.
[150] *Kopp*, VwVfG, § 36 Rn. 23; *Kopp/Ramsauer*, VwVfG, § 36 Rn. 34; *Brenner*, JuS 1996, 281 (285); *Erichsen*, Jura 1990, 214 (215); unter Heranziehung des Grundsatzes der Verhältnismäßigkeit *OVG Lüneburg*, Urteil vom 08. 09. 80 [= GewArch. 1981, 341 f. (344)]. Mit "erheblichen Vorbehalten", *Maurer*, Allg. VerwR, § 12 Rn. 17; *Axer*, Jura 2001, 748 (749) ausführlich zu dieser Problematik vgl. *Elster*, S. 129 f. und S. 145 f.; a. A. *Weyreuther*, DVBl. 1969, 232 (234) und *Karl*, S. 18, die beide eine über den konkreten Einzelfall hinausgehende Auslegung, d. h. eine generelle Vermutung zugunsten der Auflage ablehnen.
[151] So bereits *Schachel*, Jura 1981, 449 (453).
[152] BVerwGE 41, 305 (306); BVerwG, NJW 1972, 1682 (1682); *OVG Lüneburg*, GewArch. 1981, 341 f. (344).

und die hieraus resultierenden Unklarheiten müssen vielmehr zu Lasten der Verwaltung und nicht zu Lasten des betroffenen Bürgers gehen.[153] Ferner birgt die Differenzierung nach der gesetzlich zulässigen Nebenbestimmung die Gefahr einer Kollision mit der bereits oben als entscheidend befundenen Auslegungsmethode nach dem objektivierten Rechtsfolgewillen der Behörde. Ergibt beispielsweise eine normkonforme Interpretation, daß das Gesetz die Erteilung einer bedingten Begünstigung verbietet, während die Auslegung nach dem objektivierten Behördenwillen zu dem Resultat führt, daß die Verwaltungsbehörde den Verwaltungsakt nur bedingt hat erteilen wollen, so gelangen beide Auslegungsmethoden zu entgegengesetzten Ergebnissen. Die Inanspruchnahme einer gesetzeskonformen Auslegung neben der bereits oben als entscheidend befundenen Auslegungsmethode nach dem objektivierten Rechtsfolgewillen der Behörde birgt in diesen Fällen also bereits die Gefahr sich widersprechender Ergebnisse in sich.[154] Im übrigen versagt eine normkonforme Auslegung ohnehin, wenn beide Nebenbestimmungsarten gleichzeitig zulässig oder unzulässig sind.[155]
Auch eine Vermutung zugunsten der in der Regel weniger einschneidenden Auflage begegnet erheblichen Bedenken. Denn es ist nicht ersichtlich, worauf sich eine solche generelle Auslegungs- bzw. Vermutungsregel stützen sollte.[156] Der in diesem Zusammenhang immer wieder angeführte Grundsatz der Verhältnismäßigkeit vermag nicht weiterzuhelfen. Der Verhältnismäßigkeitsgrundsatz darf nicht pauschal, sondern muß einzelfallbezogen angewandt werden.[157] Schließlich stellt sich eine Auflage im Vergleich zur Bedingung nicht immer als das weniger belastende, sondern als das von vorneherein und grundsätzlich andere Rechtsinstitut dar.[158]

---

[153] *BVerwGE* 41, 305 (306); *Schachel*, Jura 1981, 449 (453); *Schmitt Glaeser/Horn*, VerwProzR, Rn. 141; *Detterbeck*, Ergänzbares Lexikon des Rechts, Bd. 4, 9/1220, S. 3 und S. 4; *Weyreuther*, DVBl. 1969, 232 (233).

[154] Vgl. hierzu auch die Ausführungen bei *Schneider*, S. 39 sowie *Faber*, VerwR, § 25 I (S. 268).

[155] *Elster*, S. 126 ; *Schachel*, Jura 1981, 449 (453).

[156] *Weyreuther*, DVBl. 1969, 232 (234); *Karl*, S. 18.

[157] *P.Stelkens/U. Stelkens*, in: *Stelkens/Bonk/Sachs*, VwVfG, § 36 Rn. 31.

[158] *Weyreuther*, DVBl. 1969, 232 f. (237); dem folgt *Ehlers*, VerwArch. 67, 1976, 369 f. (377; dort Fn. 25).

Zu Recht wird im Schrifttum in diesem Zusammenhang darauf hingewiesen, daß eine pauschal am Grundsatz der Verhältnismäßigkeit orientierte Interpretation der Nebenbestimmung auch zu einer erheblichen Belastung des Bürgers führen kann.[159] Richtet beispielsweise der Verwaltungsaktadressat seine gesamte Planungen allein auf die Erteilung einer Genehmigung mit einer (nicht selbständig erzwingbaren) Bedingung aus, kann die Erteilung eines Verwaltungsaktes mit Auflage durchaus als eine besondere Härte von ihm empfunden werden, weil die Auflage im Gegensatz zur Bedingung selbständig durchsetzbar (§§ 9 ff. VwVG) ist.[160]

Dies verdeutlicht, daß ausschlaggebend für die Bestimmung des milderen Mittels nur die jeweiligen Umstände des konkreten Einzelfalles, insbesondere die Interessenslage des Betroffenen wie er sie selbst empfindet, sein können.[161] Es kann aber nicht davon ausgegangen werden, daß die Auflage für den Betroffenen in allen Fällen stets das mildere Verwaltungsinstrument darstellt. Zwar mag in Zweifelsfällen eine Vermutung für die im konkreten Fall tatsächlich weniger belastende Nebenbestimmung sprechen. Keinesfalls gebietet aber das Verhältnismäßigkeitsprinzip einen generellen Vorrang der im allgemeinen weniger belastenden Auflage vor anderen Nebenbestimmungstpyen.[162]

---

[159] *Schachel*, S. 84.
[160] Die Auflage bildet eine Grundverfügung nach § 6 VwVG. Zur Durchsetzung von Auflagen, *Kopp/Ramsauer*, § 36 Rn. 70.
[161] *Weyreuther*, DVBl. 1969, 232 f. (237); *Schachel*, S. 84.
[162] Ähnlich *P. Stelkens/U. Stelkens*, in: *Stelkens/Bonk/Sachs*, VwVfG, § 36 Rn. 31.Vgl. hierzu auch *Laubinger*, WiVerw. 1982, 117 (127), der eine Vermutung zugunsten der Auflage nur dann für rechtsstaatlich bedenkenfrei hält, wenn man sie bereits bei der Ermittlung des Willens *der Behörde* und nicht erst bei der rechtlichen Würdigung ihres Verhaltens berücksichtigt.

d.) *Rechtsnatur der Auflage*

Schon von jeher umstritten ist die Rechtsnatur der Auflage. Im Mittelpunkt der Diskussion steht dabei die Frage, ob die Auflage einen selbständigen Verwaltungsakt oder aber bloß einen Teil eines Verwaltungsaktes darstellt.[163] Die Vertreter letzterer Auffassung führen eine Vielzahl von Argumenten gegen die Verwaltungsaktqualität der Auflage an.[164] Sie sind der Auffassung, daß der Wortlaut des § 36 II VwVfG bzw. des § 28 des EVwVfG [165] und die jeweiligen amtlichen Begründungen [166] nicht dafür sprächen, die Auflage als Verwaltungsakt zu qualifizieren. Denn wenn es in § 36 II VwVfG heiße, daß die Auflage mit einem Verwaltungsakt "verbunden" werde, während die unselbständigen Nebenbestimmungen mit dem Verwaltungsakt "erlassen" würden, so habe der Gesetzgeber mit dieser Formulierung lediglich der Tatsache Rechnung tragen wollen, daß die Auflage im Gegensatz zu den unselbständigen Nebenbestimmungen (Bedingung, Befristung und Widerrufsvorbehalt) auch ohne die Hauptregelung eine *eigenständige Aussage* enthalte und daher auch nach anderen Rechtsvorschriften als der des § 36 VwVfG als selbständiger Verwaltungsakt ergehen könne.[167] Auch aus der amt-

---

[163] Nur ergänzungshalber sei an dieser Stelle angemerkt, daß in der Literatur dem Streit um die Verwaltungsaktqualität der Auflage mit Blick auf den zu gewährenden Rechtsschutz teilweise eine geringe Bedeutung beigemessen wird. Unter Hinweis auf die Praxis wird diese Frage zumeist offen gelassen, da nach ganz überwiegender Meinung die Auflage entweder als ein Teil eines Verwaltungsaktes oder als Verwaltungsakt anfechtbar ist (so etwa *Detterbeck*, Ergänzbares Lexikon des Rechts, Bd. 4, 9/1220, S. 3). Andere lassen die Frage, ob die Nebenbestimmung einen Verwaltungsakt darstellt, deshalb offen, weil sie die Ansicht vertreten, man streite hier ohnehin weitgehend mit den gleichen Argumenten wie über die Anfechtbarkeit von Nebenbestimmungen, vgl. *Sieckmann*, DÖV 1998, 525 (528).

[164] Beispielhaft als Vertreter dieser Rechtsauffassung seien an dieser Stelle genannt: *Schenke*, JuS 1983, 182 (183 f.); *Erichsen*, Jura 1990, 214 (217); *Meyer/Borgs*, VwVfG, § 36 Rn. 19.

[165] BT-Drucks. VI 1173, 11 (46, amtliche Begründung) entspricht § 32 des Entwurfs aus der 7. Legislaturperiode: BT-Drucks. VII 910, 15 (57, amtliche Begründung).

[166] Ausführlich hierzu und eine VA-Qualität verneinend: *Hoenig*, S. 45.

[167] So *Schneider*, S. 33. In die gleiche Richtung argumentieren offensichtlich auch *Hoenig*, S. 46 und *Schenke*, WiVerw. 1982, 142 (146), wenn sie die Ansicht vertreten, die in § 36 II VwVfG enthaltene sprachliche Differenzierung stelle lediglich eine *graduelle Abstufung* des jeweiligen inhaltlichen Zusammenhangs zwischen

lichen Begründung zu § 32 II des Regierungsentwurfes zum Verwaltungsverfahrensgesetz von 1973 [168] lasse sich nichts Gegenteiliges ableiten. Wenn es dort heiße, die Auflage trete "selbständig zum Hauptinhalt des Verwaltungsaktes hinzu" und sie sei unter ausdrücklichem Verweis auf die Entscheidung des Bundesverwaltungsgerichtes vom 29. 03. 1968 [169] "eine selbständig erzwingbare hoheitliche Anordnung", so sei damit lediglich gesagt, daß zum einen der mit einer Nebenbestimmung versehene Verwaltungsakt einen Haupt- und einen Nebeninhalt habe und daß zum anderen dieser Nebeninhalt (hier die Auflage) einen anderen Regelungsgegenstand habe als die Hauptregelung.[170]

Außerdem sprächen gegen die Annahme einer Verwaltungsaktqualität die historischen Wurzeln einer Auflage.[171] Die Begriffe "Bedingung" und "Auflage" seien im 19. Jahrhundert zunächst recht undifferenziert gebraucht worden; bisweilen sei es damals auch vorgekommen, daß Auflagen fälschlicherweise als Bedingungen bezeichnet worden seien.[172] Erst Ende des 19. Jahrhunderts habe eine exaktere terminologische Abgrenzung von Auflagen und Bedingungen stattgefunden, die auch Einzug in die allgemeine Verwaltungsrechtslehre gehalten habe und auch von einigen Oberverwaltungsgerichten übernommen worden sei.[173] Diese terminologische Differenzierung ändere allerdings nichts daran, daß der Begriff der Bedingung in der Folgezeit immer "technisch"verstanden worden sei, da in ihm der "bestimmende Aspekt" lebendig geblieben sei.[174] Die Bedingung fungiere also auch heute noch als "Oberbegriff" sowohl für die verwaltungsrechtliche Bedingung als auch für die Auflage, so daß die Auflage weiterhin als "regelungsabhängiger Teil *eines* Staatsaktes" gewollt sei.[175]

Nebenbestimmung und Vergünstigung dar.
[168] Vgl. BT-Drucks. VII 910, 57.
[169] *BVerwGE* 29, 261 f.
[170] *Hoenig*, S. 47.
[171] Diesen Aspekt besonders hervorhebend und eine VA-Qualität verneinend: *Fehn*, DÖV 1988, 202 (203 und 204).
[172] *Fehn*, DÖV 1988, 202 (203).
[173] Vgl. *Fehn*, DÖV 1988, 202 (204), der einen detaillierten Überblick über die Entstehungsgeschichte der Auflage gibt.
[174] *Fehn*, DÖV 1988, 202 (204).
[175] So explizit *Fehn*, DÖV 1988, 202 (204).

Darüber hinaus wird gegen die Verwaltungsaktqualität der Auflage angeführt, daß diese nicht immer wie ein Verwaltungsakt mit der Bekanntgabe an den Betroffenen sofort wirksam werde (§ 43 VwVfG). Dies zeige sich daran, daß die Auflage nicht durchweg aufschiebend und auflösend bedingt durch den Gebrauch der Hauptregelung sei, sondern häufig erst dann ihre verpflichtende Wirkung entfalte, wenn die von der Behörde angeordnete Verpflichtung für den Verwaltungsakt auch in tatsächlicher Hinsicht durchführbar sei.[176]

Außerdem wird gegen die Verwaltungsaktqualität der Auflage eingewandt, daß die Unwirksamkeit der Hauptregelung die Unwirksamkeit der Auflage nach sich ziehe (Akzessorietät der Auflage).[177]

Schließlich und endlich spräche gegen die Verwaltungsaktqualität der Auflage und für ein Verständnis der Auflage als Bestandteil eines Verwaltungsaktes, daß hierdurch eine - im Interesse der Rechtssicherheit wünschenswerte - einheitliche Handhabung des Rechtsschutzes gegen Nebenbestimmungen ermöglicht werde, die Suche nach dem einschlägigen Rechtsschutzverfahren also nicht durch die - in praxi zuweilen schwierige - Abgrenzung zwischen Auflage und Bedingung belastet werde.[178]

Im Ergebnis kann den Anhängern, die die Auflage aus den oben angeführten Gründen lediglich als einen Teil der Hauptregelung ansehen und ihre Verwaltungsaktqualität verneinen, nicht gefolgt werden. Bereits die Schlußfolgerungen, die einige Autoren aus ihrer Interpretation des Wortlautes des § 36 II VwVfG bzw. der amtlichen Begründung zu § 32 II des Regierungsentwurfes zum Verwaltungsverfahrensgesetz von 1973 [179] ziehen, sind wenig überzeugend. Sie interpretieren diese Vorschriften zwar richtigerweise dahingehend, daß die Auflage einen eigenständigen Aussagecharakter aufweise [180]. Irrigerweise vertreten sie aber zugleich die Ansicht, daß diese Eigenständigkeit nichts über die Verwaltungsaktqualität der Auflage aussage. Denn wenn eine Auflage abstrakt

---

[176] *Schneider*, S. 35. So soll zum Beispiel die in einer Auflage enthaltene Verpflichtung einen Filter in einen Schornstein einer Anlage einzubauen, erst dann ihre verpflichtende Wirkung entfalten, wenn der Schornstein gebaut wurde, vgl. *Schneider*, S. 34.
[177] *Schenke*, WiVerw. 1982, 142 (146); *Schneider*, S. 34.
[178] *Schenke*, JuS 1983, 182 (184).
[179] Vgl. BT-Drucks. VII 910, 57.
[180] Vgl. die Ausführungen oben S. 45 und S. 46.

betrachtet eine eigenständige Sachaussage trifft, heißt das zunächst einmal nichts anderes, als daß eine Auflage eine Regelung enthält, die konjunktiv mit der Hauptregelung verbunden ist und die damit ihrerseits eine wesentliche Voraussetzung der Verwaltungsaktdefinition des § 35 S. 1 VwVfG erfüllt. Denn nur im Falle einer konjunktiven Verbindung ist es abstrakt überhaupt denkbar, daß eine Regelung im Sinne des § 35 S. 1 VwVfG vorliegt. Würde die Auflage hingegen eine *unselbständige* Regelung aufweisen, d. h. in konditionaler Weise mit einer Hauptregelung verbunden sein ("Wenn, dann..."), entstünde eine wechselseitige Bestandsakzessorietät. Diese hätte zur Folge, daß nicht nur die Auflage, sondern auch die Hauptregelung in ihrem Bestand nicht mehr selbständig bzw. unabhängig wäre.[181] Die Auflage selbst könnte also - abstrakt betrachtet - überhaupt gar keine eigenständige Aussage mehr treffen, sondern nur mit der Hauptregelung gemeinsam eine Regelung im Sinne des § 35 S. 1 VwVfG bilden. Nur noch grammatikalisch ließe sich die Auflage von der Hauptregelung trennen, nicht aber in juristisch-logischer Hinsicht.

Festzuhalten bleibt daher, daß die aus dem Gesetzeswortlaut und der amtlichen Begründung gezogenen Schlußfolgerungen, die Auflage treffe eine "eigenständige Aussage" bzw. sie trete "selbständig zum Hauptinhalt des Verwaltungsaktes hinzu", nicht gegen, sondern für die Verwaltungsaktqualität der Auflage sprechen.

Dieser Erkenntnis kann auch nicht mit dem Argument begegnet werden, daß allein der Regelungscharakter einer Auflage noch nichts über deren Verwaltungsaktqualität aussage, weil es schließlich auch denkbar sei, daß ein einheitlicher Verwaltungsakt vorliege, der sich aus Auflage und Hauptregelung, also aus mehreren Regelungen zusammensetze.[182] Diese Argumentation übersieht, daß in der amtlichen Begründung zu § 32 II des Regierungsentwurfs zum Verwaltungsverfahrensgesetz aus dem Jahre 1973 nicht nur ausdrücklich auf die Regelungsfunktion, sondern auch auf die *Selbständigkeit* der Regelung "Auflage" abgestellt wird. Dort heißt es explizit, die Auflage trete "selbständig zum Hauptinhalt des Verwaltungsaktes hinzu" und sie sei - unter ausdrücklichem Ver-

---

[181] Allgemein zu den Wirkungen einer wechselseitigen Akzessorietät vgl. bereits oben S. 7.
[182] In diesem Sinne *Hoenig*, S. 48 und *Laubinger*, VerwArch. 73, 1982, 345 (359).

weis auf eine Entscheidung des Bundesverwaltungsgerichtes [183] - "eine selbständige erzwingbare hoheitliche Anordnung".[184] Der Gesetzgeber gibt also mit seiner amtlichen Begründung nicht nur zu verstehen, daß die Auflage irgendeinen Regelungscharakter aufweist, sondern auch, daß dieser Regelungscharakter eigenständig neben den Inhalt des Verwaltungsaktes tritt.[185]

Diese Begründung des Gesetzgebers kann nur dahingehend verstanden werden, daß er die Auflage nicht als einen Bestandteil eines einheitlichen Verwaltungsaktes aus Hauptregelung und Auflage ansieht, sondern die Auflage selbst als einen Verwaltungsakt qualifiziert und dies auch durch die in § 36 II VwVfG unterschiedlichen Begriffspaare "erlassen" und "verbinden" zum Ausdruck bringt.[186] Denn wenn der Auflage ein *eigenständiger* Regelungscharakter zugeschrieben wird, kann sie nicht mehr eine Regelung unter mehreren Regelungen innerhalb eines einzigen Verwaltungsaktes sein. Dies wird bei einem Vergleich zwischen dem Regelungscharakter eines Verwaltungsaktes und dem Regelungscharakter einer Auflage deutlich. Die Regelung eines Verwaltungsaktes ist eine rechtsverbindliche Anordnung, die aus *einer* Willenserklärung oder aus *mehreren aufeinander abgestimmten* Willenserklärungen besteht und die auf die Setzung einer Rechtsfolge gerichtet ist.[187] Besteht demnach ein Verwaltungsakt aus einer oder mehreren aufeinander abgestimmten Willenserklärungen, die auf *eine* Rechtsfolge abzielen, so ist es gerechtfertigt, von mehreren Regelungen, die in einem einzigen Verwaltungsakt enthalten sind, zu sprechen.

Ein solcher einheitlicher Verwaltungsakt liegt beispielsweise im Falle einer der Hauptregelung beigefügten Bedingung vor. Aufgrund ihrer konditionalen Verbindung ("Wenn, dann...") [188] stehen die behördlichen

---

[183] Urteil vom 29. 03. 1968 = *BVerwGE* 29, 261 f. (270).

[184] Vgl. BT-Drucks. VII 910, 57.

[185] So auch die Interpretation von *Hoenig* (S. 47), einem Gegner der Verwaltungsaktqualität von Auflagen.

[186] So auch die Interpretation von *P. Stelkens/U. Stelkens*, in: *Stelkens/Bonk/Sachs*, VwVfG, § 36 Rn. 32 und Rn. 5-6 sowie *Mutschler*, S. 12 und *Axer*, Jura 2001, 748 (749). Der Hinweis auf § 36 I VwVfG, wonach ein Verwaltungsakt mit Nebenbestimmungen "versehen" wird, widerspricht dieser Auslegung nicht. § 36 I VwVfG ist lex generalis zu § 36 II VwVfG und wird durch diesen spezifiziert; a. A. ohne nähere Begründung *Hoenig*, S. 46 und *Schenke*, WiVerw. 1982, 142 (146).

[187] *Maurer*, Allg. VerwR, § 9 Rn. 6.

[188] Zur konditionalen Verbindung einer Bedingung zur Hauptregelung vgl. oben

Äußerungen "Hauptregelung unter Bedingung" in einer wechselseitigen Beziehung zueinander, so daß man in diesem Falle vom Vorliegen *einer* Willenserklärung [189] sprechen kann, die auf eine einzige Rechtsfolge, nämlich die bedingte Gewährung der Genehmigung, abzielt.

Bei einer Auflage und einer Hauptregelung kann man hingegen nicht davon sprechen, daß eine oder gar zwei aufeinander abgestimmte Willenserklärungen vorliegen, die auf eine einheitliche Rechtsfolge abzielen. Der Erlaß der Hauptregelung mit einer Auflage dokumentiert den Willen der Behörde, eine uneingeschränkte Genehmigung zu erlassen. Dies deshalb, weil die Behörde vom Nebenbestimmungstyp Auflage Gebrauch macht - einem Rechtsinstitut, das keine suspendierenden oder revozierenden Rechtsfolgen hinsichtlich der Hauptregelung setzt.[190]

Auch verfolgt die Behörde mit dem Erlaß einer der Hauptregelung beigefügten Auflage zum Beispiel den Willen, die gesetzlichen Voraussetzungen des Verwaltungsaktes sicherzustellen (§ 36 I 2. Alt. VwVfG), indem sie dem Adressaten des uneingeschränkten Verwaltungsaktes eine zusätzliche, sachgerechte und sachbezogene Verpflichtung (§ 36 III VwVfG) auferlegt. Die behördliche Willenserklärung "Auflage" ist damit zwar ihrerseits auf die behördliche Willenserklärung "uneingeschränkte Hauptregelung" abgestimmt, die Willenserklärung "uneingeschränkte Hauptregelung" deswegen aber nicht auch auf die Willenserklärung "Auflage". Wegen des nicht suspendierenden oder (teil-)revozierenden Rechtscharakters einer Auflage gibt die jeweilige Behörde die Willenserklärung "uneingeschränkte Hauptregelung" ihrerseits vielmehr ohne inhaltlichen Bezug zur Willenserklärung "Auflage" ab, obgleich beide Willenserklärungen - zumindest rein äußerlich betrachtet - gleichzeitig ergehen und daher der Eindruck erweckt wird, es läge nur eine einzige Willenserklärung vor. Es ist daher unzutreffend, wenn in der Literatur

---

S. 17.
[189] Man könnte allerdings auch davon sprechen, es lägen in diesem Falle zwei aufeinander abgestimmte Willenserklärungen vor, nämlich die behördliche Äußerung "Bedingung" und die behördliche Äußerung "Hauptregelung", die das gemeinsame Ziel der bedingten Gewährung verfolgten. Eine solche künstliche Aufspaltung wäre aber nur in grammatikalischer Hinsicht möglich. Bei abstrakter Sichtweise zeigt sich, daß tatsächlich keine zwei Willenserklärungen vorliegen, sondern diese wegen ihres wechselseitigen Bezuges zueinander mit Erlaß des Verwaltungsaktes zu einer einzigen Willenserklärung verschmelzen.
[190] Vgl. bereits oben S. 29 f.

behauptet wird, im Falle der Anordnung einer Auflage artikuliere die Behörde den Willen, daß der Bestand einer Hauptregelung mit dem Bestand einer Auflage stehe oder falle.[191] Nur die Auflage ihrerseits steht oder fällt mit dem Bestand der Hauptregelung.[192] Bedient sich die Behörde doch gerade deswegen des Rechtsinstituts der Auflage, weil diese keine suspendierenden oder revozierenden Rechtsfolgen hinsichtlich der Hauptregelung setzt. Sie bringt damit ihren Willen zum Ausdruck, die Hauptregelung, zum Beispiel eine Genehmigung, uneingeschränkt und daher ihrerseits unabhängig von der Auflage zu erlassen.

Die amtliche Begründung zum Verwaltungsverfahrensgesetz, in der von der *Selbständigkeit* der Auflage die Rede ist, bringt also zum Ausdruck, daß die Behörde neben dem Willen, eine "uneingeschränkte Hauptregelung" zu erlassen, einen weiteren Willen in Form einer Auflage äußert. Wegen der Eigenständigkeit dieses Willens stehen beide Willenserklärungen aber in keiner wechselseitigen Beziehung zueinander; sie sind nicht aufeinander abgestimmt. Auch dies zeigt, daß der Gesetzgeber die Auflage nicht als einen Bestandteil eines Verwaltungsaktes, der sich aus einer Auflage und einer Hauptregelung zusammensetzt, versteht.

Die Interpretation der Auflage als Bestandteil eines einheitlichen Verwaltungsaktes widerspräche im übrigen auch der Systematik von Nebenbestimmungen. Denn für die Berücksichtigung eines einheitlichen behördlichen Willens hat die Verwaltung die Möglichkeit, auf die unselbständigen Nebenbestimmungen zurückzugreifen. Dies zeigt auch, daß zwischen der *Zweckbestimmung* einer Auflage einerseits und dem *Rechtscharakter* einer Auflage andererseits unterschieden werden muß. Denn nicht die Zweckbestimmung, sondern die Inanspruchnahme des ergänzenden Rechtsinsituts Auflage bzw. die damit verbundene strukturelle Verknüpfung zur Hauptregelung geben Aufschluß darüber, was die Behörde mit ihrem Handeln beabsichtigt.[193] Die Zweckbestimmung

---

[191] So aber *Laubinger*, VerwArch. 73, 1982, 345 (359) unter Hinzuziehung der Zivilrechtsdogmatik zur Begründung eines einheitlichen Willens im Zeitpunkt des Abschlusses eines Vertrages. Ähnlich *Schenke*, WiVerw. 1982, 142 (147), der meint, die Verwaltung gebe mit der Beifügung einer Auflage regelmäßig ihren Willen kund, die Begünstigung gerade nicht ohne Auflage erlassen zu wollen.

[192] Insofern zutreffend: *Schneider*, S. 34.

[193] Vgl. hierzu auch *Mutschler*, S. 11 und S. 12; a. A. *Hoenig*, S. 39, der ausdrücklich auch auf den Funktionszusammenhang zwischen Hauptregelung und Auflage

einer Auflage, zum Beispiel im Sinne von § 36 I 2. Alt. VwVfG, beantwortet hingegen nur die Frage nach dem Funktionszusammenhang von Auflage und Gewährung [194] bzw. ist Ausdruck der einseitigen Akzessorietät von Auflagen.[195]

Steht demnach fest, daß die Auflage kein Bestandteil eines einheitlichen Verwaltungsaktes ist, kann man sie nur noch als Verwaltungsakt qualifizieren.[196] Denn selbst diejenigen, die der Auflage Verwaltungsaktqualität absprechen, sind sich darüber einig, daß die Auflage alle weiteren Begriffsmerkmale eines Verwaltungsaktes aufweist.[197] Nicht stichhaltig sind damit im übrigen auch alle anderen Argumente, die gegen die Verwaltungsaktqualität der Auflage angeführt werden. Das historische Argument, Auflagen seien weiterhin vom Gesetzgeber als "regelungsabhängiger Teil eines Staatsaktes" gewollt [198], läßt sich nicht gegen die Verwaltungsaktqualität von Auflagen anführen. Daß der Gesetzgeber eine Auflage nicht als einen regelungsabhängigen Teil "eines Staatsaktes" ansieht [199], bringt er unmißverständlich in seiner amtlichen Begründung zum Verwaltungsverfahrensgesetz, in der er von einer "selbständigen Regelung" spricht, zum Ausdruck.

Auch die Besonderheit, daß die Auflage ihre verpflichtende Wirkung nicht immer sofort durch die Inanspruchnahme der Begünstigung, sondern mitunter erst dann entfaltet, wenn die Verpflichtung, die die Behörde erreichen wollte, in tatsächlicher Hinsicht auch durchführbar ist, spricht nicht gegen ihre Verwaltungsaktqualität.[200] Denn eine erst später eintretende Verpflichtungswirkung ändert nichts an der Wirksamkeit der Auflage. Diese wird bereits mit Erlaß der Hauptregelung wirksam, solange ein Fall der Nichtigkeit, insbesondere ein solcher nach § 44 II Nr. 4 VwVfG, ausscheidet.[201]

---

abstellt, ohne dafür jedoch eine einleuchtende Begründung zu liefern.

[194] *Mutschler*, S. 12.
[195] Zur einseitigen Akzessorietät von Auflagen vgl. bereits oben S. 29 f.
[196] Allgemein zu den Merkmalen eines Verwaltungsaktes, *Detterbeck*, Allg. VerwR, Rn. 420 f.
[197] *Hoenig*, S. 39; *Laubinger*, VerwArch. 73, 1982, 345 (358); *Erichsen*, Jura 1990, 214 (217).
[198] Näher hierzu oben S. 46.
[199] So aber *Fehn*, DÖV 1988, 202 (204).
[200] So aber *Schneider*, S. 35; vgl. hierzu bereits oben S. 47 (dort insbesondere Fn. 176).
[201] Im Ergebnis ebenso: *Fehn*, DÖV 1988, 202 (203).

Auch der Umstand, daß aus der Unwirksamkeit der Hauptregelung die Unwirksamkeit der Auflage folgt, spricht nicht gegen die Verwaltungsaktqualität der Auflage. Dieses Kriterium gibt letztlich nur Aufschluß darüber, daß die Auflage ihrerseits akzessorisch zur Hauptregelung ist. Diese einseitige Akzessorietät der Auflage spricht nicht gegen ihre Verwaltungsaktqualität. Es sei denn, man negiert die Existenz akzessorischer Verwaltungsakte.[202]

Für ein Verständnis der Auflage als unselbständiger Bestandteil eines Verwaltungsaktes spricht letztlich auch nicht der Umstand, daß man auf diesem Wege zu einem einheitlichen Rechtsschutz gegenüber Nebenbestimmungen über eine Teilanfechtungsklage gelangen und man sich hierdurch die in der Praxis zuweilen schwierige Abgrenzung zwischen Auflage und Bedingung ersparen kann.[203] Im Interesse eines einheitlichen Rechtsschutzes mag dieses Motiv zwar sicherlich wünschenswert sein, nicht jedoch auch im Interesse der Rechtssicherheit.[204] Die Ausgestaltung des Rechtsschutzes ist nach Art. 19 IV GG allein dem Gesetzgeber vorbehalten.[205] Er allein bestimmt, welche Rechtsschutzform gegen welche Handlungsform der Behörde statthaft ist.

---

[202] Soweit ersichtlich wird die Existenz akzessorischer Verwaltungsakte von niemandem bestritten. Allgemein hierzu vgl. *P. Stelkens/U. Stelkens*, in: *Stelkens/Bonk/Sachs*, VwVfG, § 35 Rn. 152. Auch der Hinweis, die Auflage sei im gewährenden bzw. im eng tatbestandsverwandten Bereich anzusiedeln, spricht nicht gegen das Vorliegen eines akzessorischen Verwaltungsaktes im Falle einer Auflage; a. A. *Hoenig*, S. 43.
[203] In diesem Sinne *Schenke*, JuS 1983, 182 (184); *ders.*, WiVerw. 1982, 142 (147).
[204] So aber *Schenke*, JuS 1983, 182 (184).
[205] *BVerfGE* 60, 253 (268 f.); *BVerfGE* 78, 88 (99).

2. Der Auflagenvorbehalt gemäß § 36 II Nr. 5 VwVfG

a.) Inhalt und Bedeutung

Gemäß § 36 II Nr. 5 VwVfG ist der Auflagenvorbehalt eine Nebenbestimmung, die eine Behörde ermächtigt, einen Verwaltungsakt nach seinem Erlaß mit einer Auflage zu versehen oder schon bei Erlaß des Verwaltungsaktes bestehende Auflagen zu ändern oder zu ergänzen. Neben der Figur des Widerrufsvorbehalts hat die Behörde somit eine zusätzliche Möglichkeit, auf veränderte Umstände zu reagieren bzw. eine einmal getroffene Entscheidung zu korrigieren. Seine besondere Bedeutung erlangt der Auflagenvorbehalt vor allen Dingen in den Fällen, in denen die mit dem Erlaß des Verwaltungsakts eintretenden Rechtswirkungen für die Behörde in ihrer Gesamtheit noch nicht überschaubar sind [206], wie zum Beispiel eventuell auftretende Umwelt- oder Lärmbelästigungen für die Nachbarschaft bei der Genehmigung der Inbetriebnahme einer Abfallverbrennungsanlage. Darüber hinaus dient der Auflagenvorbehalt einer Behörde auch dazu, das Entstehen von schutzwürdigem Vertrauen auf den uneingeschränkten Fortbestand des Verwaltungsaktes von vorneherein auszuschließen. Denn die Beifügung eines Auflagenvorbehalts macht dem Begünstigten von Anfang an deutlich, daß die Behörde später von ihm noch ein weitres Tun, Dulden oder Unterlassen in Form einer Auflage verlangen kann.[207]
Wie der Widerrufsvorbehalt darf auch der Auflagenvorbehalt nur nach Maßgabe von § 36 III VwVfG ergehen, d. h. die Gründe, auf die ein Auflagenvorbehalt gestützt wird, müssen in sachlichem Zusammenhang mit der Ermächtigungsgrundlage des Verwaltungsaktes stehen, mithin also sachgerecht und sachbezogen sein.[208] Ebenso wie beim Widerrufsvorbehalt bedarf es daher auch beim Auflagenvorbehalt keiner näheren be-

---

[206] *Maurer*, Allg. VerwR, § 12 Rn. 14; *Brenner*, JuS 1996, 281 (285); *P. Stelkens/U. Stelkens*, in: *Stelkens/Bonk/Sachs*, VwVfG, § 36 Rn. 43.
[207] *P. Stelkens/U. Stelkens*, in: *Stelkens/Bonk/Sachs*, VwVfG, § 36 Rn. 41; BVerwG, NJW 1988, 2552; *Maurer*, Allg. VerwR, § 12 Rn. 14; *Kopp*, VwVfG, § 36 Rn. 36.
[208] Für den Widerrufsvorbehalt vgl. bereits oben S. 27.

hördlichen Präzisierung bzw. keiner Inhaltsbeschreibung der auf seiner Grundlage ergehenden Auflagen.[209]

Um keinen Auflagenvorbehalt im Sinne des § 36 II Nr. 5 VwVfG handelt es sich, wenn die Behörde in einem Verwaltungsakt lediglich auf ihre bereits von Gesetzes wegen bestehende Möglichkeit hinweist, Auflagen nachzuschieben, zu ändern oder zu ergänzen (vgl. z. B. § 8 I S. 3 AbfG, § 14 II AuslG, § 5 GastG oder § 12 III BImSchG). Denn in einem solchen Fall kommt der behördlichen Erklärung nur noch eine *deklaratorische* Bedeutung zu.[210]

b.) *Struktur*

Die rechtliche Struktur bzw. die rechtsdogmatische Einordnung des Auflagenvorbehalts ist im Schrifttum umstritten. So begreift man den Auflagenvorbehalt teils als Unterfall des Widerrufsvorbehalts [211], teils als eine besondere Art der auflösenden Bedingung [212], teils als eine Auflage unter aufschiebender (Potestativ-)Bedingung [213] bzw. als eine Duldungsauflage [214] oder sieht in ihm ein eigenständiges Rechtsinstitut [215]. Da der Auflagenvorbehalt bereits keine konditionale Verbindung zum Grundverwaltungsakt aufweist [216], die Hauptregelung also nicht ein-

---

[209] *Kopp/Ramsauer,* VwVfG, § 36 Rn. 28; *P. Stelkens/U. Stelkens,* in: *Stelkens/Bonk/Sachs,* VwVfG, § 36 Rn. 43; a. A. *Detterbeck,* Ergänzbares Lexikon des Rechts, Bd. 4, 9/1220, S. 8; *Meyer/Borgs,* VwVfG, § 36 Rn. 23; *Janßen,* in: *Obermayer,* VwVfG, § 36 Rn. 25; vgl. auch oben die vergleichbaren Ausführungen zum Widerrufsvorbehalt auf S. 27 f.
[210] *Schachel,* S. 46; *Laubinger,* WiVerw. 1982, 117 f. (128); *P. Stelkens/U. Stelkens,* in: *Stelkens/Bonk/Sachs,* VwVfG, § 36 Rn. 42.
[211] *Kopp/Ramsauer,* VwVfG, § 36 Rn. 38; *Mayer/Kopp,* Allg. VerwR, § 13 II 6 (S. 222); *Karl,* S. 29; *Schachel,* S. 46; *ders.* in Jura 1981, 449 (452); *Gern/Wachenheim,* JuS 1980, 276 f. (278); *Kloepfer,* Die Verwaltung, Bd. 8, 1975, 295 f. (309); *Mutschler,* S. 29 f.
[212] *Kruse,* Steuerrecht I, 1973, § 22 V (S. 211).
[213] *Faber,* VerwR, § 25 I (S. 267); *Sulser,* S. 61: suspensiv bedingte Auflage.
[214] *von Mangoldt,* VerwArch. 37, 1932, 101 (119).
[215] *Laubinger,* WiVerw. 1982, 117 f. (128); *Ule/Laubinger,* Verwaltungsverfahrensr, § 50 Rn. 17; *P. Stelkens/U. Stelkens,* in: *Stelkens/Bonk/Sachs,* VwVfG, § 36 Rn. 41 (Fn. 148); *Knack/Henneke,* VwVfG, § 36 Rn. 46.
[216] Hierzu bereits ausführlich oben bei der Abgrenzung zum Widerrufsvorbehalt S. 23 f.

schränkt, scheiden die zwei zuerst genannten Interpretationsmöglichkeiten von vornherein aus. Es verbleibt somit nur noch die Möglichkeit, den Auflagenvorbehalt als eine Auflage unter einer aufschiebenden (Potestativ-)Bedingung bzw. als eine Duldungsauflage oder aber als ein eigenständiges Rechtsinstitut zu qualifizieren.

Zur Begründung der Qualifizierung des Auflagenvorbehaltes als eine Auflage unter aufschiebender (Potestativ-)Bedingung wird angeführt, daß der Auflagenvorbehalt die Pflicht für den Adressaten beinhalte, sich weitere Auflagen gefallen zu lassen; diese Duldungspflicht bestehe suspensiv bedingt, da erst ein späterer Verwaltungsakt, dessen Vornahme noch ungewiß sei, diese Pflicht entstehen lasse.[217]

Dieser Interpretationsansatz ist abzulehnen. Die Duldungspflicht des Auflagenvorbehaltes ist nicht suspensiv bedingt durch das Verhalten des Verwaltungsaktadressaten oder durch das Verhalten der Behörde, eine auf dem Auflagenvorbehalt basierende Auflage zu erlassen.[218] Wenn überhaupt ist es der Auflagenvorbehalt selbst und nicht eine auf ihm basierende Auflage, der eine solche Duldungspflicht beinhaltet.[219] Die nachträgliche Auflage verpflichtet den Begünstigten hingegen zu einem neuen bestimmten Tun, Dulden oder Unterlassen, wohingegen der Auflagenvorbehalt selbst dem Begünstigten von vorneherein signalisiert, daß er in Zukunft mit dem behördlichen Erlaß von Auflagen zu rechnen habe.[220] Die Duldungspflicht, die sich auf die Möglichkeit späterer Auflagen bezieht, entsteht also bereits mit Bekanntgabe des Auflagenvorbehaltes (§ 43 VwVfG); sie wird nicht erst mit Erlaß einer Auflage oder bei einem Fehlverhalten des Adressaten akut. Ob eine später auf dem Auflagenvorbehalt basierende Auflage eine weitere Duldungspflicht für den Verwaltungsaktadressaten mit sich bringt, ist für die Entstehung der zuerst genannten Duldungspflicht ohne Belang.

Aus ganz ähnlichen Gründen vermag auch das Verständnis eines Auflagenvorbehaltes als Duldungsauflage wenig zu überzeugen.[221] Die in einer Auflage enthaltene Duldungspflicht trägt nicht die Möglichkeit

---

[217] *Sulser*, S. 61.
[218] So aber *Sulser*, S. 61. Auch *Faber* plädiert - ohne nähere Begründung - für eine aufschiebende Potestativbedingung, vgl. ders., VerwR, § 25 I, S. 267.
[219] A. A. *Sulser* (S. 61) ohne nähere Begründung.
[220] Auf die vertrauensausschließende Funktion des Auflagenvorbehaltes hinweisend: P. *Stelkens*/U. *Stelkens*, in: *Stelkens/Bonk/Sachs*, VwVfG, § 36 Rn. 41.
[221] In diesem Sinne *von Mangoldt*, VerwArch. 37, 1932, 101 (119).

einer weiteren Verpflichtung in sich. Diese Besonderheit ist vielmehr nur dem Auflagenvorbehalt zu eigen. Mit Blick auf die heutige Fassung des § 36 II VwVfG können die soeben angesprochenen Interpretationsversuche des Auflagenvorbehaltes aber ohnehin als überholt angesehen werden. Der Gesetzgeber gibt in § 36 II Nr. 5 VwVfG unmißverständlich zu verstehen, daß er den Auflagenvorbehalt als ein eigenständiges Rechtsinstitut verstanden wissen will.[222]

c.) *Rechtsnatur*

Ob der Auflagenvorbehalt wie die Auflage als ein neben der Hauptregelung stehender Verwaltungsakt zu qualifizieren ist, ist ebenfalls strittig. Vereinzelt wird er als bloße Ankündigung ohne Verwaltungsaktqualität qualifiziert.[223] Um einen lediglich unverbindlichen Hinweis bzw. um eine unverbindliche Ankündigung, daß erst später eine rechtserhebliche Willenserklärung erfolgen könne, die auf die Herbeiführung einer bestimmten Rechtsfolge abziele (Fall des sog. Verwaltungsvoraktes [224]), handelt es sich freilich auch nach dieser Auffassung nicht. Die Ankündigung, daß später gegebenenfalls noch eine Auflage ergeht oder eine bestehende Auflage geändert oder ergänzt wird, ist bereits ihrerseits rechtserheblich.[225] Sie zielt auf die Herbeiführung einer Rechtsfolge ab, da sie für eine Behörde die zusätzliche Befugnis begründet, auf veränderte Umstände nachträglich reagieren bzw. eine einmal getroffene Entscheidung korrigieren zu können. Dies wird insbesondere für den Fall deutlich, daß sich eine Behörde den nachträglichen Erlaß von Auflagen nicht vorbehält. In diesem Falle bedarf der Erlaß nachträglicher

---

[222] Dem ist auch die h. M. in der Literatur gefolgt, vgl.: *Laubinger*, WiVerw. 1982, 117 f. (128); *Ule/Laubinger*, VerwaltungsverfahrensR, § 50 Rn. 17; *P. Stelkens/U. Stelkens*, in: *Stelkens/Bonk/Sachs*, VwVfG, § 36 Rn. 41; *Knack/Henneke*, VwVfG, § 36 Rn. 45.
[223] *Brenner*, JuS 1996, 281 (285).
[224] Allgemein hierzu *P. Stelkens/U. Stelkens*, in: *Stelkens/Bonk/Sachs*, VwVfG, § 35 Rn. 55.
[225] So *Brenner*, JuS 1996, 281 (285) und *P. Stelkens/U. Stelkens*, in: *Stelkens/Bonk/Sachs*, VwVfG, § 36 Rn. 47.

Auflagen stets einer ausdrücklichen Ermächtigungsgrundlage [226], da eine Auflage - wegen ihrer verpflichtenden Wirkung - eine Belastung für den Begünstigten darstellt. Der Auflagenvorbehalt kann daher - wie die Auflage - als eine selbständige Regelung qualifiziert werden.
Fest steht auch, daß der Auflagenvorbehalt keine suspendierenden oder revozierenden Rechtsfolgen hinsichtlich der Hauptregelung aufweist und daher in konjunktiver Verbindung zur Hauptregelung steht.[227] Wegen dieser Eigenständigkeit kann der Auflagenvorbehalt den Inhalt der Hauptregelung (im Gegensatz zu einem Widerrufsvorbehalt) nicht einschränken.[228] Aus diesem Grunde verbietet es sich, den Auflagenvorbehalt als einen Bestandteil eines einheitlichen Verwaltungsaktes, der sich aus der Hauptregelung und dem Auflagenvorbehalt zusammensetzt, zu werten.[229] Vielmehr ist der Auflagenvorbehalt, da er auch die sonstigen Voraussetzungen der Legaldefinition des § 35 S. 1 VwVfG erfüllt, wie bereits die Auflage als (einseitig akzessorischer) Verwaltungsakt zu qualifizieren.[230]
In dieser Konsequenz liegt es, daß eine *nachträglich* auf der Rechtsgrundlage des Auflagenvorbehalts ergehende Auflage einen weiteren selbständigen Verwaltungsakt darstellt, der bei Nichterfüllung wie eine

---

226 Allgemein hierzu: *P. Stelkens/U. Stelkens*, in: *Stelkens/Bonk/Sachs*, VwVfG, § 36 Rn. 9c.
227 Vgl. bereits oben S. 23 f.
228 Zur Unterscheidung des Widerrufsvorbehaltes zum Auflagenvorbehalt vgl. oben S. 23 f.
229 Die im Zusammenhang mit der Auflage gemachten Ausführungen gelten insofern sinngemäß; vgl. oben S. 50 f.
230 Die vor allen Dingen von *Laubinger* [WiVerw. 1982, 117 (128 und 129)] gegen eine Verwaltungsaktqualität des Auflagenvorbehaltes angeführten Bedenken vermögen nicht zu überzeugen. Denn zum einen liegt diesen Bedenken bereits ein falsches Verständnis der Auflage zugrunde [vgl. *Laubingers* Ausführungen in VerwArch. 73, 1982, 345 (359) sowie die entgegengesetzten Ausführungen oben auf S. 29 f.], und zum anderen ist es nicht nachvollziehbar, warum der Auflagenvorbehalt selbst noch kein Verwaltungsakt sein soll, sondern ein solcher erst dann vorliegen soll, wenn die Behörde von dem Auflagenvorbehalt Gebrauch macht. Für die Bejahung der Verwaltungsaktqualität hingegen die h. M.: *P. Stelkens/U. Stelkens*, in: *Stelkens/Bonk/Sachs*, VwVfG, § 36 Rn. 47; *Störmer*, DVBl. 1996, 81 (84); *Hufen*, VerwProzR, § 14 Rn. 55; *Maurer*, Allg. VerwR, § 12 Rn. 14; *Axer*, Jura 2001, 748 (750). Lediglich den eigenständigen Regelungscharakter betonend: *Remmert*, VerwArch. 88, 1997, 112 (133).

gewöhnliche Auflage im Wege der Vollstreckung durchgesetzt werden kann oder zum Widerruf nach § 49 II S. 1 Nr. 2 VwVfG berechtigt.[231]

IV. Modifizierende Auflagen, modifizierende Gewährungen und Inhaltsbestimmungen

1. *Historischer Abriß*

Die sogenannte modifizierende Auflage ist im Vergleich zu den soeben dargestellten Nebenbestimmungsformen der wohl umstrittenste verwaltungsrechtliche Zusatz. Weder herrscht Einigkeit darüber, was unter dieser Rechtsfigur zu verstehen ist, noch darüber, ob ihr überhaupt eine eigene Existenzberechtigung zukommt.
Entwicklung und Terminologie dieser Rechtsfigur gehen auf *Weyreuther* und dessen theoretische Grundlegungen in dem Aufsatz "Über 'Baubedingungen'" aus dem Jahre 1969 [232] zurück, wenngleich das mit dem Begriff der modifizierenden Auflage verbundene Phänomen schon bereits einige Jahre zuvor Einzug in die rechtswissenschaftliche Literatur gehalten hat.[233]
In seinen Überlegungen geht *Weyreuther* zunächst von den echten Nebenbestimmungsformen, d. h. von Auflagen, Befristungen, Bedingungen und Vorbehalten aus [234] und grenzt diese sodann strikt von der "Ablehnung" eines Antrages ab.[235] Letztere könne entweder in der Form einer völligen Ablehnung oder in den zwei *Sonderformen* einer Ablehnung, nämlich der teilweisen oder der modifizierenden Gewährung ergehen.[236] Im Falle einer teilweisen Gewährung gewähre die Behörde dem Antragsteller "weniger", im Falle einer modifizierenden Gewährung hingegen etwas

---

[231] *Ule/Laubinger*, VerwaltungsverfahrensR, § 50 Rn. 17; *Brenner*, JuS 1996, 281 (285).
[232] *Weyreuther*, DVBl. 1969, 232 f. (237) und 295 f. (299). Fünfzehn Jahre später nahm *Weyreuther* in seinem Aufsatz "Modifizierende Auflagen" [DVBl. 1984, 365 f. (374)] erneut zu dieser Rechtsfigur Stellung.
[233] Vgl. *Jellinek*, VerwR, 3. Auflage (1971), Nachdruck von 1948, § 11 II 3 (S. 261).
[234] *Weyreuther*, DVBl. 1969, 232 f. (234).
[235] *Weyreuther*, DVBl. 1969, 295 f. (299).
[236] *Weyreuther*, DVBl. 1969, 295 f. (295).

"anderes".[237] Die modifizierende Gewährung lasse sich daher am besten als eine Kombination aus der Versagung der beantragten Genehmigung und der (Vorweg-)Genehmigung eines abweichenden Vorhabens (vergleichbar einem Gegenangebot im Sinne des § 150 II BGB) charakterisieren.[238]

Bei der Differenzierung von teilweiser und modifizierender Gewährung bleibt *Weyreuther* indes nicht stehen, sondern geht darüber hinaus der Frage nach, wie sich diese beiden Sonderformen der Teilversagung zur Bedingung und Auflage verhalten. Dabei vertritt er die Auffassung, daß sich die bedingte und die modifizierende Gewährung wegen ihrer unterschiedlichen Wirkungsweisen gegenseitig ausschlössen [239], die Auflage aber - sofern es sich dabei um eine solche mit *modifizierender* Funktion (sog. modifizierende Auflage) handele - neben der modifizierenden Gewährung einen "eigenständigen Sinn" habe.[240] Dieser "eigenständige Sinn" soll vor allem darin zu sehen sein, daß bei der modifizierenden Auflage die Behörde dem Antragsteller nicht nur etwas von seinem Antrag Abweichendes gewähre, sondern ihn darüber hinaus auch zur Durchführung der inhaltlich abweichenden Regelung verpflichte.[241] Die modifizierende Auflage stelle eine Zusammensetzung aus modifizierender Gewährung und Auflage dar. Gerade wegen ihrer hinzutretenden - für eine *echte* Auflage charakteristischen - *Anordnungsqualität* komme der modifizierenden Auflage eine eigenständige Existenzberechtigung zu.[242]

Am Ende unterscheidet *Weyreuther* also zwischen der teilweisen und der modifizierenden Gewährung, der schlichten (nicht-modifizierenden) Auflage sowie der modifizierenden Auflage. Die modifizierende Auflage grenzt er dabei von der einfachen (nicht-modifizierenden) Auflage wegen ihrer ungleichen Grundstruktur bzw. wegen ihres unterschiedlich

---

[237] *Weyreuther*, DVBl. 1969, 295 f. (295).

[238] *Weyreuther*, DVBl. 1969, 295 f. (295).

[239] Nach *Weyreuther* liegt der bedingten Gewährung das behördliche Gedankenmuster "ja, aber", der modifizierten Gewährung hingegen ein "nein, aber" zugrunde, da bei dieser - anders als bei einer bedingten Gewährung - das zur Genehmigung gestellte Vorhaben von dem genehmigten Vorhaben abweiche, vgl. *ders.*, DVBl. 1969, S. 295 (296).

[240] *Weyreuther*, DVBl. 1969, 295 f. (296).

[241] *Weyreuhter*, DVBl. 1984, 365 f. (372 und 373).

[242] *Weyreuther* charakterisiert die modifizierende Auflage daher auch als eine "vorhabenbezogene-modifizierende Gewährung mit hinzutretender Anordnung" [vgl. im einzelnen *Weyreuther*, DVBl. 1984, 365 f. (366, 372 sowie 373)].

ausgeprägten behördlichen Gedankenmusters ab. Dieses stelle sich bei einer schlichten Auflage als ein *"Ja (Genehmigung), aber (noch Auflage)"* dar, wohingegen sich die Grundstruktur einer modifizierenden Auflage in einem behördlichen *"Nein* (Versagung der Genehmigung), *aber* (andere Genehmigung als beantragt)" widerspiegle.[243]
Einen weiteren entscheidenden Unterschied zwischen schlichter und modifizierender Auflage sieht er zudem darin, daß letztere den Antragsgegenstand unmittelbar betreffe, ihn berühre, ihn einschränke, also, wie es sich bei einer Genehmigung verständlicherweise besser beschreiben läßt, vorhabenbezogen sei.[244] Eine schlichte (nicht-modifizierende) Auflage fordere hingegen irgend etwas von der Gewährung Unabhängiges.[245] Dementsprechend erblickt *Weyreuther* beispielsweise in dem einer Baugenehmigung beigefügten Gebot, wonach der Bauherr Straßenland abzutreten oder Ansiedlungsleistungen zu entrichten hat, eine schlichte Auflage.[246] Eine modifizierende Auflage sei dagegen in dem von ihm kreierten "klassischen Fallbeispiel" anzunehmen, wenn der Bauherr die Genehmigung für ein Wohnhaus mit Giebeldach beantragt, die Genehmigung aber mit der Auflage erhält, ein Flachdach zu errichten.[247]
In der Folgezeit übernahm auch die höchstrichterliche Rechtsprechung jenes ursprüngliche Verständnis von modifizierenden und nicht-modifizierenden Auflagen und hält - trotz zwischenzeitlich aufgetretener Zweifel - an dieser Differenzierung bis zum heutigen Tage fest.[248]

---

[243] *Weyreuther*, DVBl. 1969, 295 f. (297).
[244] *Weyreuther*, DVBl. 1984, 365 f. (366).
[245] *Weyreuther*, DVBl. 1969, 295 f. (296).
[246] *Weyreuther*, DVBl. 1969, 295 f. (296).
[247] *Weyreuther*, DVBl. 1969, 295 f. (296).
[248] Vgl. zu dieser Rechtsprechung unten S. 93.

2. Kritik in der Literatur

In der Literatur hat die modifizierende Auflage nur vereinzelt Anhänger [249] gefunden; der überwiegende Teil des Schrifttums lehnt die modifizierende Auflage als eigenständiges verwaltungsrechtliches Institut ab.[250] Die Gründe für die Ablehnung der modifizierenden Auflage basieren zumeist auf einem abweichenden Begriffsverständnis für die der modifizierenden Auflage zugrundeliegenden Fallgestaltungen sowie einer damit verbundenen Kritik an der Bezeichnung dieser Rechtsfigur.[251]

So wertet zum Beispiel *Ehlers* die modifizierende Auflage entgegen *Weyreuther* nicht als eine Auflage, sondern als eine *(Potestativ-)Bedingung*.[252] Aus seiner Sicht führt die Rechtsfigur der modifizierenden Auflage letztlich zu einer unnötigen Verwischung der Unterschiede zwischen Bedingung und Auflage und somit zu unnötigen Kompliziertheiten und Unsicherheiten.[253]

Andere Autoren nehmen die modifizierende Auflage komplett aus dem Bereich der Nebenbestimmungen im Sinne des § 36 VwVfG heraus und betrachten sie als "wesentlichen Inhalt" [254], als "inhaltliche Einschrän-

---

[249] Für die modifizierende Auflage als eigenständiges Rechtsinstitut plädieren: *Karl*, S. 14 und S. 15 sowie S. 113 f.; *Elster*, S. 51 f., S. 157 f., S. 208, S. 232 f., S. 244 f., S. 298 f., S. 347 f.; *Schwerdtfeger*, Öffentliches Recht in der Fallbearbeitung, Rn. 166; *Knack/Henneke*, VwVfG, § 36 Rn. 48.

[250] *Wolff/Bachof/Stober*, VerwR II, § 47 Rn. 11; *Brenner*, JuS 1996, 281, (285); *Ehlers*, VerwArch. 67, 1976, 369 f. (382); *Maurer*, Allg. VerwR, § 12 Rn. Rn. 5 und Rn. 16; *Fluck*, DVBl. 1992, 862 f. (862); *Lange*, AöR 102, 1977, 337 f. (345); *Meyer/Borgs*, VwVfG, § 36 Rn. 20; *Schachel*, S. 64 f. (72); *ders.*, Jura 1981, 449 f. (456); *Gern/Wachenheim*, JuS 1980, 276 f. (278); *Achterberg*, Allg. VerwR, S. 109; *Störmer*, DVBl. 1996, 81 f. (87).

[251] So unterscheiden sich beispielsweise *Wolff/Bachof/Stober* (VerwR II, § 47 Rn. 11) und *Brenner* [JuS 1996, 281, (285)] von dem ursprünglichen Begriffsverständnis *Weyreuthers* bereits dadurch, daß sie auch die "teilweise Ablehnung" der Gewährung dem Begriff der modifizierenden Auflage zuordnen; vgl. hierzu auch *Laubinger*, WiVerw. 1982, 117 f. (138; dort Fn. 74).

[252] *Ehlers*, VerwArch. 67, 1976, 369 f. (382).

[253] *Ehlers*, VerwArch. 67, 1976, 369 f. (382).

[254] *Wolff/Bachof/Stober*, VerwR II, § 47 Rn. 11.

kung bzw. Veränderung" [255] oder als "Regelungsinhalt" [256] des Verwaltungsaktes. Obgleich sich diese Autoren damit - zumindest soweit es die Begrifflichkeit angeht - der sog. *(Genehmigungs-)Inhaltsbestimmung* [257] eines Verwaltungsaktes (also einer Bestimmung, die festlegt, was erlaubt und was verboten ist [258]) annähern, greifen sie nicht einheitlich auf diese Bezeichnung für die modifizierende Auflage zurück. Einige von ihnen sehen den Schwerpunkt der modifizierenden Auflage weniger in ihrer Funktion als inhaltliche Einschränkung, als darin, daß diese zugleich auch eine teilweise Ablehnung der Begünstigung [259] oder aber eine gänzliche Ablehnung der Begünstigung unter gleichzeitiger Vorweggewährung eines (so) nicht beantragten Vorhabens [260] bewirke. Da der Betroffene also - vom Antrag her betrachtet - etwas anderes (ein aliud) erhalte, als er beantragt habe, bevorzugen sie die Bezeichnung *modifizierende Gewährung* bzw. *modifizierte Genehmigung*.[261]

---

[255] *Maurer*, Allg. VerwR, § 12 Rn. Rn. 5 und Rn. 16; *Brenner*, JuS 1996, 281 (285).

[256] *P. Stelkens/U. Stelkens*, in: *Stelkens/Bonk/Sachs*, VwVfG, § 36 Rn. 10 und Rn. 48.

[257] Weitgehend synonym werden in der Literatur auch die Bezeichnungen "Genehmigungsinhaltsbestimmung", "inhaltliche Einschränkung", "Beschränkung der Genehmigung" oder auch "Kennzeichnung des Umfangs der Genehmigung" verwendet.

[258] *Fluck*, DVBl. 1992, 862 f. (862); *P. Stelkens/U. Stelkens*, in: *Stelkens/Bonk/Sachs*, VwVfG, § 36 Rn. 10; *Wolff/Bachof/Stober*, VerwR II, § 47 Rn. 29.

[259] *Wolff/Bachof/Stober*, VerwR II, § 47 Rn. 11; *P. Stelkens/U. Stelkens*, in: *Stelkens/Bonk/Sachs*, VwVfG, § 36 Rn. 48; *Brenner*, JuS 1996, 281 (285); *Janßen*, in: *Obermayer*, VwVfG, § 36 Rn. 26.

[260] *Lange*, AöR 102, 1977, 337 f. (345); *Meyer/Borgs*, VwVfG, § 36 Rn. 20; *Brenner*, JuS 1996, 281 (286); *Wolff/Bachof/Stober*, VerwR II, § 47 Rn. 11; *P. Stelkens/U. Stelkens*, in: *Stelkens/Bonk/Sachs*, VwVfG, § 36 Rn. 48; *Schachel*, S. 64 f. (72); *ders.*, Jura 1981, 449 f. (456); *Gern/Wachenheim*, JuS 1980, 276 f. (278). Für einen Mittelweg entscheidet sich *Achterberg*, Allg. VerwR, S. 109, der in der modifizierenden Auflage entweder eine teilweise bzw. modifizierende Gewährung oder aber eine Bedingung erblickt.

[261] *Maurer*, Allg. VerwR, § 12 Rn. 16; *Detterbeck*, Allg. VerwR, Rn. 658; *Lange*, AöR 102, 1977, 337 f. (345); *Meyer/Borgs*, VwVfG, § 36 Rn. 20; *Brenner*, JuS 1996, 281 (286); *Schachel*, S. 64 f. (72); *ders.*, Jura 1981, 449 f. (456); *Gern/Wachenheim*, JuS 1980, 276 f. (278). Auch *P. Stelkens/U. Stelkens* tendieren dazu, die modifizierende Auflage als eine teilweise bzw. modifizierende Gewährung zu erfassen, lassen jedoch die Frage nach ihrer Bezeichnung explizit offen, da die modifizierende Auflage auch nach allgemeinen Grundsätzen zulässig bleibe [vgl. *dies.*, in: *Stelkens/Bonk/Sachs*, VwVfG, § 36 Rn. 48 und Rn. 50].

Gelegentlich wird sogar explizit zwischen modifizierender Gewährung und Inhaltsbestimmung differenziert [262]. Im Vergleich zu einer modifizierenden Gewährung, bei der die Behörde hinter dem Antrag zurückbleibe und ein aliud gewähre, soll im Falle einer Inhaltsbestimmung noch eine "Übereinstimmung" zwischen dem Antrag und dem Inhalt der Erlaubnis bestehen.[263] Gleichwohl soll dieser Umstand nichts daran ändern, daß auch eine solche Erlaubnis im Hinblick auf das in ihr bezeichnete Verhalten als inhaltlich beschränkt anzusehen sei.[264] Mittels einer Inhaltsbestimmung lege also die Behörde den Antrag nur einschränkend aus, bleibe jedoch *nicht* hinter dem Antrag zurück.[265] Demzufolge soll es sich beispielsweise bei einer unwesentlichen Abweichung vom Antrag (wie etwa bei der Versetzung eines Kamins um wenige Meter vom beantragten Standort) um eine Inhaltsbestimmung handeln, bei erheblichen Abweichungen vom Antrag hingegen um eine modifizierende Gewährung.[266]

Im Gegensatz dazu werden nach einer sich im Schrifttum vermehrt durchsetzenden Ansicht die soeben angesprochenen Differenzierungen gänzlich abgelehnt. Statt dessen wird ausschließlich der Begriff der sog. *(Genehmigungs-)Inhaltsbestimmung* verwendet.[267] Vom Antrag her betrachtet lasse sich eine modifizierende Auflage zwar in der Tat als eine modifizierende Gewährung qualifizieren, für eine korrekte Einstufung der Rechtsnatur komme es aber nicht entscheidend auf diesen Aspekt an; entscheidend sei vielmehr, daß auch die modifizierende Auflage zu einer inhaltlichen Einschränkung der mit dem Verwaltungsakt ausgesprochenen Rechtsgewährung führe.[268] Die Bezeichnung Inhaltsbestim-

---

[262] *Knack/Henneke*, VwVfG, § 36 Rn. 13; *Walther*, JA 1995, 106 f. (110); *Schachel*, S. 56 und S. 59; *ders.*, Jura 1981, 449 f. (454 und 455); *Pietzner/Ronellenfitsch*, § 9 Rn. 19.
[263] *Schachel*, Jura 1981, 449 f. (454).
[264] *Schachel*, S. 56; *ders.*, Jura 1981, 449 f. (454).
[265] *Knack/Henneke*, VwVfG, § 36 Rn. 9; *Schachel*, Jura 1981, 449 f. (454); *Pietzner/Ronellenfitsch*, § 9 Rn. 19.
[266] *Knack/Henneke*, VwVfG, § 36 Rn. 13; ebenso *Walther*, JA 1995, 106 f. (110), der dabei die Inhaltsbestimmung als eine "Spielart" der modifizierenden Gewährung interpretiert.
[267] *Kunert*, UPR 1991, 249 f. (253); *Rumpel*, BayVBl. 1987, 577 f. (586); *Fluck*, DVBl. 1992, 862 f. (871); *Störmer*, DVBl. 1996, 81 f. (87; dort Fn. 57); die Terminologie der "inhaltlichen Beschränkung" bevorzugend: *Kopp/Ramsauer*, VwVfG, § 36 Rn. 36.
[268] So *Störmer*, DVBl. 1996, 81 (87; dort Fn. 57).

mung eigne sich daher entscheidend besser, den mit der modifizierenden Auflage gemeinten Inhalt zu umschreiben.[269] Zu den Inhaltsbestimmungen in diesem Sinne werden all diejenigen Regelungselemente einer Genehmigung gezählt, die in Konkretisierung der Genehmigungsvoraussetzungen die zugelassene Handlung räumlich und inhaltlich [270] (qualitativ und quantitativ) bestimmen und somit ihren Gegenstand und Umfang festlegen.[271]

Zusammenfassend bleibt somit festzuhalten, daß man unter der Rechtsfigur der modifizierenden Auflage - je nachdem für welche der soeben dargestellten Rechtsansichten man sich letztlich entscheidet - sowohl ein selbständiges Rechtsinstitut, eine Potestativbedingung, eine sog. modifizierende Gewährung als auch eine sog. (Genehmigungs-)Inhaltsbestimmung verstehen kann.

3. *Stellungnahme zur Rechtsnatur der modifizierenden Auflage*

Der Begriff der Inhaltsbestimmung eignet sich am besten, um den hier in Rede stehenden Fall einer vom Antrag abweichenden behördlichen Gewährung zu umschreiben. Die von *Weyreuther* für diesen Fall entwickelte Rechtsfigur der modifizierenden Auflage ist eine überflüssige Rechtsfigur, der nur noch rechtsgeschichtliche Bedeutung beigemessen werden sollte.[272] Erläßt die Behörde eine vom Antrag abweichende Ge-

---

[269] *Kunert*, UPR 1991, 249 f. (251). Vereinzelt wird dabei auch zwischen "echten Genehmigungsinhaltsbestimmungen", die den Willen des Antragstellers "fixieren, präzisieren oder gar erst abstecken", sowie "inhaltlichen Beschränkungen", die vom Willen des Antragstellers abweichen, unterschieden [vgl. *Rumpel*, BayVBl. 1986, 577 f. (586)]. Gegen eine derartige zusätzliche Differenzierung wenden sich *Kunert*, UPR 1991, 249 f. (251) und *Fluck*, DVBl. 1992, 862 f. (863).

[270] Zeitliche Einschränkungen wie Befristungen, Bedingungen und Widerrufsvorbehalte werden nach dem unsystematischen Sprachgebrauch des § 36 VwVfG als Nebenbestimmungen bezeichnet; vgl. hierzu ausführlich, insbesondere zu den "sonstigen zeitlichen Einschränkungen", *Laubinger*, WiVerw 1982, 117 f. (119 und 132).

[271] *Fluck*, DVBl. 1992, 862 f. (862).

[272] Dies sieht mittlerweile auch die Mehrheit der Autoren in der Literatur so, vgl. zum Beispiel *Fluck*, DVBl. 1992, 862 (863); *Kunert*, UPR 1991, 249 (251); *Schachel*, Jura 1981, 449 (455); *Heitsch*, DÖV 2003, 367 (369).

währung, bedarf es keiner solchen Rechtsfigur.[273] Es macht keinen Sinn, den Verwaltungsaktadressaten zusätzlich mit einer Auflage bzw. einer Anordnung zu belasten, wenn ihm eine vom Antrag abweichende Genehmigung erteilt wird. Weder die Durchführung des genehmigten Vorhabens noch die nachträgliche Stellung des entsprechend der modifizierten Genehmigung erforderlichen modifizierten Antrags [274] kann in diesem Falle aufgrund einer solchen Auflage durchgesetzt werden. Ist der ursprüngliche Antrag nicht genehmigt, ist es auch nicht Aufgabe der Genehmigungsbehörde, die Durchführung eines nicht genehmigten Vorhabens durch Anordnung einer Auflage präventiv zu verhindern.[275] Einschlägig ist vielmehr das allgemeine Ordnungsrecht.

Die von *Weyreuther* eingeführte Rechtsfigur der modifizierenden Auflage ist außerdem bereits deshalb im Ansatz als mißglückt zu bezeichnen, weil *Weyreuther* einerseits in ihr eine Auflage im Sinne des § 36 II Nr. 4 VwVfG sieht [276], andererseits aber die Ansicht vertritt, die Gewährung werde ungeachtet ihrer Überlagerung durch die modifizierende Auflage von vornherein nur in der durch die Auflage modifizierten Form erteilt.[277] *Weyreuther* übersieht in diesem Zusammenhang, daß das Gesetz in § 36 II Nr. 4 VwVfG keine Auflagen kennt, die in der Lage sind, den modifizierten Teil einer Hauptregelung zu absorbieren, um sodann selbst auf diese Weise eine inhaltliche Veränderung an einer Hauptregelung bewirken zu können.[278] Vielmehr sieht das Gesetz in § 36 II Nr. 4 VwVfG nur solche Auflagen vor, die - entsprechend ihrer nicht-suspendierenden bzw. nicht-revozierenden Rechtsnatur - konjunktiv mit der jeweiligen Hauptregelung verbunden sind und die da-

---

[273] Im Ergebnis ebenso: *Fluck*, DVBl. 1992, 862 (863); *Schachel*, Jura 1981, 449 (455); *Rumpel*, BayVBl. 1987, 577 (580); *Axer*, Jura 2001, 748 (750).

[274] Zur Abgabe eines (modifizierten) Antrages kann die Behörde den Verwaltungsaktadressaten ohne gesetzliche Ermächtigung nicht zwingen, vgl. hierzu auch *P. Stelkens/U. Stelkens*, in: *Stelkens/Bonk/Sachs*, VwVfG, § 35 Rn. 159.

[275] So auch *Eyermann/Happ*, § 42 Rn. 43; *Fluck*, DVBl. 1992, 862 (863) und *P. Stelkens/ U. Stelkens*, in: *Stelkens/Bonk/Sachs*, VwVfG, § 36 Rn. 51.

[276] *Weyreuther*, DVBl. 1984, 365 (369).

[277] *Weyreuther*, DVBl. 1984, 365 (367).

[278] *Weyreuther* geht davon aus, daß der in einer modifizierenden Auflage enthaltende (modifizierte) Genehmigungsteil durch die stärkere Anordnungsaussage der Auflage *überrundet* wird; er ist der Ansicht, die Auflage *umfasse* die Genehmigung, in der die Modifikation stecke, und bezeichnet diese Auflage daher als modifizierende Auflage, vgl. hierzu *ders.* in DVBl. 1984, 365 (367).

her den Inhalt einer Hauptregelung nicht einschränken bzw. modifizieren können.[279] Letztlich liegt also im Falle einer abweichenden behördlichen Gewährung gar keine greifbare Verpflichtung, mithin keine Auflage und erst recht kein Fall einer Auflage mit modifizierender Rechtsnatur vor. Auch die Interpretation als Potestativbedingung entspricht nicht der mit der Begrifflichkeit einer modifizierenden Auflage umschriebenen Fallgestaltung.[280] Wenn eine Behörde etwas anderes als beantragt gewährt, hängt die Wirksamkeit einer solchen Gewährung nicht von dem Verhalten des Begünstigten ab. Selbst der Umstand, daß ein erteilter Verwaltungsakt nicht beantragt wurde, berührt nicht seine Wirksamkeit, sondern ist allein eine Frage seiner Rechtmäßigkeit.[281]
Es verbleibt somit letztlich nur noch die Möglichkeit, Fälle dieser Art mit dem Begriff der modifizierten Gewährung oder Inhaltsbestimmung zu versehen. Dies ist aber nur noch eine rein terminologische Frage, je nachdem in welchem Aspekt man den Schwerpunkt eines solchen Falles erblickt. Sieht man ihn weniger in dem Umstand, daß eine Behörde in diesem Falle die beantragte Genehmigung durch Konkretisierung oder Änderung des Antrages inhaltlich einschränkt, als darin, daß die Behörde hiermit zugleich auch eine teilweise Ablehnung der Begünstigung [282] oder aber eine gänzliche Ablehnung der Begünstigung unter gleichzeitiger Vorweggewährung eines (so) nicht beantragten Vorhabens [283] ausspricht, so liegt die Bezeichnung modifizierende Gewährung in der Tat nahe.[284] Vom Antrag her betrachtet erlangt der Betroffene etwas anderes (ein aliud), als er beantragt hat.

---

[279] Vgl. hierzu die Ausführungen oben auf. S. 29 f.; a. A. *Weyreuther* in DVBl. 1984, 365 (366).
[280] So aber *Ehlers*, VerwArch. 67, 1976, 369 (382).
[281] *P. Stelkens/U. Stelkens*, in: Stelkens/Bonk/Sachs, VwVfG, § 36 Rn. 53 und § 35 Rn. 166 m. w. N.
[282] So z. B. *Wolff/Bachof/Stober*, VerwR II, § 47 Rn. 11.
[283] *Lange*, AöR 102, 1977, 337 f. (345); *Meyer/Borgs*, VwVfG, § 36 Rn. 20; *Brenner*, JuS 1996, 281 (286); *Wolff/Bachof/Stober*, VerwR II, § 47 Rn. 11.
[284] So dann auch *Maurer*, Allg. VerwR, § 12 Rn. 16; *Lange*, AöR 102, 1977, 337 f. (345); *Meyer/Borgs*, VwVfG, § 36 Rn. 20; *Brenner*, JuS 1996, 281 (286); *Schachel*, S. 64 f. (72); *ders.*, Jura 1981, 449 f. (456); *Gern/Wachenheim*, JuS 1980, 276 f. (278). Auch *P. Stelkens/U. Stelkens* tendieren dazu, die modifizierende Auflage als eine teilweise bzw. modifizierende Gewährung zu erfassen, lassen jedoch die Frage nach ihrer Bezeichnung explizit offen, da die modifizierende Auflage auch nach allge-

Führt man sich allerdings den Umstand vor Augen, daß einer solch veränderten Gewährung in zeitlicher Hinsicht entweder eine Konkretisierung oder aber eine Einschränkung des ursprünglichen Antrages vorausgeht, so sprechen die besseren Gründe dafür, ausschließlich auf die Bezeichnung Inhaltsbestimmung abzustellen. Eine Inhaltsbestimmung legt fest, was erlaubt oder was verboten ist. Unter diesen Begriff lassen sich problemlos sowohl die Konkretisierung als auch die Einschränkung des ursprünglichen Antrages erfassen. Insbesondere lassen sich auf diesem Wege weitere Differenzierungen wie zum Beispiel zwischen modifizierender Gewährung und Inhaltsbestimmung vermeiden. Solche Unterscheidungen führen letztlich nur zu weiteren Komplikationen bzw. zu der nur äußerst schwer beantwortbaren Frage, ab wann eine Gewährung wesentlich bzw. unwesentlich vom ursprünglichen Antrag abweicht.[285] Das gleiche gilt für eine Differenzierung zwischen Inhaltsbestimmung und inhaltlicher Einschränkung. Dies sind ebenfalls zwei Begriffe, die sich in der Praxis nur äußerst schwer voneinander unterscheiden lassen und deren Unterscheidung für die Beurteilung der rechtlichen Zulässigkeit der Regelungsform letztlich keine Rolle spielt.[286] Denn entscheidend ist allein, ob das materielle Recht eine beantragte Handlung unter bestimmten Voraussetzungen zuläßt und deshalb Regelungen in der Genehmigung erforderlich sind, die diese Voraussetzungen absichern.[287]

Da die Verwaltung in diesen Fällen eine Genehmigung nur für den Fall erteilt, daß der Adressat die jeweilige Inhaltsbestimmung einhält, weist die Verbindung zwischen einer Hauptregelung und einer Inhaltsbestimmung eine den unselbständigen Nebenbestimmungen vergleichbare *konditionale Struktur* auf, die sich ebenfalls abstrakt in einem Wenn-Dann-Satz ausdrücken läßt.[288] Durch die konditionale Verknüpfung verliert die Hauptregelung ihre unabhängige Geltung, und es entsteht ein wechselseitiges Abhängigkeitsverhältnis zwischen ihr und der Inhaltsbestimmung (wechselseitige Akzessorietät). Aus diesem Grunde

---

meinen Grundsätzen zulässig bleibe (vgl. *dies.*, in: *Stelkens/Bonk/Sachs*, VwVfG, § 36 Rn. 48 und Rn. 50).

[285] Zu dieser Differenzierung bereits oben S. 64 f.
[286] *Fluck*, DVBl. 1992, 862 (863).
[287] So auch *Fluck*, DVBl. 1992, 862 (863). Ebenfalls für den Oberbegriff *Inhaltsbestimmung* plädiert *Rumpel*, BayVBl. 1987, 577 (582).
[288] Allgemein zu konditional eingebundenen Nebenbestimmungen vgl. oben S. 6 f.

wird eine Hauptregelung durch die Beifügung einer Inhaltsbestimmung inhaltlich modifiziert und eingeschränkt.[289]

---

[289] Den einschränkenden Charakter einer Inhaltsbestimmung bejaht auch das *BVerwG* in seiner Entscheidung vom 17. 02. 1984, *BVerwGE* 69, 37 (39); näher zu diesem Urteil unten auf S. 90 f.

C. Darstellung und Einordnung der Rechtsprechung des Bundesverwaltungsgerichtes

Nachdem oben die verschiedenen Arten von Inhalts- und Nebenbestimmungen mit ihren unterschiedlichen Wirkungsweisen und Abgrenzungsmerkmalen und insbesondere ihre verschiedenen strukturellen Abhängigkeitsgrade vom Hauptverwaltungsakt beschrieben wurden, geht es im folgenden um die Darstellung und Einordnung der höchstrichterlichen Rechtsprechung zum Rechtsschutz gegenüber diesen Verwaltungsaktzusätzen.

In zeitlicher Hinsicht läßt sich die bundesverwaltungsgerichtliche Rechtsprechung im wesentlichen in fünf unterschiedlichen Entwicklungsphasen zusammenfassen.[290]

I. Entwicklungsphase 1a: Die Unterscheidung nach der Art der jeweiligen Nebenbestimmung

Verfolgt man die Rechtsprechung des Bundesverwaltungsgerichtes zur gesonderten Anfechtung von Nebenbestimmungen nach § 36 II Nr. 1-5 VwVfG, so läßt sich ein Entwicklungsprozeß ausmachen, dessen Ausgangspunkt der bis in die Mitte der siebziger Jahre geltende "Grundsatz der isolierten Anfechtbarkeit von Auflagen" bildet.[291] Rechtsschutz ge-

---

[290] Ein begleitender chronologischer Überblick über die einzelnen Entwicklungsphasen und eine Zusammenstellung wichtiger Entscheidungen des Bundesverwaltungsgerichtes finden sich im Anhang I und II dieser Arbeit.

[291] Geprägt wurde dieser Grundsatz zunächst ausschließlich durch Judikate des 4. Senats, vgl. *BVerwGE* 24, 129 f. (133) = DVBl. 1966, 793 (794) [Urt. v. 17. 05. 66]; *BVerwGE* 29, 261 f. (270) [Urt. v. 29. 03. 68]; *BVerwGE* 36, 145 f. (154) [Urt. v. 21. 10. 70]; *BVerwGE* 41, 178 f. (189) [Urt. v. 17. 11. 72]; *BVerwG*, DÖV 1974, 380 (381) [Urt. v. 08. 02. 74]; *BVerwG*, DÖV 1974, 563 f. (564) [Urt. v. 03. 05. 74]. Anzumerken ist, daß es während dieser Entwicklungsphase noch keine Urteile zum Auflagenvorbehalt gemäß § 36 II Nr. 5 VwVfG gab. Wegen der Wesensgleichheit der selbständigen Nebenbestimmungen untereinander (vgl. oben S. 29-59) lassen sich die gerichtlichen Ausführungen sinngemäß auch auf den Auflagenvorbehalt übertragen. Nach der aktuellen bundesverwaltungsgerichtlichen Rechtsprechung gilt der Grundsatz der isolierten Anfechtbarkeit ohnehin explizit nun auch für

genüber den sog. unselbständigen Nebenbestimmungen (Bedingung, Befristung, Widerrufsvorbehalt) wurde hingegen nur in Form einer Verpflichtungsklage, welche auf die Erteilung einer uneingeschränkten Begünstigung gerichtet sein mußte, gewährt.[292] Den Grund für eine solche Differenzierung nach der Art der jeweiligen Nebenbestimmung sah das Bundesverwaltungsgericht vor allen Dingen darin, daß unselbständige Nebenbestimmungen *integrierende* bzw. *untrennbare* Bestandteile des jeweiligen Verwaltungsaktes darstellten und daher einer isolierten Anfechtung entzogen seien.[293] Die Auflage begründe dagegen eine selbständige Verpflichtung, für die es geradezu charakteristisch sei, daß sie - ihrer relativen Selbständigkeit entsprechend - im Verhältnis zum Hauptinhalt des Verwaltungsaktes grundsätzlich einer eigenen rechtlichen Beurteilung zugänglich und insbesondere selbständig anfechtbar sei.[294]

In seiner Entscheidung vom 21. 10. 1970 [295] machte der 4. Senat am Anfang dieser Entwicklungsphase darauf aufmerksam, daß er am Grundsatz der isolierten Auflagenanfechtung selbst dann festhalten wolle, wenn Begünstigung und Auflage auf einer *einheitlichen Ermessensentscheidung* der Behörde beruhten. Der zahlreich geübten Kritik seitens verschiedener Untergerichte, daß dadurch unter Umständen der Behörde ein Verwaltungsakt aufgezwungen werde, den sie gerade so nicht

---

den Auflagenvorbehalt, vgl. *BVerwG*, NVwZ 2001, 429 (429).

[292] Vgl. *BVerwGE* 29, 261 (264); *BVerwGE* 36, 145 (154); *BVerwGE* 41, 178 (180 und 181); *BVerwG*, DÖV 1974, 563 (564). In diesen Judikaten wurde jeweils festgestellt, daß die Bedingung einer isolierten Anfechtung entzogen sei. Wegen der Wesensgleichheit der unselbständigen Nebenbestimmungen untereinander (vgl. oben S. 11-28) lassen sich diese gerichtlichen Aussagen auch auf die Befristung und den Widerrufsvorbehalt übertragen.

[293] Vgl. zum Beispiel *BVerwGE* 29, 261 (265); *BVerwGE* 36, 145 (153 und 154).

[294] So der 4. Senat des *BVerwG* in seinem Urteil vom 03. 05. 1974, DÖV 1974, 563 (564), der dabei zusätzlich auch auf *BVerwGE* 36, 145 f. (153 und 154), = DÖV 1971, 167 f. und auf *BVerwGE* 41, 178 (1. Leitsatz und 181) = Urteil des 4. Senats vom 17. 11. 1972 = DÖV 1973, 236 f. und somit auf seine seit Jahren gefestigte Rechtsprechung verwies. Hinsichtlich der VA-Qualität der Auflage vgl. oben S. 45 f.

[295] *BVerwGE* 36, 145 (154) [Urt. v. 21. 10. 70].

habe erlassen *wollen* [296], vermochte der 4. Senat vorerst noch nicht zu folgen. Würde man nämlich die selbständige Anfechtbarkeit und Aufhebbarkeit von Auflagen davon abhängig machen, ob die Behörde den Verwaltungsakt auch ohne die Auflage erlassen hätte, "dann würde in prozessualer Hinsicht der Unterschied zwischen Bedingung und Auflage bei Verwaltungsakten, die im Ermessen der Behörde stehen, praktisch aufgegeben oder von einer nachträglichen Erklärung der Behörde über ihre Ermessensvorstellung abhängig gemacht werden" [297]. Solle die Unterscheidung zwischen Bedingung und Auflage daher ihren Sinn behalten, so muß dieser nach Ansicht des erkennenden Senats auch darin bestehen, daß die Auflage im Gegensatz zur Bedingung grundsätzlich der selbständigen Anfechtung unterliege.[298]

Am Ende zeichnete sich diese erste Entwicklungsphase also dadurch aus, daß eine isolierte Anfechtungsklage gegen Nebenbestimmungen, unabhängig davon, ob es sich nun um eine gebundene oder eine Ermessensentscheidung handelte, nur bei Auflagen und Auflagenvorbehalten [299] in Betracht zu ziehen war. Gegen unselbständige Nebenbestimmungen konnte dagegen nur im Wege der Verpflichtungsklage vorgegangen werden.

II. Entwicklungsphase 1b:
Der Sonderfall der modifizierenden Auflage

Bereits im Urteil vom 21. 10. 1970 [300] wies der 4. Senat des Bundesverwaltungsgerichts darauf hin, daß der Grundsatz der selbständigen Anfechtbarkeit von Auflagen dann keine Geltung beanspruchen könne, wenn eine Auflage den Gegenstand der Bewilligung selbst berühre bzw. abändere und daher rechtlich von der Bewilligung nicht zu trennen sei, es sich also bei der strittigen Nebenbestimmung um eine sog. *modifizie-*

---

[296] So z.B. *OVG Berlin*, NJW 1964, 1152 (1152); *VG Bremen*, NJW 1965, 1196 (1197), das in diesem Falle zur Berücksichtigung des Behördenwillens eine analoge Anwendung nach § 139 BGB in Betracht zog.

[297] *BVerwGE* 36, 145 f. (154).

[298] *BVerwGE* 36, 145 f. (154).

[299] Bezüglich der Übertragbarkeit dieser Rechtsprechung auf den Auflagenvorbehalt vgl. die Ausführungen oben auf S. 70 (dort Fn. 291 a. E.).

[300] *BVerwGE* 36, 145 (154).

rende Auflage [301] handele. Praktische Relevanz erlangte die Rechtsfigur der modifizierenden Auflage allerdings nur in der Entscheidung des 4. Senats vom 08. 02. 1974 [302]. Diese hatte die Erteilung einer Baugenehmigung für ein Transportbetonwerk unter der "Auflage" zum Gegenstand, wonach beim Betrieb des Werkes ein bestimmter Lärmpegel nicht überschritten werden durfte. Nachdem der Betreiber das Werk errichtet hatte, wandte er sich mit der isolierten Anfechtungsklage gegen diese "Auflage".

Noch bevor der 4. Senat zu der eigentlich im Streit befindlichen "Auflage" Stellung bezog, führte er zunächst vor dem Hintergrund einer nach § 113 I 1 VwGO grundsätzlich möglichen Teilaufhebung von Verwaltungsakten allgemein für alle Nebenbestimmungen aus, daß eine Teilaufhebung nur dann in Betracht kommen könne, wenn abtrennbare, selbständige Teile des Verwaltungsaktes rechtswidrig seien und nach Aufhebung dieser selbständigen Teile der Verwaltungsakt ohne Änderung seines übrigen Inhalts existieren und nach dem von der Verwaltungsbehörde hergestellten Zusammenhang zwischen den Teilentscheidungen sinnvollerweise bestehen bleiben könne.[303] Stehe dagegen die Nebenbestimmung eines Verwaltungsaktes mit dem Gesamtinhalt des Verwaltungsaktes in einem *untrennbaren Zusammenhang*, schränke sie insbesondere eine mit dem Verwaltungsakt ausgesprochene Rechtsgewährung inhaltlich ein, so müsse ihre isolierte Anfechtung und Aufhebung ausscheiden.[304]

---

[301] Zur Bezeichnung und Entwicklung dieser Rechtsfigur berief sich der 4. Senat in diesem sowie in nachfolgenden Urteilen, z. B. *BVerwGE* 36, 145 (154); *BVerwG*, DÖV 1974, 380 (381), jeweils auf die Abhandlung " Über 'Baubedingungen' " von *Felix Weyreuther*, DVBl. 1969, 232 f. und 295 f., der ausweislich des Richterverzeichnisses der amtlichen Sammlung seit 1966 diesem Senat als Bundesrichter angehörte und im Jahre 1980 Vorsitzender des 8. Senats wurde. Ausführlich zu dieser Rechtsfigur vgl. bereits oben S. 59 f.
[302] *BVerwG*, DÖV 1974, 380 (381) - sog. "Transportbetonwerk"- Entscheidung.
[303] *BVerwG*, Urteil vom 08. 02. 1974, DÖV 1974, 380 (381).
[304] *BVerwG*, Urteil vom 08. 02. 1974, DÖV 1974, 380 (381). Bereits in seinem Urteil vom 17. 05. 1966 [=*BVerwGE* 24, 129 (1. Leitsatz und 132) = DVBl. 1966, 793 (794) = DÖV 1966, 829 (830); ausdrücklicher Verweis hierauf in DÖV 1974, 380 (381)] hatte der 4. Senat auf das Kriterium des untrennbaren Zusammenhangs abgestellt und eine abschließende rechtliche Qualifizierung der einer Bodenverkehrsgenehmigung beigefügten "Auflage" mit der Begründung für entbehrlich erklärt, daß der Zusatz auf alle Fälle mit dem Gesamtinhalt des Verwaltungsaktes in

Nach Ansicht des erkennenden Senats gilt diese Maxime selbst dann, wenn eine Nebenbestimmung als Auflage getroffen wurde. Handele es sich insbesondere um eine vorhabenbezogene Auflage, die die eigentliche Genehmigung qualitativ verändere bzw. modifiziere, so sei sie einer gesonderten verwaltungsgerichtlichen Kontrolle entzogen. Anderenfalls würde der Sache nach die ursprüngliche Gewährung durch eine Gewährung anderer, in der Regel weitergehender Art ersetzt.[305] Dieses Ergebnis widerspreche dann aber dem Wesen und Sinn einer Anfechtungsklage.[306] Da in diesen Fällen mit der begehrten Aufhebung der Auflage in Wirklichkeit eine andere als die unter einer Einschränkung erteilte Genehmigung erstrebt werde, biete sich allein die auf Erteilung einer nicht (oder weniger) eingeschränkten Genehmigung gerichtete Verpflichtungsklage als geeignete Klageart an, um den erstrebten Erfolg zu erreichen.[307]

Zusätzlich stellte das Gericht fest, daß es für die Frage, ob eine Auflage die Gewährung modifiziere oder ob sie etwas von der Gewährung Unabhängiges fordere, nicht auf den inneren Willen der Behörde, sondern allein auf den objektiven, sich aus der Gewährung selbst ergebenden Erklärungsinhalt ankomme.[308]

In Anwendung dieser Grundsätze führte der 4. Senat sodann im Hinblick auf die im Streit befindliche "Lärmschutzauflage" für das Transportbetonwerk aus, daß es sich hierbei zwar um eine Auflage handle, diese aber keine selbständige neben die Baugenehmigung tretende besondere Pflicht begründe. Vielmehr betreffe die Auflage das zur Genehmigung stehende Transportbetonwerk selbst und habe daher im Hinblick auf die Baugenehmigung eine modifizierende Funktion. Der 4. Senat qualifizierte den Verwaltungsaktzusatz daher als eine "modifizierende Auflage", welche eine qualitative Veränderung der Gewährung in

---

einem *untrennbaren Zusammenhang* stehe, der eine "gesonderte Anfechtung und Aufhebung dieses Teils" ausschließe. Vgl. hierzu auch den Fall *VG Neustadt*, NJW 1963, 514 (515) mit krit. Anm. von *Schrödter*, DVBl. 1964, 552 (553) und *Schmidt*, NJW 1964, 1043 (1043) sowie *BGH*, NJW 1960, 533 (533).

[305] *BVerwG*, DÖV 1974, 380 (381); ebenso bereits *BVerwGE* 36, 145 (154).
[306] *BVerwG*, DÖV 1974, 380 (381).
[307] *BVerwG*, DÖV 1974, 380 (381).
[308] *BVerwG*, DÖV 1974, 380 (381).

bezug auf den Antragsgegenstand bewirke, und lehnte sodann im Ergebnis ihre isolierte *"Anfechtung und Aufhebung"* ab.[309]

Der Umstand, daß sich der 4. Senat in seinem Urteil sowohl gegen die isolierte Anfechtbarkeit als auch gegen die gesonderte Aufhebbarkeit modifizierender Auflagen aussprach und im übrigen keine weiteren Ausführungen zum "Wesen und Sinn einer Anfechtungsklage" machte, stieß in Teilen der Literatur jedoch auf heftige Kritik.[310] Der Formulierung des Gerichts sei nämlich insofern nicht mit hinreichender Sicherheit zu entnehmen, ob es sich dabei um Einwände gegen die Zulässigkeit oder gegen die Begründetheit der Klage handle.[311]

Bei genauerem Hinsehen läßt sich allerdings feststellen, daß diese Irritationen weniger auf einer mißverständlichen Formulierung des Gerichts als auf dem Umstand beruhten, daß der 4. Senat seine Ausführungen vor dem Hintergrund einer nach § 113 I 1 VwGO grundsätzlich möglichen Teilaufhebung von Nebenbestimmungen machte und insofern anders als in seiner bisherigen Rechtsprechung [312] auf ein Moment der Begründetheit abstellte, um die Unzulässigkeit einer isolierten Anfechtungsklage begründen zu können. Daß sich der 4. Senat mit seinen Einwänden eindeutig gegen die Statthaftigkeit einer isolierten Anfechtungsklage wandte, ergibt sich aber bereits daraus, daß der Hauptantrag, d. h. die im konkreten Fall erhobene isolierte Anfechtungsklage, explizit als unzulässig abgewiesen und nur die hilfsweise erhobene Verpflichtungsklage als zulässig erachtet wurde.[313] Letztlich ist diese Schlußfolgerung jedoch nur von geringer Tragweite, weil auch viele derjenigen Autoren, die die Entscheidung unter diesem Gesichtspunkt kritisieren, im Wege einer erweiternden Auslegung ebenfalls zu dem Ergebnis gelangen, daß

---

[309] *BVerwG*, DÖV 1974, 380 (381).

[310] *Erichsen*, VerwArch. 66, 1975, 299 (301); *Lange*, AöR 102, 1977, 337 (363); *Schneider*, S. 95.

[311] *Erichsen*, VerwArch. 66, 1975, 299 (301); *Schneider*, S. 95.

[312] Bisher hatte das *BVerwG* vornehmlich nach Art der Nebenbestimmung differenziert, um die Zulässigkeit einer isolierten Anfechtungsklage bejahen bzw. verneinen zu können, vgl. *BVerwGE* 41, 178 (180 und 181); *BVerwGE* 36, 145 (154); *BVerwGE* 29, 261 (265).

[313] *BVerwG*, DÖV 1974, 380 (381).

sich der 4. Senat damals mit seinen Einwänden gegen die Zulässigkeit der Klage ausgesprochen habe.[314]
Viel wichtiger in diesem Zusammenhang ist die Erkenntnis, und auf ihr beruht auch die eigentliche Kritik an diesem Urteil, daß der 4. Senat die isolierte Anfechtungsklage als unzulässig erklärte und dabei auf § 113 I 1 VwGO, d. h. auf ein Moment der Begründetheit der Klage abstellte.[315] Gegenteiliger Auffassung könnte man diesbezüglich nur dann sein, wenn man mit *Weyreuther* die Formulierung des Bundesverwaltungsgerichtes "modifizierende Auflagen können nicht isoliert angefochten werden" nicht als Aussage gegen die Zulässigkeit der Klage wertet, sondern dahingehend interpretiert, daß das verfolgte Ziel (also die Aufhebung der Modifikation) nicht mit einer isolierten Anfechtung erreicht werden könne.[316] Geht man von der Richtigkeit dieser Interpretation aus, dann hätte das Gericht im vorliegenden Fall die Klage allerdings nicht als unzulässig, sondern als unbegründet abweisen müssen. Dies räumt schließlich auch *Weyreuther* ein und kommt somit ebenfalls zu der Schlußfolgerung, daß sich der 4. Senat mit seinem Judikat vom 08. 02. 1974 bereits gegen die Zulässigkeit einer isolierten Anfechtungsklage ausgesprochen habe.[317]

---

[314] *Erichsen*, VerwArch. 66, 1975, 299 (301), schließt dies z. B. aus dem Verweis auf die Verpflichtungsklage; *Lange* [AöR 102, 1977, 337 (363)] und *Schneider* (S. 95 und S. 96) ziehen für diese Interpretation zudem das nur knapp drei Monate ältere Judikat desselben Senats vom 03. 05. 1974 sowie das Urteil des *BVerwG* vom 29. 03. 1968 [= E 29, 261 (265)] heran, in denen jeweils die isolierte Anfechtbarkeit von Nebenbestimmungen vom Gericht als ein Problem der Zulässigkeit betrachtet wurde. *Cöster* (S. 40) vermutet, daß der 4. Senat mit seinen Ausführungen die kassatorische Funktion einer Anfechtungsklage im Auge habe. Den Ausführungen des 4. Senats mißt er daher allgemeine Bedeutung sowohl für die Teilanfechtung als auch für die Teilaufhebung zu.

[315] Vgl. hierzu auch *Schneider*, S. 96.

[316] In diesem Sinne *Weyreuther* in seinem Aufsatz "Modifizierende Auflagen", DVBl. 1984, 365 (370). Obgleich *Weyreuther* in diesem Aufsatz nur wenige Ausführungen zum Urteil vom 08. 02. 1974 macht, sind seine Aussagen für die Urteilsauslegung von besonderer Bedeutung, da er seinerzeit dem 4. Senat als Bundesrichter angehörte und somit nochmals nachträglich zu dieser Frage Stellung bezog.

[317] *Weyreuther*, DVBl. 1984, 365 (370; dort Fn. 40). *Weyreuther* selbst begreift die modifizierende Auflage als eine Ausnahme vom Grundsatz der selbständigen *Aufhebbarkeit* von Auflagen.

In dogmatischer Hinsicht zog diese Rechtsprechung die Konsequenz nach sich, daß das Bundesverwaltungsgericht nicht mehr nur nach der Art der Nebenbestimmung differenzierte (Abgrenzung der Auflage zu den unselbständigen Nebenbestimmungen), sondern auch den Aspekt der *Teilbarkeit bzw. des untrennbaren Zusammenhangs* von Nebenbestimmung und Verwaltungsakt heranzog, um eine isolierte Anfechtbarkeit bejahen bzw. verneinen zu können.

Am Ende dieser Entwicklungsphase hatte sich somit für den Rechtsschutz gegen Nebenbestimmungen eine klare Trennung vollzogen: Die nicht-modifizierenden Auflagen wurden als selbständig durchsetzbare Verpflichtungen angesehen und waren infolgedessen auch selbständig anfechtbar. Anderes galt für die modifizierenden Auflagen. Die Möglichkeit einer isolierten Anfechtung wurde vom Bundesverwaltungsgericht verneint, da ansonsten der Inhalt der Verwaltungsentscheidung verfälscht werde.[318] Wie bei den unselbständigen Nebenbestimmungen blieb damit dem Kläger nur der Weg über die Verpflichtungsklage.

III. Entwicklungsphase 2: Der Aspekt der Teilbarkeit bzw. des untrennbaren Zusammenhangs bei einheitlichen Ermessensentscheidungen

Den Grundsatz der selbständigen Auflagenanfechtung, der bis dahin nur durch den Ausnahmefall der modifizierenden Auflage durchbrochen worden war, schränkte das Bundesverwaltungsgericht bereits wenige Jahre später erneut in erheblicher Weise ein. Gegenstand der Entscheidung vom 14. 12. 1977 [319] war die einer Abbruchsgenehmigung (sog. Zweckentfremdungsgenehmigung) beigefügte Auflage, wonach der Beklagte eine Abstandssumme i. H. von 56 590, 50 DM zur Förderung des sozialen Wohnungsbaues zu entrichten hatte. Der 8. Senat führte aus, daß es nicht möglich sei, eine Auflage, die einem im behörd-

---

[318] So später der 4. Senat in seinem Urteil vom 03. 05. 1974, *BVerwG, DÖV* 1974, 563 (564), der dabei im 1. Leitsatz nochmals ausdrücklich darauf hinwies, daß die öffentlich-rechtliche Auflage - mit Ausnahme der modifizierenden Auflage - einer grundsätzlich selbständigen *Anfechtung* unterliege.

[319] *BVerwGE* 55, 135 f. (143).

lichen Ermessen stehenden Verwaltungsakt beigefügt sei, wegen eines Ermessensfehlers isoliert anzufechten und aufzuheben. Bei einer solchen *einheitlichen Ermessensentscheidung* könne der Kläger im vorliegenden Fall im Rahmen einer Anfechtungsklage nur noch geltend machen, daß es entweder überhaupt an einer Rechtsgrundlage für die Auflage gefehlt habe, weil das Vorhaben nicht genehmigungsbedürftig sei, oder daß er einen Anspruch auf Erteilung einer auflagenfreien Genehmigung gehabt habe.[320] Mache der Kläger hingegen wie hier geltend, daß die der Genehmigung beigefügte Auflage aufgrund eines Ermessensfehlers rechtswidrig sei, so könne er den begehrten Rechtsschutz nur mittels einer Verpflichtungsklage erreichen. Denn der bestehende *untrennbare Zusammenhang* zwischen Genehmigung und Auflage mache eine Überprüfung der Gesamtentscheidung erforderlich, die durch eine isolierte Anfechtung allein der Auflage nicht mehr möglich sei.[321]

Der 8. Senat wies in seinem Urteil vom 14. 12. 1977 ausdrücklich darauf hin, daß er sein Judikat als Weiterführung der Entscheidung des 4. Senats vom 08. 02. 1974 [322] und des dort entwickelten Kriteriums des untrennbaren Zusammenhangs verstand, obwohl es in dieser Entscheidung - anders als hier - um eine modifizierende Auflage ging.[323] Das Gericht wich also von seiner ursprünglich vertretenen Linie, die eine selbständige Anfechtung von schlichten (nicht-modifizierenden) Auflagen auch bei Ermessensentscheidungen vorgesehen hatte [324], zugunsten des bereits vom 4. Senat entwickelten Kriteriums des untrennbaren Zusammenhangs ab und übertrug dieses Kriterium auch auf den Fall, daß Genehmigung und Auflage auf einer *einheitlichen* Ermessensentscheidung beruhen.[325]

---

[320] *BVerwGE* 55, 135 (136).
[321] *BVerwGE* 55, 135 (2. Leitsatz und 137).
[322] *BVerwG*, DÖV 1974, 380 (381) - sog. "Transportbetonwerk"- Entscheidung.
[323] *BVerwGE* 55, 135 (2. Leitsatz und 137).
[324] *BVerwGE* 36, 145 (154).
[325] Das Urteil des 8. Senats vom 14. 12. 1977 steht damit in eindeutigem Widerspruch zu der Entscheidung des 4. Senats vom 21. 10. 1970, *BVerwGE* 36, 145 (154). Um so bemerkenswerter ist die Tatsache, daß der 8. Senat, obgleich er das Urteil vom 21. 10. 1970 zitiert [vgl. *BVerwGE* 55, 135 (137)], mit keinem Wort auf diese Diskrepanz hinweist.

Bereits kurze Zeit später trat der 1. Senat dieser Rechtsprechung mit Urteil vom 27. 09. 1978 [326] bei. Gegenstand dieser Entscheidung war die einer Aufenthaltserlaubnis beigefügte Auflage, wonach einem Ausländer die Aufnahme einer selbständigen Erwerbstätigkeit untersagt wurde (sog. Gewerbesperrvermerk). Der Ausländer erhob Klage mit dem Antrag, die Ausländerbehörde zu verpflichten, ihm eine selbständige Tätigkeit zu erlauben. Das Gericht erklärte seine Verpflichtungsklage für zulässig und führte in einem obiter dictum hinsichtlich einer isolierten Anfechtungsklage aus, daß der Kläger sein Ziel mit einer solchen Anfechtungsklage gegen die Auflage nicht hätte erreichen können, denn es sei nicht möglich, eine Auflage, die einem im behördlichen *Ermessen* stehenden Verwaltungsakt beigefügt sei, wegen eines Ermessensfehlers gerichtlich isoliert aufzuheben. Denn in diesem Falle sei die Auflage mit dem Gesamtinhalt des Verwaltungsaktes *untrennbar* verbunden und es bestehe ein Sinnzusammenhang zwischen ihr und dem Verwaltungsakt, so daß die Ermessensentscheidung eine *Einheit* bilde.[327]
Die Ausführungen sowie der Verweis auf das nur knapp ein Jahr zuvor ergangene Urteil des 8. Senats vom 14. 12. 1977 machen deutlich, daß auch der 1. Senat auf den übergreifenden Aspekt der Teilbarkeit bzw. des untrennbaren Zusammenhangs abstellte. Vergleicht man zudem die vom 1. Senat und 8. Senat gewählten Formulierungen miteinander, so fällt auf, daß beide Senate die isolierte Anfechtungsklage zwar nicht ausdrücklich für unzulässig erklärten, diese aber wohl nicht für geeignet hielten, um das vom Kläger erstrebte Ziel, die isolierte Aufhebung der strittigen Nebenbestimmung, zu erreichen. Es stellt sich in diesem Zusammenhang daher die Frage, ob die beiden Senate das Kriterium der Teilbarkeit, das der 4. Senat in seinem Urteil vom 08. 02. 1974 [328] noch als ein solches gegen die Zulässigkeit einer isolierten Anfechtungsklage ins Feld geführt hatte [329], nunmehr als einen Aspekt der Begründetheit einer isolierten Anfechtungsklage verstanden.
Ginge man hier wiederum mit *Weyreuther* davon aus, das Bundesverwaltungsgericht habe die Frage der isolierten Anfechtbarkeit von

---

[326] *BVerwGE* 56, 254 (256).
[327] So explizit der 1. Senat in *BVerwGE* 56, 254 (256) unter Verweis auf das bereits gut ein Jahr früher ergangene Urteil des 8. Senats [= *BVerwGE* 55, 135 (2. Leitsatz und 137 sowie 138)].
[328] *BVerwG*, DÖV 1974, 380 (381) - sog. "Transportbetonwerk"- Entscheidung.
[329] Vgl. oben S. 75.

Nebenbestimmungen bisher immer nur als ein Problem der Aufhebbarkeit von Nebenbestimmungen aufgefaßt [330], so müßte man diese Frage bejahen. In der Literatur wird sie hingegen mehrheitlich verneint.[331] Zu Recht, denn das Bundesverwaltungsgericht hat sich mit diesen Urteilen auch diesmal der Sache nach allein gegen die Zulässigkeit einer isolierten Anfechtungsklage gewandt. Eine substantielle Auseinandersetzung mit dieser prozessualen Problematik blieb in der Literatur jedoch weitgehend aus. Allein *Laubinger*, der zumindest mit Blick auf die Entscheidung vom 14. 12. 1977 [332] dieser Frage nachgeht, bemühte sich um eine nähere Begründung.[333] Er zog die vom 8. Senat verwendeten Formulierungen und ihren Sachzusammenhang (gemeint ist damit offenbar die Auseinandersetzung mit der Wahl der richtigen Klageart) als Indiz dafür heran, daß er sich bereits gegen die Zulässigkeit der isoliert erhobenen Anfechtungsklage gewandt habe.[334]

Seiner Urteilsauslegung ist letztlich beizupflichten. Für die Richtigkeit dieser Interpretation spricht vor allen Dingen auch der Umstand, daß der 8. Senat in einem späteren Urteil, in dem er seine bisherige Rechtsprechung modifizierte, sich selbst zum Vorwurf machte, er habe die gesonderte Anfechtung der Auflage damals für *unzulässig* gehalten.[335] Auch der 1. Senat dürfte sich daher mit seinem Urteil vom 27. 09. 1978 [336] bereits gegen die Zulässigkeit einer isolierten Anfechtungsklage ausgesprochen haben, da er sich der Rechtsprechung des 8. Senats explizit anschloß.

Im übrigen kann auch in dieser Phase davon ausgegangen werden, daß das Bundesverwaltungsgericht von der Unbegründetheit einer isolierten

---

330 *Weyreuther* [DVBl. 1984, 365 (370)] gelangt zu dieser Ansicht, indem er gerichtliche Formulierungen wie z. B. "die selbständige Anfechtung der Auflage scheidet aus" nicht überbewertet und sie daher nur dahingehend interpretiert, daß eine isolierte Anfechtungsklage nicht unzulässig sei, sondern nur das mit ihr verfolgte Ziel nicht erreicht werden könne; vgl. hierzu aber die Ausführungen oben auf S. 76.
331 So zum Beispiel *Erichsen*, Jura 1990, 214 (217; dort Fn. 37); *P. Stelkens/U. Stelkens*, in: *Stelkens/Bonk/Sachs*, VwVfG, § 36 Rn. 91; *Laubinger*, VerwArch. 73, 1982, 345 (348).
332 *BVerwGE* 55, 135 (143).
333 *Laubinger*, VerwArch. 73, 1982, 345 f. (348).
334 *Laubinger*, VerwArch. 73, 1982, 345 f. (348).
335 Urteil des 8. Senats vom 12. 03. 1982, *BVerwGE* 65, 139 (1.Leitsatz und 142).
336 *BVerwGE* 56, 254 (256).

Anfechtungsklage auf ihre Unzulässigkeit schloß, denn sowohl der 1. Senat als auch der 8. Senat stellten ausschließlich auf den aus § 113 I 1 VwGO abgeleiteten Aspekt der Teilbarkeit bei einheitlichen Ermessensentscheidungen ab, um die Zulässigkeit einer isolierten Anfechtungsklage bejahen bzw. verneinen zu können. Dementsprechend führte der 8. Senat in seiner Entscheidung vom 14. 12. 1977 schon fast apodiktisch aus: "Der Möglichkeit der Teilaufhebung entspricht die Möglichkeit einer Teilanfechtung".[337]

Im Ergebnis ist damit festzuhalten, daß das Bundesverwaltungsgericht auch während dieser Entwicklungsphase die Anfechtbarkeit von Auflagen weiterhin als ein Problem der Zulässigkeit einer isolierten Anfechtungsklage begriff. Dies führte in dogmatischer Hinsicht allerdings auch dazu, daß das Gericht nun nicht mehr nur zwischen schlichten und modifizierenden Auflagen, sondern auch zwischen gebundenen Entscheidungen sowie teilbaren und unteilbaren Ermessensentscheidungen, d. h. nach der *Art des jeweiligen Hauptverwaltungsaktes* unterscheiden mußte. Bei gebundenen Entscheidungen waren schlichte, d. h. nichtmodifizierende Auflagen nur dann gesondert anfechtbar, wenn der Kläger einen Anspruch auf die uneingeschränkte Begünstigung hatte. Bei Ermessensentscheidungen hingegen sollte eine isolierte Auflagenanfechtung jedenfalls dann nicht mehr in Betracht kommen, wenn zwischen der Gewährung der Begünstigung und der Beifügung der Auflage ein "untrennbarer Zusammenhang" bestand; die Möglichkeit einer isolierten Auflagenanfechtung bestand danach nur, ohne daß es das Bundesverwaltungsgericht positiv formuliert hatte, wenn Hauptregelung und Auflage keine einheitliche Ermessensentscheidung bildeten.

---

337 Vgl. *BVerwGE*, 55, 135 (136).

IV. Entwicklungsphase 3:
Die Möglichkeit des Widerrufs bei einheitlichen Ermessensentscheidungen analog § 49 II 1 Nr. 2 VwVfG

Bereits vier Jahre später gab der 8. Senat in seinem Urteil vom 12. 03. 1982 [338] das Kriterium des untrennbaren Zusammenhangs bei behördlichen Ermessensentscheidungen explizit wieder auf und kehrte zu dem ursprünglich vertretenen Grundsatz der isolierten Auflagenanfechtung zurück.[339] Werde nämlich ein begünstigender Verwaltungsakt mit einer Auflage versehen, so liege dem *zumeist* eine einheitliche Ermessensentscheidung zugrunde, so daß ein Festhalten an dem oben genannten Kriterium nicht nur dazu führen würde, daß der Grundsatz der gesonderten Auflagenanfechtung durch eine weitere Ausnahme (neben der modifizierenden Auflage) eingeschränkt, sondern im wesentlichen aufgegeben würde.[340] Dem Umstand, daß nach gesonderter Aufhebung allein der Auflage ein begünstigender Verwaltungsakt zurückbleiben könne, den die Behörde so nicht habe erlassen haben wollen, trägt nach Ansicht des erkennenden Senats *§ 49 II 1 Nr. 2 VwVfG* ausreichend Rechnung.[341] Nach dieser Vorschrift sei die Behörde für den Fall der Nichterfüllung einer Auflage und somit auch für den Fall ihrer gerichtlichen Aufhebung grundsätzlich zum Widerruf der gewährten Begünstigung berechtigt.[342]

---

[338] *BVerwGE* 65, 139 f. (147).

[339] Auch der 1. Senat hat mittlerweile in seiner Entscheidung vom 02. 07. 1991 zwar noch nicht ausdrücklich, wohl aber in der Sache von der "einheitlichen Ermessensentscheidung" als untrennbarkeitsbegründendem Kriterium Abstand genommen. Ohne auch nur den Aspekt des untrennbaren Zusammenhangs bei einer einheitlichen Ermessensentscheidungen zu erwähnen, bejaht er nämlich in diesem Urteil die Zulässigkeit einer isolierten Anfechtungsklage gegen eine Auflage, vgl. *BVerwGE* 88, 348 (349).

[340] So der 8. Senat in seinem Urteil vom 12. 03. 1982, *BVerwGE* 65, 139 (141).

[341] *BVerwGE*, 65, 139 (141).

[342] In seiner Entscheidung läßt der 8. Senat allerdings offen, ob er § 49 II Nr. 2 VwVfG unmittelbar oder nur analog anwendet. Für eine analoge Anwendung durch das Gericht spricht, daß eine zu erfüllende Auflage, die § 49 II Nr. 2 VwVfG voraussetzt, im Falle einer gerichtlichen Kassation nicht mehr vorhanden ist. Auch *Schenke*, JuS 1983, 182 (185), geht davon aus, daß das Gericht zumindest der Sache nach § 49 II 1 Nr. 2 analog anwandte; ebenso *Hoenig*, S. 99. Generell gegen eine Anwendung des § 49 II 1 Nr. 2 VwVfG spricht sich *Funk* [BayVBl. 1986,

Darüber hinaus führte der 8. Senat zur Aufgabe seiner früheren Rechtsauffassung an, daß er in seinem Urteil vom 14. 12. 1977 [343] zu Unrecht von der Unanfechtbarkeit modifizierender Auflagen auf die Unanfechtbarkeit von Auflagen bei einheitlichen Ermessensentscheidungen geschlossen habe.[344] Denn die Besonderheit einer modifizierenden Auflage bestehe darin, daß im Falle ihrer Aufhebung ein Verwaltungsakt zurückbleibe, "den die Behörde nicht nur - wie bei einer einheitlichen Ermessensentscheidung - so uneingeschränkt nicht gewollt hat, sondern dem es an jeder auch nur bedingten oder abteilbaren Deckung durch den behördlichen Bescheid fehlte".[345] Im Gegensatz zur isolierten Auflagenaufhebung bei einer einheitlichen Ermessensentscheidung führe also die Aufhebung einer modifizierenden Auflage dazu, daß die von der Behörde gewährte Begünstigung durch eine Begünstigung von ganz anderer Art ersetzt werde.[346]

Hinsichtlich dieser Selbstkritik am früheren Urteil vom 14. 12. 1977 bleibt allerdings anzumerken, daß sich der 8. Senat seinerzeit nicht unmittelbar auf die Rechtsfigur der modifizierenden Auflage, sondern allein auf den vom 4. Senat aus § 113 I 1 VwGO entwickelten Aspekt des untrennbaren Zusammenhangs bzw. der Teilbarkeit gestützt hatte, um die Unanfechtbarkeit von Auflagen bei einheitlichen Ermessensentscheidungen begründen zu können.[347] Trotz dieser teilweisen nicht ganz stichhaltigen Selbstkritik stellte die neuere Entscheidung des 8. Senats mit der darin zum Ausdruck gebrachten Möglichkeit eines Widerrufs nach § 49 II 1 Nr. 2 VwVfG eine Kehrtwende in der bisherigen Judikatur des Bundesverwaltungsgerichtes dar. Denn eine Differenzierung nach der Art des jeweiligen Hauptverwaltungsaktes (gebundener oder Ermessensverwaltungsakt) war mithin nicht mehr geboten. Am Ende dieser Entwicklungsphase galt also wieder der "ursprüngliche" Grundsatz der

---

105 (106)] aus.
[343] Urteil des 8. Senats vom 14. 12. 1977, *BVerwGE* 55, 135 f. (143).
[344] *BVerwGE* 65, 139 (141 und 142).
[345] *BVerwGE* 65, 139 (142).
[346] *BVerwGE* 65, 139 (142).
[347] Sicherlich hatte der 4. Senat dieses Kriterium *insbesondere* für die modifizierende Auflage entwickelt [vgl. *BVerwG*, DÖV 1974, 380 (381)], Geltung konnte es damit jedoch auch für andere Auflagen beanspruchen; vgl. *Laubinger*, VerwArch. 73, 1982, 345 (347).

isolierten Auflagenanfechtung, der eine Einschränkung allein durch die Ausnahmeregelung der modifizierenden Auflage erfuhr.

V. Entwicklungsphase 4a:
Die Rechtmäßigkeit der verbleibenden Restregelung als materielle Voraussetzung der isolierten Aufhebbarkeit rechtswidriger Nebenbestimmungen

Eine der wohl tiefgreifensten Änderungen der Judikatur zum Rechtsschutz gegen Nebenbestimmungen erfolgte bereits knapp zwei Jahre später mit der Entscheidung des 4. Senats vom 17. 02. 1984, der sog. "Pipeline"- Entscheidung.[348] Die Klägerin wandte sich mit der isolierten Anfechtungsklage gegen die einer Baugenehmigung für eine Holzlagerhalle beigefügte "Auflage". Diese verpflichtete sie, eine auf einem Nachbargrundstück verlaufende Ölpipeline feuerhemmend zu ummanteln. Der erkennende Senat war der Ansicht, daß die isolierte Aufhebung dieser "Auflage", d. h. die Aufhebung der darin geforderten Ummantelung, zu keiner Veränderung des eigentlichen Genehmigungsgegenstandes, also der Baugenehmigung für die Holzlagerhalle führe. Er qualifizierte daher die im Streit befindliche "Auflage" als eine nicht-modifizierende *(echte)* Auflage im Sinne des § 36 II Nr. 4 VwVfG.[349] Die Rechtswidrigkeit dieser Auflage ergab sich bereits aus dem Umstand, daß das einschlägige Landesbaurecht Auflagen für Brandschutzmaßnahmen auf fremden Grundstücken und an fremden Anlagen nicht vorsah.[350]

Aus Sicht des Gerichtes lag also eine rechtswidrige nicht-modifizierende Auflage vor, die unter Zugrundelegung seines bisher geltenden Grundsatzes der selbständigen Auflagenanfechtung ohne weiteres hätte aufgehoben werden müssen.[351] Offenbar um dieses Ergebnis zu vermeiden [352], stellte der 4. Senat eine neue *materiell-rechtliche* Voraussetzung für die isolierte Aufhebung von Auflagen auf. Danach sollte die isolierte

---

[348] *BVerwG*, DÖV 1984, 854 (855) = NVwZ 1984, 366 (367).
[349] *BVerwG*, NVwZ 1984, 366 (367) = DÖV 1984, 854 (854).
[350] Vgl. *BVerwG*, Urt. v. 17. 02. 1984, NVwZ 1984, 366 (367) = DÖV 1984, 854 (855).
[351] Vgl. z. B. *BVerwGE* 41, 178 (181); *BVerwGE* 65, 139 (141).
[352] Auch *Fehn*, DÖV 1988, 202 (206 und 207); *Walther*, JA 1995, 106 (108); *Störmer*, NWVBl. 1996, 169 (171) stellen eine Ergebnisorientiertheit der Entscheidung fest.

Aufhebung einer Auflage nur noch dann in Betracht kommen, wenn nach Aufhebung des rechtswidrigen Teils der verbleibende Rest-Verwaltungsakt ohne Änderung seines Inhalts *sinnvoller- und rechtmäßigerweise* fortbestehen kann.[353] Die Anwendung dieser neuen Voraussetzung auf den Fall ergab, daß bei isolierter Aufhebung der Auflage der gesetzlich vorgeschriebene Brandschutz für die Holzlagerhalle gefehlt hätte, so daß die ohne Sicherstellung des Brandschutzes aufrechterhaltene Baugenehmigung für die Halle nach Maßgabe des irrevisiblen Landesbaurechts rechtswidrig geworden wäre.[354] Da nach Ansicht des erkennenden Senats die gerichtliche Entscheidung nicht zu einer solchen Rechtsfolge führen durfte, lehnte er im Ergebnis die isolierte Aufhebung der Auflage ab.[355]

Der Leitsatz sowie die Urteilsbegründung veranschaulichen dabei, daß der 4. Senat seine Entscheidung als Weiterführung seines Urteils vom 08. 02. 1974 [356] und seiner darin gemachten allgemeingültigen Ausführungen zur Teilaufhebung von Auflagen [357] begriff. Wohl weil er diese Ausführungen in Zusammenhang mit einer modifizierenden Auflage entwickelt hatte, ließ es sich der 4. Senat nicht nehmen, auch zu dieser Rechtsfigur nochmals Stellung zu beziehen.[358] So stimmte der 4. Senat zwar nunmehr - unter Aufgabe seiner früher verwendeten Bezeichnung der "modifizierenden Auflage" - der in der Literatur geübten Kritik zu, daß durch eine solche "Auflage" im Verhältnis zum Genehmigungsantrag der eigentliche Genehmigungsgegenstand verändert, also eine andere als die beantragte Genehmigung erteilt würde.[359] Er wies aber zugleich darauf hin, daß es auf diese Unterscheidung für die Aufhebung von Teilen eines Verwaltungsaktes nicht ankomme, da für eine Teilaufhebung - wie bereits erwähnt - nur maßgebend sei, ob die Genehmigung

---

[353] *BVerwG*, Urt. v. 17. 02. 1984 [= DÖV 1984, 854 (854)].
[354] *BVerwG*, Urt. v. 17. 02. 1984 [= NVwZ 1984, 366 (367)].
[355] *BVerwG*, Urt. v. 17. 02. 1984 [= NVwZ 1984, 366 (367)].
[356] *BVerwG*, DÖV 1974, 380 (381) - sog. "Transportbetonwerk"- Entscheidung.
[357] Vgl. hierzu bereits oben S. 73 f.
[358] Seine Ausführungen zur Rechtsfigur der modifizierenden Auflage sind letztlich jedoch obiter dicta, da sich das Gericht in concreto nur mit der isolierten Aufhebbarkeit einer schlichten Auflage zu befassen hatte.
[359] *BVerwG*, Urt. v. 17. 02. 1984 [= DÖV 1984, 854 (855) = NVwZ 1984, 366 (367)]; ursprünglich trennte wohl das *BVerwG* [DÖV 1974, 380 (381)] zwischen modifizierender Gewährung und modifizierender Auflage [näher hierzu *BadWürttVGH*, BRS 29, 231 (233)].

mit einem Inhalt bestehen bleiben könne, der der Rechtsordnung entspreche.[360]
In dogmatischer Hinsicht verabschiedete sich also der 4. Senat allem Anschein nach von seiner noch im Urteil vom 08. 02. 1974 strikt durchgeführten Trennung zwischen modifizierenden und schlichten Auflagen und stellte statt dessen offenbar nur noch auf den übergreifenden Aspekt der Teilbarkeit ab.[361] Das Kriterium der Rechtmäßigkeit der verbleibenden Restregelung avancierte somit - unabhängig davon, ob es sich nun um eine modifizierende oder nicht-modifizierende Auflage handelte - zum alles entscheidenden Kriterium einer gesonderten *Aufhebung* von Auflagen.

Da der 4. Senat nur zur Aufhebbarkeit von Auflagen Stellung genommen hatte, ist man sich in der Literatur hinsichtlich der systematischen Einordnung des neuen Kriteriums der Rechtmäßigkeit des Restverwaltungsaktes nicht einig, ob sich das Gericht damit bereits gegen die Zulässigkeit oder aber erst gegen die Begründetheit der isoliert erhobenen Anfechtungsklage wenden wollte.[362] Diese Irritation rührt sicherlich auch daher, daß der 4. Senat von einer "Weiterführung" seiner bereits im Urteil vom 08. 02. 1974 [363] entwickelten Rechtsprechung sprach. Damals hatte er von einer nicht möglichen isolierten Aufhebbarkeit auf die Unzulässigkeit einer isolierten Anfechtungsklage geschlossen [364], so daß es auch diesmal nicht gänzlich auszuschließen war, daß sich der 4. Senat abermals bereits gegen die Zulässigkeit einer isolierten Anfechtungs-

---

[360] *BVerwG*, Urt. v. 17. 02. 1984, NVwZ 1984, 366 (367) = DÖV 1984, 854 (855).

[361] Ob sich der 4. Senat damit aber auch gänzlich von seiner ursprünglichen - i. R. der Zulässigkeit einer isolierten Anfechtungsklage - Differenzierung nach *Art* der Nebenbestimmungen hat verabschieden wollen [so wohl *Osterloh*, JuS 1984, 978 (978)], erscheint fraglich. Zu beachten ist nämlich, daß der 4. Senat in dem kurz darauffolgenden Urteil vom 30. 08. 1985 [= NJW 1986, 600 (601)] eine streitbefangene Nebenbestimmung als Bedingung qualifizierte und daraufhin deren isolierte Anfechtbarkeit ablehnte.

[362] Für eine Zuordnung zur Begründetheit sprechen sich *Osterloh*, JuS 1984, 978 (978) und *Erichsen*, in: *Erichsen/Ehlers*, Allg. VerwR, § 15 Rn. 33 (dort Fn. 105) aus; dagegen ordnen *Stelkens* [NVwZ 1985, 469 (470)] und *Fehn* [DÖV 1988, 202 (207)] dieses Kriterium der Anfechtbarkeit, d. h. der Zulässigkeit einer isolierten Anfechtungsklage zu.

[363] *BVerwG*, DÖV 1974, 380 (381) - sog. "Transportbetonwerk"- Entscheidung.

[364] Vgl. die Auslegung oben S. 76.

klage aussprechen wollte, wenngleich er sich im Urteil nur gegen die Aufhebbarkeit der strittigen Nebenbestimmung wandte.
Eine Klärung dieser Frage erfolgte mit der Entscheidung des 7. Senats vom 19. 01. 1989 [365]. Hier ging es um die einer Genehmigung für ein Kernkraftwerk beigefügten atomrechtlichen Auflage, wonach der Betreiber der Anlage einen mit Faustfeuerwaffen bewaffneten Werkschutz aufzustellen hatte. Zur Zulässigkeit der vom Betreiber erhobenen isolierten Auflagenanfechtung stellte der 7. Senat fest, daß die Frage, ob die Genehmigung ohne die Auflage sinnvoller- und rechtmäßigerweise bestehen bleiben könne, eine solche der *Begründetheit* und nicht der Zulässigkeit des mit einer Anfechtungsklage verfolgten Aufhebungsbegehrens sei, sofern nicht eine isolierte Aufhebbarkeit *offenkundig* von vorneherein ausscheide.[366]
Ausgehend von diesen Erwägungen hatte der 7. Senat sodann keine Bedenken mehr gegen die Zulässigkeit der isoliert erhobenen Anfechtungsklage, da er die Möglichkeit einer gesonderten Aufhebbarkeit der Auflage, einen bewaffneten Werkschutz aufzustellen, nicht für offenkundig ausgeschlossen hielt.[367] Was allerdings die daran anschließende Begründetheitsprüfung anbelangt, so fand erstaunlicherweise das als Begründetheitsmerkmal apostrophierte Kriterium des rechtmäßigen Fort-

---

[365] BVerwGE 81, 185 (186). Auf diese Entscheidung nimmt später auch der 1. Senat in seinem Urteil vom 02. 07. 1991 [BVerwGE 88, 348 (349)] Bezug, um damit die Zulässigkeit einer Anfechtungsklage gegen die einer Spielhallenerlaubnis beigefügten Auflage zu begründen.

[366] So ausdrücklich der 7. Senat in BVerwGE 81, 185 (186); ihm folgend BVerwGE 88, 348 (349) und BVerwG, GewArch. 1996, 22 (24). Erstaunlich ist, daß trotz dieser eindeutigen Klarstellung Teile der Literatur sowie einige Verwaltungsgerichte die Entscheidung des 4. Senats vom 17. 02. 1984 weiterhin für den Nachweis der Unzulässigkeit einer isolierten Anfechtungsklage heranziehen; vgl. *Wolff/Bachof/Stober*, VerwR II, § 47 Rn. 22a sowie *Hess. VGH*, Urt. vom 29. 04. 1994 (= NVwZ-RR 1994, 647) und OVG NW, GewArch. 1994, 164. Ausführlich hierzu *Störmer*, NWVBl. 1996, 169 (174 f.).

[367] Hinsichtlich der entscheidenden Frage, wann bzw. unter welchen konkreten Voraussetzungen eine solche "Offenkundigkeit" anzunehmen ist, äußerte sich der 7. Senat leider jedoch nicht [vgl. BVerwGE 81, 185 (186)]. Soweit sich der 7. Senat dabei jedoch auf die Aufhebbarkeit berief, bleibt festzustellen, daß er auf ein Moment der Begründetheit abstellte, um die Zulässigkeit einer isolierten Anfechtungsklage bejahen bzw. verneinen zu können [so bereits schon der 4. Senat in seinem Urteil vom 08. 02. 1974, DÖV 1974, 380 (381)].

bestehens der verbleibenden Restregelung - wie auch in zahlreichen späteren Entscheidungen [368] - keinerlei Erwähnung.
Der Grund hierfür beruht wohl nicht auf einer Änderung der Rechtsprechung, sondern auf prüfungstechnischen Gesichtspunkten bzw. den Besonderheiten des jeweiligen Einzelfalles. Steht beispielsweise fest, daß bereits die Erteilung der Auflage rechtmäßig ist, so stellt sich für das Bundesverwaltungsgericht die Frage nach ihrer isolierten Aufhebbarkeit bzw. nach der Teilbarkeit von Auflage und Rest-Verwaltungsakt offenbar erst gar nicht, da es dann die Klage schon aus diesem Grunde für unbegründet hält. Dies zeigt sich auch im besagten Falle des 7. Senats. Er befand die streitbefangene atomrechtliche Auflage, einen bewaffneten Werkschutz aufzustellen, für rechtmäßig.[369] Eine Prüfung des neu entwickelten Begründetheitsmerkmals hatte sich damit offensichtlich erübrigt.[370]

Zu beachten ist aber, daß selbst bei Rechtswidrigkeit der im Streit befindlichen Auflage das Bundesverwaltungsgericht eine nähere Prüfung der Rechtmäßigkeit des Restverwaltungsaktes nicht immer für notwendig erachtete, wie sich am Beispiel der gut zwei Jahre später ergangenen Entscheidung des 1. Senats vom 02. 07. 1991 [371] zeigt. Der 1. Senat hatte sich in diesem Zusammenhang mit der einer Spielhallenerlaubnis beigefügten (nicht-modifizierenden) Auflage zu befassen, wonach bei Inbetriebnahme von bis zu drei Spielhallen *eine* Aufsichtsperson, bei Betrieb von mehr als drei Spielhallen *zwei* Aufsichtspersonen ständig anwesend sein sollten, um Verstöße gegen das Jugendschutzgesetz, insbesondere die Anwesenheit von Kindern und Jugendlichen in den Spielhallen zu verhindern.

Der Betreiber wandte sich mit der isolierten Anfechtungsklage gegen diese Auflage, soweit darin angeordnet worden war, daß beim Offenhalten von mehr als drei Spielhallen mehr als eine Aufsichtsperson anwesend sein sollte. Seine Klage hatte Erfolg. Das Gericht kam zu dem Ergebnis, daß in diesem Falle bereits die Anwesenheit *einer* Aufsichts-

---

[368] Vgl. die nachfolgenden Urteile des 8. Senats vom 26. 01. 1990, NVwZ 1990, 855 (857), des 3. Senats vom 08. 03. 1990, *BVerwGE* 85, 24 (32) und des 1. Senats vom 02. 07. 1991, *BVerwGE* 88, 348 (354). In allen Fällen ging es um die isolierte Aufhebung einer schlichten (nicht-modifizierenden) Auflage.
[369] *BVerwGE* 81, 185 (186 f.).
[370] Zu demselben Ergebnis gelangt auch *Störmer*, NWVBl. 1996, 169 (172).
[371] *BVerwGE* 88, 348 (350) - sog. "Spielhallen"- Entscheidung.

person genügt, um zu verhindern, daß sich Kinder oder Jugendliche in der Spielhalle aufhalten.[372] Im Gegensatz zu der zuvor angeführten Werkschutz-Entscheidung handelte es sich in diesem Falle also nicht um eine rechtmäßige, sondern um eine rechtswidrige Auflage. Dennoch erübrigte sich für das Gericht wohl auch hier eine nähere Überpüfung der Rechtmäßigkeit des Restverwaltungsaktes. Stand doch zumindestens fest, daß die Auflage im übrigen, d. h. soweit sie die Beschäftigung nur einer Aufsichtsperson vorschrieb, rechtmäßig war [373], so daß die bereits erteilte Spielhallenerlaubnis auch ohne den rechtswidrigen Teil der Auflage rechtmäßigerweise fortbestehen konnte.[374]

All diese Entscheidungen machen deutlich, daß es auf die Rechtmäßigkeit des Restverwaltungsaktes nicht in allen Fallkonstellationen entscheidungserheblich ankommt. Im Interesse der Rechtssicherheit und eines effektiven Rechtsschutzes wäre es dennoch begrüßenswert, wenn die Senate des Bundesverwaltungsgerichts klarstellten, ob und inwieweit sie an diesem für eine Teilaufhebung von Nebenbestimmungen entwickelten Kriterium weiterhin festhalten wollen.[375]

Wünschenswert wäre eine Aufklärung auch im Hinblick auf das ebenfalls vom 4. Senat im Urteil vom 17. 02. 1984 aufgestellte Erfordernis des "sinnvollerweise" Fortbestehens der verbleibenden Restregelung. Über dessen Bedeutung ist man sich in der Literatur bis heute noch nicht endgültig einig geworden. So wird zum Teil vermutet, es handele sich dabei um eine Voraussetzung, die es den Verwaltungsgerichten ermög-

---

[372] *BVerwGE* 88, 348 (350 und 353) in concreto erfüllte die Auflage die tatbestandlichen Voraussetzungen des § 33 i Abs. 1 S. 2 GewO nicht, wonach bei Verwendung nur einer Aufsichtsperson eine konkrete Gefahr für den Jugendschutz hätte vorliegen müssen.

[373] Dies war auch seitens des Klägers niemals bestritten worden, vgl. *BVerwGE* 88, 348 (351).

[374] Ähnlich verhielt es sich im Urteil des 3. Senats vom 08. 03. 1990 [*BVerwGE* 85, 24 (32)], worin dieser sich mit der einer Importgenehmigung beigefügten Kautionsauflage zu befassen hatte. Obgleich diese Auflage rechtswidrig war, erübrigte sich auch hier eine Überprüfung der Teilbarkeit, da die ohne Ermächtigungsgrundlage ergangene Kautionsanordnung keine Rechtmäßigkeitvoraussetzung für die bereits erteilte Importgenehmigung darstellte. Ebenso verhielt es sich auch im Falle des 8. Senats vom 26. 01. 1991 [*BVerwG*, NVwZ 1990, 855 (857)], in dem die einer Genehmigung für ein Betreuungsunternehmen beigefügte Auflage aufgrund fehlender hinreichender Bestimmtheit rechtswidrig war.

[375] In diesem Sinne auch *Störmer*, NWVBl. 1996, 169 (172).

liche, Ermessensverwaltungsakte, die mit einer Auflage verbunden seien, auf ihre Zweckmäßigkeit hin zu überprüfen, um sodann hiervon eine isolierte Anfechtbarkeit abhängig machen zu können.[376] Andere dagegen verstehen unter der Sinnhaftigkeit der verbleibenden Restregelung allein die logische bzw. sachlogische Trennbarkeit von Nebenbestimmung und Verwaltungsakt.[377]

Ebenfalls klärungsbedürfig ist, wann das Bundesverwaltungsgericht eine Anfechtungsklage für unzulässig hält, besser gesagt, wann es eine isolierte Aufhebbarkeit für von vorneherein "offenkundig" ausgeschlossen hält.

VI. Entwicklungsphase 4b:
Die Nichtanfechtbarkeit von sog. Inhaltsbestimmungen

Parallel zum "Pipeline"-Urteil erging die sog. "Heizöl"-Entscheidung des 7. Senats vom 17. 02. 1984 [378]. In dieser hatte sich das Gericht mit dem einer immissionsschutzrechtlichen Genehmigung zur Errichtung und zum Betrieb einer Ölfeuerungsanlage beigefügten Zusatz zu beschäftigen, wonach bei einem Ölfeuerungsbetrieb mit schwerem Heizöl nur das Heizöl S mit einem Schwefelgehalt von maximal 1 % verfeuert werden durfte. Die Betreiberin der Anlage erhob gegen diese Anordnung eine isolierte Anfechtungsklage.

Entgegen der noch zuvor vom Berufungsgericht vertretenen Ansicht führte der 7. Senat aus, daß es sich bei der im Streit befindlichen Anordnung um keine Auflage und somit auch um keine, einer selbständigen Anfechtung nicht zugängliche, modifizierende Auflage handele.[379] Vielmehr kennzeichne der von der Klägerin angegriffene Zusatz *den Genehmigungsumfang* bzw. *-inhalt* der der Klägerin erteilten immissionsschutz-

---

[376] *Stelkens*, NVwZ 1985, 469 (469; dort Fn. 20); ebenso wohl auch *Hoenig*, S. 16.
[377] *Weyreuther*, DVBl. 1984, 365 (371; dort Fn. 49); eine starkes Indiz für die Richtigkeit dieser Interpretation ist sicherlich, daß der 4. Senat bereits im Urteil vom 08. 02. 1974 von einem "sinnvollerweise-Bestehenbleiben-Können" der Restregelung [vgl. DÖV 1974, 380 (381)] sprach und *Weyreuther* bei dieser Urteilsfindung dem 4. Senat als Bundesrichter angehörte.
[378] *BVerwGE 69*, 37 f. (46).
[379] *BVerwGE 69*, 37 (39).

rechtlichen Betriebserlaubnis.[380] Der Klägerin sei also nicht schlechthin, sondern nur für den Fall des Gebrauchs von schwefelarmem Heizöl erlaubt worden, die Ölfeuerungsanlage zu betreiben; verwende sie anderes Öl, so verstoße sie nicht gegen eine Auflage, sondern betreibe die Anlage ungenehmigt.[381] Die Klägerin wolle mit ihrer Klage also eine weniger eingeschränkte Betriebsgenehmigung erstreiten, als sie derzeit innehabe. Ihr eigentliches Klageziel sei folglich auf die Erlangung eines "Mehr" an Genehmigung gerichtet.[382] Dieses "Mehr" lasse sich aber nicht mit einer Anfechtungs-, sondern nur mit einer Verpflichtungsklage erreichen.[383]

Der 7. Senat lehnte daher die von der Betreiberin erhobene isolierte Anfechtungsklage bereits als *unzulässig* ab und kam damit, wenngleich auch mit entscheidend anderer Begründung, zu demselben Ergebnis wie die Vorinstanz. In dogmatischer Hinsicht stand damit fest, daß Rechtsschutz gegen eine sog. *Inhaltsbestimmung* [384] nur in der Form einer Verpflichtungsklage erlangt werden konnte.

Mit Urteil vom 21. 02. 1992 [385] bestätigte der 7. Senat seine Rechtsprechung. Gegenstand dieser Entscheidung war ein Planfeststellungsbeschluß zur Gestaltung der Untergrundabdichtung (der Sohle) des Entwässerungssystems sowie der Böschungen einer Abfalldeponie, der durch einen Nachtragsbescheid geändert worden war. Dieser Nachtragsbescheid enthielt zahlreiche als Nebenbestimmungen bezeichnete Regelungen, die unter anderem auch eine verbesserte Untergrundabdichtung vorsahen. Die Kläger - Landwirte, die eine Beeinträchtigung durch Grundwasserverunreinigungen ihrer in unmittelbarer Nähe der Sonderdeponie befindlichen Nutzflächen befürchteten - befanden die im Nachtragsbescheid getroffenen Regelungen für nicht ausreichend.

---

[380] *BVerwGE 69, 37 (1. Leitsatz und 39).*
[381] *BVerwGE 69, 37 (39).*
[382] *BVerwGE 69, 37 (39).*
[383] *BVerwGE 69, 37 (39).*
[384] In der Literatur wird weitgehend synonym auch die Bezeichnung der "Genehmigungsinhaltsbestimmung", "inhaltlichen Einschränkung", "Beschränkung der Genehmigung"oder auch "Kennzeichnung des Umfangs der Genehmigung" verwandt; vgl. *Fluck,* DVBl. 1992, 862 f. (871); *Kunert,* UPR 1991, 243 (251); *Rumpel,* BayVBl. 1987, 577 f. (586). Zur Inhaltsbestimmung allgemein vgl. S. 59 f.
[385] *BVerwGE 90, 42 (53) = DVBl. 1992, 713 f. (717) -* sog. "Abfalldeponie"- Fall.

Zu der von ihnen erhobenen Klage führte der Senat aus, daß sie zu Recht den (*gesamten*) Planfeststellungsbeschluß in der Fassung des Nachtrags zum Gegenstand ihrer Anfechtungsklage gemacht hätten.[386] Der Nachtragsbescheid enthalte keine bloße dem Planfeststellungsbeschluß beigefügten und selbständig anfechtbaren Auflagen i. S. des § 36 VwVfG.[387] Vielmehr kennzeichneten seine Regelungen den *Inhalt* der Anlagenzulassung, da sie die Gestalt und die Beschaffenheit der Anlage selbst prägten.[388] Der 7. Senat gab also implizit zu verstehen, daß die im Nachtragsbescheid enthaltenen Regelungen einer selbständigen Anfechtung entzogen sein sollten.

Am Ende dieser Entwicklungsphase stand somit unmißverständlich fest, daß Rechtsschutz gegen sog. *Inhaltsbestimmungen* nur in Form einer Verpflichtungsklage oder - wie in dem soeben aufgezeigten Fall - in Form einer auf die Aufhebung des gesamten Verwaltungsaktes gerichteten Anfechtungsklage erlangt werden konnte.

Mit beiden Urteilen wich der 7. Senats allerdings in zwei entscheidenden Punkten von der im "Pipeline"-Urteil entwickelten Rechtsprechung des 4. Senats ab. Zum einen stellte er in seinen Urteilen zur Zulässigkeit einer isolierten Anfechtungsklage entscheidend auf den Rechtscharakter des jeweiligen Zusatzes (hier: Inhaltsbestimmung) ab, wohingegen der 4. Senat - zumindest was die Unterscheidung von modifizierenden und schlichten Auflagen anbetraf - von einer derartigen Differenzierung Abstand zu nehmen schien und offenbar nur noch auf das von ihm entwickelte Begründetheitskriterium des sinnvoller- und rechtmäßigerweise Fortbestehens der Restregelung abstellen wollte.[389] Zum anderen

---

[386] *BVerwGE* 90, 42 (45) = DVBl. 1992, 713 (714).
[387] *BVerwG*, DVBl. 1992, 713 (714).
[388] So unter ausdrücklicher Bezugnahme auf *BVerwGE* 69, 37 (39), vgl. *BVerwG*, DVBl. 1992, 713 (714 und 715) = *BVerwGE*, 90 42 (1. Leitsatz und 48).
[389] Der Umstand, daß der 4. Senat in seiner "Pipeline" - Entscheidung vom 17. 02. 84 bei Auflagen sowie bei Veränderungen des Genehmigungsgegenstandes gleichermaßen von einer "Einschränkung" spricht, veranlaßt *Osterloh*, JuS 1984, 978 (978), anzunehmen, der 4. Senat habe sich sogar für eine isolierte Anfechtbarkeit von Inhaltsbestimmungen ausgesprochen; ebenfalls eine Abkehr von der Differenzierung nach der Art der Nebenbestimmung durch dieses Judikat bejaht *Erichsen*, in: *Erichsen/Ehlers*, Allg. VerwR, § 15 Rn. 33 (dort Fn. 105). Dieser Rückschluß aus dem Urteil vom 17. 02. 84 ist allerdings mehr als zweifelhaft, da der 4. Senat in diesem Urteil nur zu einer möglichen Teilaufhebung Stellung bezog. Er stellte nicht fest, daß er von einer Differenzierung nach der Art des jeweiligen

erwähnte der 7. Senat in seinem Urteil vom 17. 02. 1984 die Rechtsfigur der modifizierenden Auflage, obwohl sich der 4. Senat in der am selben Tag ergangenen "Pipeline"- Entscheidung von dieser Terminologie ausdrücklich verabschiedet hatte.[390]
Mit Blick auf letztere Abweichung ist allerdings anzumerken, daß mittlerweile auch in einem Urteil des 3. Senats die Rechtsfigur der modifizierenden Auflage erneut Erwähnung fand [391], so daß wohl davon ausgegangen werden kann, daß das Bundesverwaltungsgericht weiterhin an dieser Begrifflichkeit festhalten will.[392] Die Frage, worin das Bundesverwaltungsgericht den Unterschied zwischen einer modifizierenden Auflage und einer Inhaltsbestimmung sieht, bleibt allerdings weitestgehend unbeantwortet. So führt beispielsweise der 7. Senat in seinem Urteil vom 17. 02. 1984 [393] sinngemäß lediglich aus, daß eine Inhaltsbestimmung dann vorliege, wenn ein Verwaltungsaktzusatz den *Umfang* einer Hauptregelung kennzeichne. Voraussetzung einer modifizierende Auflage ist nach Ansicht des 3. Senats, daß der Antragsgegenstand selbst berührt oder eingeschränkt werde.[394]

Verwaltungsaktzusatzes im Rahmen der Zulässigkeit einer Anfechtungsklage Abstand nehmen wolle. Gegen eine solche Annahme spricht vor allen Dingen, daß sowohl der 7. Senat in seinem Urteil vom 19. 01. 89, *BVerwGE* 81, 185 (186), als auch der 11. Senat in seinem Urteil vom 22. 11. 2000, *BVerwG*, NVwZ 2001, 429 (430), weiterhin an einer Offenkundigkeitsprüfung im Rahmen der Zulässigkeitsprüfung einer Anfechtungsklage festhalten.

390 Vgl. oben S. 85.
391 Vgl. Urteil des 3. Senats vom 08. 03. 1990, *BVerwGE* 85, 24 (27); der 3. Senat nahm dabei explizit auf *Weyreuthers* Aufsatz "Modifizierende Auflagen", DVBl. 1984, 365 f. (374), Bezug.
392 A. A. *Maurer*, Allg. VerwR, § 12 Rn. 16, der davon ausgeht, das *BVerwG* habe sich mittlerweile zwar nicht explizit, wohl aber in der Sache von der Rechtsfigur der modifizierenden Auflage entfernt, da in den erwähnten Fällen [*BVerwGE* 69, 37 (39); *BVerwGE* 85, 24 (26)] ihr Vorliegen jeweils verneint worden sei.
393 *BVerwGE* 69, 37 (39).
394 *BVerwGE* 85, 24 (27).

VII. Entwicklungsphase 5: Zum aktuellen Stand der Rechtsprechung des Bundesverwaltungsgerichtes

Betrachtet man die in den letzten Jahren zur isolierten Anfechtbarkeit von Inhalts- und Nebenbestimmungen ergangenen Urteile, so fällt auf, daß verschiedene Senate des Bundesverwaltungsgerichts wieder verstärkt dazu übergehen, die Zulässigkeit einer isolierten Anfechtungsklage gerade von der Rechtsnatur bzw. von der Art der jeweiligen im Streit befindlichen Nebenbestimmung abhängig zu machen. Besonders im Hinblick auf die isolierte Anfechtbarkeit von Auflagen scheint sich dabei - trotz zwischenzeitlicher Abweichungen [395] - wieder der Grundsatz der isolierten Auflagenanfechtung (durchbrochen durch die Ausnahme der modifizierenden Auflage) herauszukristallisieren.

Am deutlichsten zeigt sich diese Entwicklung am Urteil des 3. Senats vom 08. 03. 1990, worin dieser ausdrücklich feststellt, "daß jedenfalls Auflagen, die keinen modifizierenden Charakter haben, einer isolierten Anfechtung zugänglich sind".[396] Aber auch der 1. und der 8. Senat gelangen mittlerweile zu dem Ergebnis, daß die gegen eine (schlichte) Auflage erhobene isolierte Anfechtungsklage statthaft ist.[397] In seiner Entscheidung vom 22. 11. 2000 [398] erklärt der 11. Senat, daß die Zulässigkeit einer Anfechtungsklage gegenüber Auflagen und Auflagenvorbehalten zulässig sei, da eine isolierte Aufhebbarkeit bei diesen Nebenbestimmungstypen nicht offenkundig von vornherein ausscheide.[399]

Die somit wieder im Rahmen der Zulässigkeit einer isolierten Anfechtungsklage deutlich gewordene Differenzierung nach der Art der Nebenbestimmung wird neuerdings zudem durch die Rechtsfigur der

---

[395] Vgl. zum Beispiel *BVerwG*, NVwZ 1984, 366 (367) - sog. "Pipeline"- Entscheidung.
[396] *BVerwGE* 85, 24 (26); der 3. Senat nahm hierbei ausdrücklich Bezug auf die Entscheidung des 8. Senats vom 12. 03. 1982, *BVerwGE* 65, 139 (140).
[397] Vgl. das Urteil des 1. Senats vom 02. 07. 1991, *BVerwGE* 88, 348 (349) und des 8. Senats vom 26. 01. 90, NVwZ 1990, 855 (856); in seinem Beschluß vom 16. 08. 1995, *BVerwG*, GewArch. 1996, 22 (24), bestätigt der 1. Senat abermals, daß Auflagen isoliert anfechtbar sind. Auch der 7. Senat spricht in seiner Entscheidung vom 21. 02. 92 von "selbständig anfechtbaren Zielauflagen" [*BVerwGE* 90, 42 (45)].
[398] *BVerwG*, NVwZ 2001, 429 (430).
[399] *BVerwG*, NVwZ 2001, 429 (429).

sog. Inhaltsbestimmung ergänzt. Nicht ganz unproblematisch ist dabei die Frage, wie die Inhaltsbestimmung von den übrigen Nebenbestimmungen im Sinne des § 36 II VwVfG, insbesondere von der modifizierenden Auflage [400], abzugenzen ist. Steht jedoch einmal fest, daß es sich bei der strittigen Einschränkung um eine Inhaltsbestimmung handelt, besteht Einigkeit darüber, daß eine gesonderte Anfechtung ausscheidet und Rechtsschutz nur im Rahmen einer Verpflichtungsklage erlangt werden kann.[401]

Obwohl die Senate des Bundesverwaltungsgerichtes in den oben aufgeführten Entscheidungen nur zu modifizierenden Auflagen, nicht-modifizierenden Auflagen, Auflagenvorbehalten, Bedingungen sowie Inhaltsbestimmungen Stellung beziehen, wird in der Literatur, zumindest was die Beurteilung der höchstrichterlichen Rechtsprechung hinsichtlich der isolierten Anfechtbarkeit sog. unselbständiger Nebenbestimmungen (Bedingung, Befristung und Widerrufsvorbehalt) anbetrifft, die Meinung vertreten, das Bundesverwaltungsgericht halte sämtliche unselbständige Nebenbestimmungen stets für isoliert anfechtbar.[402]

Als Beleg für die Richtigkeit dieser Ansicht beruft man sich dabei fast einhellig auf die Entscheidung vom 10. 07. 1980 [403], worin sich der 3. Senat des Bundesverwaltungsgerichts mit der Aufnahme des Krankenhauses Z in den Krankenhausbedarfsplan des Freistaates Bayern zu befassen hatte. Die Aufnahme in den Krankenhausbedarfsplan war unter Nr. 3 mit folgendem Vermerk versehen worden: "Die Aufnahme in den Krankenhausbedarfsplan des Freistaates Bayern erfolgt mit der Befristung bis zur Sicherstellung der Krankenhausversorgung in Augs-

---

[400] Vgl. die oben auf S. 93 angeführten, wenig aufschlußreichen Abgrenzungsmerkmale.

[401] Vgl. die Urteile des 7. Senats vom 17. 02. 1984, *BVerwGE* 69, 37 (1. Leitsatz und 39) und vom 21. 02. 1992, *BVerwGE* 90, 42 (45 und 48).

[402] *Mayer/Kopp*, Allg. VerwR, § 13 IV 1; *Kopp/Schenke*, VwGO, § 42 Rn. 22; *Schenke*, VerwProzR, Rn. 294; *Brenner*, JuS 1996, 281 (286); *Laubinger*, VerwArch. 73, 1982, 345 f. (356); *Hufen*, VerwProzR, § 14 Rn. 61; *Sproll*, NJW 2002, 3221 (3222); kritisch *Brüning*, NVwZ 2002, 1081 (1081).

[403] *BVerwGE* 60, 269 (274, 278) = NJW 1980, 2773 (2773). Zumeist wird dieses Urteil zur Begründung der selbständigen Anfechtbarkeit *sämtlicher* Nebenbestimmungen herangezogen, vgl. z. B. *Brenner*, JuS 1996, 281 (286; dort Fn. 57); ebenso wird hierfür auch auf das bereits mehrfach erwähnte "Pipeline"- Urteil [*BVerwG*, NVwZ 1984, 366 (367)] abgestellt.

burg"[404]. Der Eigentümer und Träger der Klinik Z erhob isolierte Anfechtungsklage mit dem Antrag, den in Nr. 3 angesprochenen Zusatz aufzuheben. Seine Klage hatte Erfolg, da der 3. Senat mit dem Berufungsgericht[405] der Auffassung war, daß es sich bei der Aufnahme in den Krankenhausbedarfsplan um einen Verwaltungsakt und bei dem angefochtenen Vermerk in Nr. 3 dieses Bescheides um eine selbständig anfechtbare und rechtswidrige Nebenbestimmung handelte.
Interessanterweise ging der 3. Senat dabei ohne nähere Qualifikation der strittigen Nebenbestimmung von der Zulässigkeit der isoliert erhobenen Anfechtungsklage aus und stellte in seiner Urteilsbegründung lediglich mit einem Satz fest: "Gegen belastende Nebenbestimmungen ist die Anfechtungsklage gegeben."[406] Auch im Hinblick auf die Fehlerhaftigkeit der im Vermerk als "Befristung" bezeichneten Nebenbestimmung hielt der 3. Senat die Frage, ob es sich dabei um eine "echte" Befristung, um eine auflösende Bedingung oder um einen Widerrufsvorbehalt handle, explizit für entbehrlich.[407]
Angesichts dieser gerichtlichen Ausführungen ist es auf den ersten Blick durchaus verständlich, daß viele Autoren in der Literatur in diesem Judikat eine *Abkehr* von der bereits seit Jahrzehnten vom Bundesverwaltungsgericht vertretenen Rechtsprechung, wonach unselbständige Nebenbestimmungen als integrierende bzw. untrennbare Bestandteile des Verwaltungsaktes galten und daher nicht isoliert anfechtbar seien[408], erblicken.[409]
Bei genauerem Hinsehen kann dieser Urteilsauslegung aber dennoch nicht gefolgt werden. Hätte sich das Bundesverwaltungsgericht in der Tat von seiner bisherigen Rechtsprechung verabschieden wollen, so hätte der 3. Senat bei allen mit dieser Thematik befaßten Senaten des Bundesverwaltungsgerichtes rückfragen müssen, ob sie an ihrer bisherigen Spruchpraxis festhalten wollen. Gegebenenfalls wäre dabei so-

---

[404] *BVerwGE* 60, 269 (270).
[405] *BayVGH*, Urteil vom 18. 05. 1979, BayVBl. 1980, 49 (49).
[406] *BVerwGE* 60, 269 (274).
[407] *BVerwGE* 60, 269 (275).
[408] Vgl. *BVerwGE* 29, 261 (265); *BVerwGE* 36, 145 (153 und 154). Vgl. hierzu auch die Ausführungen oben auf S. 71, insbesondere Fn. 292 a. E.
[409] *Schenke*, VerwProzR, Rn. 294 (dort Fn. 35); *Brenner*, JuS 1996, 281 (286; dort Fn. 57); *Laubinger*, VerwArch. 73, 1982, 345 f. (356); *Sproll*, NJW 2002, 3221 (3222).

gar eine Vorlage an den Großen Senat erforderlich gewesen.410 Dies ist jedoch nicht geschehen. Der 3. Senat wies weder in einem Leitsatz noch in der Begründung seines Urteils auf eine abweichende Judikatur hin. Außerdem hielt der 3. Senat eine nähere Auslegung der strittigen Nebenbestimmungen nur im Hinblick auf ihre Fehlerhaftigkeit, nicht aber (ausdrücklich) hinsichtlich der Zulässigkeit der isoliert erhobenen Anfechtungsklage für entbehrlich.411 Zu Recht folgert daher *Schmidt*, daß es sich bei der vom 3. Senat pauschal geäußerten Auffassung, daß gegen belastende Nebenbestimmung die Anfechtungsklage statthaft sei, allenfalls um eine "sprachliche Ungenauigkeit" 412 handelt. Keineswegs kann hieraus jedoch die Annahme abgeleitet werden, das Bundesverwaltungsgericht habe sich mit diesem Judikat von seiner jahrzehntelangen Rechtsprechung der Unanfechtbarkeit unselbständiger Nebenbestimmungen verabschieden wollen.413
Allerdings könnte man auch anderer Ansicht sein, wenn man annähme, der 3. Senat habe sich in seiner Entscheidung vom 10. 07. 1980 grob prozeßordnungswidrig verhalten und sich einen "Ausrutscher" 414 bzw. zumindest eine unbewußte Abweichung von der bisherigen Rechtsprechung erlaubt. Angesichts der bisher eindeutig vertretenen Linie der höchstrichterlichen Rechtsprechung ist ein solches Verhalten allerdings nur schwer vorstellbar.415 Zudem wäre es dann auch kaum nachvollziehbar, warum der 4. Senat in dem nachfolgenden Judikat vom 30. 08. 1985 416 die gegen eine Bedingung erhobene Klage nicht als isolierte Anfechtungs-, sondern nur als Verpflichtungsklage zuließ, ohne dabei auch nur mit einem Wort auf die (angeblich) vom 3. Senat abweichende

---

410 Ebenso *Bosch/Schmidt*, § 24 II (S. 127); *Schmidt*, NVwZ 1996, 1188 (1188) und *Störmer*, NWVBl. 1996, 169 (173).
411 Ähnlich *Schmidt*, NVwZ 1996, 1188 (1188), der der Ansicht ist, der 3. Senat habe sich zur Rechtsfrage der isolierten Anfechtbarkeit *aller* Nebenbestimmungen überhaupt nicht äußern wollen.
412 *Schmidt*, NVwZ 1996, 1188 (1188).
413 Ebenso *Bosch/Schmidt*, § 24 II (S. 127); *Schmidt*, NVwZ 1996, 1188 (1189).
414 So *Schwerdtfeger*, Öffentliches Recht in der Fallbearbeitung, Rn. 173 und *Störmer*, NWVBl. 1996, 169 (174).
415 Aus diesem Grunde kommt auch *Störmer* [NWVBl. 1996, 169 (173)] zu dem Ergebnis, daß das *BVerwG* - zumindest im *Grundsatz* - an der isolierten Unanfechtbarkeit unselbständiger Nebenbestimmungen festhalten wolle.
416 Urteil des 4. Senats vom 30. 08. 1985, *BVerwG*, NJW 1986, 600 (600).

Rechtsprechung einzugehen. Es sei denn, man wolle auch ihm ein prozeßordnungswidriges Verhalten unterstellen.
Nach alldem kann dem Urteil des 3. Senats keine über den konkreten Fall hinausgehende Bedeutung beigemessen werden. Der Grund für die in seinem Urteil vom 10. 07. 1980 ermöglichte isolierte Anfechtbarkeit des strittigen Verwaltungsaktzusatzes ist also nicht in einer abweichenden höchstrichterlichen Rechtsprechung, sondern in den besonderen Gegebenheiten des konkreten Falles bzw. der strittigen Nebenbestimmung selbst zu suchen. Legt man das Hauptaugenmerk dabei auf die Schlußbemerkungen des 3. Senats, so ist dieser Grund schnell gefunden. De facto handelt es sich bei dem Judikat des 3. Senats vom 10. 07. 1980 überhaupt nicht um ein solches, bei dem es um die Anfechtung einer unselbständigen Nebenbestimmung geht.
Zwar spricht der erkennende Senat im Zusammenhang mit der Fehlerhaftigkeit der strittigen Nebenbestimmung nur davon, daß es in diesem Falle dahingestellt bleiben könne, ob die im Krankenhausbedarfsplan als "Befristung" ausgewiesene Nebenbestimmung als eine echte Befristung oder aber als eine auflösende Bedingung oder vielleicht auch als ein Vorbehalt des Widerrufs auszulegen sei. Aus dieser Aufzählung darf letztlich aber nicht gefolgert werden, daß sich das Gericht in diesem Judikat ausschließlich nur zu unselbständigen, nicht jedoch auch zu selbständigen Nebenbestimmungen geäußert habe. Zu beachten ist nämlich, daß der 3. Senat am Ende seiner Entscheidung den materiellen Gehalt der im Streit befindlichen Nebenbestimmung näher umschreibt. Er gelangt dabei zu dem Ergebnis, daß die Aufnahme der strittigen "Befristung" nicht in der Weise untrennbar mit der Aufnahme in den Krankenhausbedarfsplan verbunden ist, "daß die eine Maßnahme nicht ohne die andere Maßnahme hätte ergehen können".[417]
Unter Würdigung der im konkreten Falle objektiv erkennbaren Umstände gelangt der Senat also zu dem Ergebnis, daß eine Aufnahme in den Krankenhausbedarfsplan auch ohne die "Befristung" erfolgt wäre. Der Sache nach zielt die Argumentation damit auf eine Verneinung einer Befristung ab.[418] Es wären viele Mißverständnisse in der Literatur vermieden worden, hätte der 3. Senat auch nur mit einem Satz festgestellt, daß kein Fall einer unselbständigen Nebenbestimmung vorliege. Mit

---

[417] *BVerwGE* 60, 269 (278).
[418] *BVerwGE* 60, 269 (278).

seiner Feststellung, daß die Aufnahme in den Krankenhausbedarfsplan auch ohne die beigefügte "Befristung" erfolgt wäre, gibt der 3. Senat immerhin zu erkennen, daß die im Streit befindliche Nebenbestimmung mit der Hauptregelung nicht in einer konditionalen Verbindung steht, die notwendige Voraussetzung für das Vorliegen einer jeden unselbständigen Nebenbestimmung ist.[419]
Auch die im Urteil neutrale Formulierung "gegen belastende Nebenbestimmungen ist die Anfechtungsklage gegeben" hat offensichtlich zur weiteren Verwirrung beigetragen, weil letztlich sowohl unselbständige als auch selbständige Nebenbestimmungen eine Belastung in sich tragen können. Dieser Umstand sollte letztlich jedoch nicht darüber hinwegtäuschen, daß das Bundesverwaltungsgericht trotz dieser in dogmatischer Hinsicht sicherlich nicht glücklichen Formulierung noch nie eine Anfechtungsklage gegen unselbständige Nebenbestimmungen für statthaft erklärt hat. Dies zeigt sich auch am Beispiel eines vom 11. Senat des Bundesverwaltungsgerichts ergangenen Urteils aus dem Jahre 2000.[420] Auch hier führt das Gericht - und zwar nicht nur in der Begründung, sondern auch im ersten Leitsatz - aus, daß gegen belastende Nebenbestimmungen eines Verwaltungsaktes "nach der inzwischen gefestigten Rechtsprechung des Bundesverwaltungsgerichtes" die Anfechtungsklage gegeben sei.[421] Auch diese Entscheidung ist letztlich kein Widerspruch zu der bisher vom Bundesverwaltungsgericht vertretenen Linie, nach der eine Anfechtung unselbständiger Nebenbestimmungen nicht möglich sei. Denn im Ergebnis stand auch in diesem Judikat keine Anfechtung einer unselbständigen, sondern einer selbständigen Nebenbestimmung - hier in Form eines Auflagenvorbehaltes - in Streit.[422]

---

[419] Vgl. hierzu bereits oben S. 6 f. Bei Zugrundelegung der vom Bundesverwaltungsgericht festgestellten konjunktiven Verbindung der strittigen Nebenbestimmung ist die in dieser Entscheidung streitbefangene Nebenbestimmung als eine Auflage zu qualifizieren, die für den Begünstigten die Pflicht beinhaltet, eine spätere Nichtaufnahme in den Krankenhausbedarfsplan durch die zuständige Behörde zu erdulden, wenn die Krankenversorgung anderenorts sichergestellt ist.
[420] Urteil des 11. Senats vom 22. 11. 2000, *BVerwG*, NVwZ 2001, 429 (430).
[421] *BVerwG*, NVwZ 2001, 429 (429).
[422] Konkret ging es in diesem Falle um die Aufhebung eines Auflagenvorbehaltes, der einem Planfeststellungsbeschluß zum Zwecke der Einhaltung von Immissionsgrenzwerten nach Inbetriebnahme einer Eisenbahnstrecke beigefügt worden war.

Die Formulierung "gegen belastende Nebenbestimmungen ist die Anfechtungsklage gegeben" ist wohl darauf zurückzuführen, daß das Gericht an seiner bereits im Urteil vom 19. 01. 1989 [423] begründeten und auch später bestätigten "Offenkundigkeitsprüfung" [424] festhält. In Fällen, in denen die Aufhebbarkeit der im Streit befindlichen Nebenbestimmung offenkundig nicht ausgeschlossen ist, scheint das Bundesverwaltungsgericht eine nähere Qualifizierung der jeweiligen Nebenbestimmung im Rahmen der Zulässigkeitsprüfung für überflüssig zu halten und sich mit der oben zitierten Formulierung zu begnügen.

Angesichts der bisher getroffenen Entscheidungen [425] läßt sich dabei mittlerweile der Trend feststellen, daß das Bundesverwaltungsgericht eine solche offenkundig nicht gegebene Unanfechtbarkeit bei Auflagen und Auflagenvorbehalten annimmt. Dementsprechend führt beispielsweise der 11. Senat in seinem Urteil vom 22. 11. 2000, in dem es um die Aufhebung eines Auflagenvorbehaltes geht, aus, daß ein Ausnahmefall des Ausschlusses einer Anfechtungsklage nicht vorliege.[426] Im Ergebnis ist daher davon auszugehen, daß das Bundesverwaltungsgericht weiterhin an seiner bisherigen Rechtsprechung der Unanfechtbarkeit unselbständiger Nebenbestimmungen festhält.[427] Aufgrund seiner Offenkundigkeitsprüfung findet auch noch immer eine - wenngleich zumeist stillschweigende - Differenzierung nach der Art des jeweiligen Verwaltungsaktzusatzes im Rahmen der Zulässigkeit einer solchen Anfechtungsklage statt.

In einer Kurzfassung läßt sich der aktuelle Stand der höchstrichterlichen Rechtsprechung zur isolierten Anfechtbarkeit von Inhalts- und Nebenbe-

---

[423] *BVerwGE* 81, 185 (186).
[424] Vgl. den Beschluß des *BVerwG* vom 16. 08. 1995, *BVerwG*, GewArch. 1996, 22 (24).
[425] Vgl. *BVerwGE* 81, 185 (186); Beschluß des *BVerwG* vom 16. 08. 1995, GewArch. 1996, 22 (23), mit Verweis auf *BVerwGE* 88, 348 (349) und *BVerwG*, NVwZ 2001, 429 (429).
[426] *BVerwG*, NVwZ 2001, 429 (429).
[427] A. A. *Sproll*, NJW 2002, 3221 (3222), der aus dem Urteil des 11. Senats vom 22. 11. 2000 die Schlußfolgerung zieht, das *BVerwG* habe sich ohne Einschränkung für die Anfechtung sämtlicher Nebenbestimmung ausgesprochen. Seines Erachtens spricht eine "beispielhafte Hervorhebung" von Auflagen und Auflagenvorbehalten in diesem Urteil dafür, daß das Gericht sämtliche Nebenbestimmungen für isoliert anfechtbar halte. Diese Interpretation bewegt sich allerdings im Bereich der Spekulation, da es im Urteil allein um die Anfechtung eines Auflagenvorbehaltes geht.

stimmungen sowie modifizierenden Auflagen daher wie folgt darstellen: Im Rahmen der Zulässigkeitsprüfung ist zunächst zu untersuchen, ob es sich um eine Inhaltsbestimmung, modifizierende Auflage oder um eine der in § 36 VwVfG genannten Nebenbestimmungen handelt. Liegt eine Inhaltsbestimmung oder eine modifizierende Auflage vor, so entfällt eine isolierte Anfechtbarkeit, und Rechtsschutz kann nur noch mittels einer Verpflichtungsklage erlangt werden. Handelt es sich dagegen um eine Nebenbestimmung im Sinne des § 36 VwVfG, so muß unterschieden werden zwischen den selbständigen und den unselbständigen Nebenbestimmungen. Letztere gelten als untrennbare Bestandteile der Hauptregelung und sind daher nicht isoliert anfechtbar, während gegen Auflagen und Auflagenvorbehalte die isolierte Anfechtungsklage grundsätzlich statthaft ist, es sei denn, es handelt sich um einen Fall, in dem die isolierte Aufhebung offenkundig ausscheidet.

Eine hiernach statthafte Anfechtungsklage ist jedoch nur begründet, wenn die rechtswidrige (selbständige) Nebenbestimmung gesondert aufhebbar, d. h. von der Restregelung abteilbar ist. Eine solche Teilbarkeit hängt nach dem derzeitigen Stand der Rechtsprechung allein von der Frage ab, ob nach Aufhebung der strittigen Nebenbestimmung der verbleibende Rest-Verwaltungsakt in *sinnvoller- und rechtmäßiger Weise* fortbestehen kann.[428]

---

[428] *BVerwGE* 81, 185 (186); *BVerwG*, NVwZ 1984, 366 (367).

D. Die Grundpositionen in der Literatur

Die in der Literatur zahlreich vorzufindenden Stellungnahmen und Ansichten zum Rechtsschutz gegen Inhalts- und Nebenbestimmungen sind einer strikt systematischen Aufarbeitung nur äußerst schwer zugänglich. Gleichwohl ist es für ein besseres Verständnis, für die Erarbeitung eines eigenen Lösungsweges und insbesondere für eine klare Einordnung der im Zusammenhang mit der gesonderten Anfechtung von Inhalts- und Nebenbestimmungen auftretenden Sachprobleme von Vorteil, sich bereits an dieser Stelle einen kurzen Überblick über die im Schrifttum angebotenen Lösungswege zu verschaffen, ohne zugleich deren unterschiedliche Begründungsansätze einer kritischen Analyse unterziehen zu müssen.[429] Interessant sind die in der Literatur vorgeschlagenen Lösungswege vor allen Dingen deshalb, weil sie Rückschlüsse auf die prozessuale Feinstruktur einer Anfechtungsklage gegen Verwaltungsaktzusätze ermöglichen, also Auskunft darüber geben, ob eine Teilanfechtungsklage oder aber eine Gesamt- bzw. Vollanfechtung des jeweiligen Verwaltungsaktzusatzes in Betracht zu ziehen ist.

Der Grund für das weit gefächerte und mittlerweile nahezu unüberschaubare Meinungsspektrum in der Literatur liegt darin, daß die Thematik nicht nur die Berücksichtigung prozessualer Gesichtspunkte erforderlich macht, sondern auch materiell-rechtliche Aspekte mit einzubeziehen sind. Verzichtet man aber aus Gründen der Übersichtlichkeit auf eine detaillierte Aufbereitung der Literatur mit allen ihren speziellen Abweichungen und Nuancen und lenkt das Hauptaugenmerk auf die Leitlinien, so lassen sich die folgenden vier Grundpositionen ausmachen.

I. *Zulässigkeit der Anfechtungsklage nur bei selbständigen Nebenbestimmungen (Unterscheidung nach der Art des Verwaltungsaktzusatzes)*

In Anlehnung an die ursprünglich vom Bundesverwaltungsgericht vertretene Auffassung [430] sieht eine in der Literatur vor allem früher, aber

---

[429] Ein begleitender Überblick über die in der Literatur vorzufindenden Grundpositionen findet sich in Anhang III dieser Arbeit.
[430] Vgl. oben die Entwicklungsphase 1a (S. 70 f.). Die darin gemachten Ausfüh-

auch in jüngster Zeit wieder vertretene Grundposition den entscheidenden Gesichtspunkt für den zu wählenden Rechtsschutz in der *Art des jeweiligen Verwaltungsaktzusatzes*.[431] Dementsprechend wird Rechtsschutz gegenüber den *unselbständigen* Nebenbestimmungen nur in Form einer Verpflichtungsklage zugelassen, da es sich bei diesen um "integrale" (bzw. "integrierte", oder "integrierende") Bestandteile der Hauptregelung handle.[432] Die *selbständigen* Nebenbestimmungen könnten hingegen einer gesonderten rechtlichen Beurteilung unterzogen werden und seien daher auch selbständig anfechtbar und aufhebbar.[433] Weitgehende Einigkeit besteht unter den Anhängern dieser Grundposition zudem darüber, daß Rechtsschutz gegen sog. modifizierende Auflagen - unabhängig davon, ob man diese nun als modifizierende Gewährung oder als Inhaltsbestimmung einstuft - ebenfalls nur in Form einer Verpflichtungsklage erlangt werden kann.[434]

---

rungen stimmen im wesentlichen mit dieser Grundposition überein.

[431] *Eyermann/Happ*, VwGO, § 42 Rn. 51; *Pietzcker*, NVwZ, 1995, 15 f. (20); *Störmer*, DVBl. 1996, 81 f. (89); *ders.* in NWVBl. 1996, 169 f. (177) ; *Schmidt*, NVwZ 1996, 1188 f.(1189); ebenso *Achterberg*, Allg. VerwR-Lehrbuch, § 21 Rn. 164; *Bosch/ Schmidt*, § 24 II (S.127-131); *Frotscher*, Rn. 188; *Gern/Wachenheim*, JuS 1980, 276 (278); *Götz*, Allg. VerwR, S. 152; *P. Stelkens/U. Stelkens*, in: *Stelkens/Bonk/Sachs*, VwVfG, § 36 Rn. 82 f.(insbesondere Rn. 96-99); *Stelkens*, NVwZ 1985, 469 f. (471); *Weides*, S. 188 f.; *Axer*, Jura 2001, 748 (752); dahin tendierend auch *Stern*, § 4 III Rn. 196.

[432] Vgl. *Pietzcker*, NVwZ 1995, 15 (16). Im Ergebnis ebenso: *Eyermann/Happ*, VwGO, § 42 Rn. 49; *Störmer*, NWVBl. 1996, 169 (177); *Achterberg*, Allg. VerwR-Lehrbuch, § 21 Rn. 164; *ders.*, Allg. VerwR, S. 106; *Schmidt*, NVwZ 1996, 1188 (1188). Kritisch zu dem sprachlich unpräzisen Begriff des *integrierenden* Bestandteils, *Brenner*, JuS 1996, 281 (284; dort Fn. 33) sowie *Schneider*, S. 128.

[433] Zumeist wird dies damit begründet, daß die Auflage oder der Auflagenvorbehalt selbständige Verwaltungsakte im Sinne des § 35 VwVfG darstellten. Vgl. etwa *Stelkens*, NVwZ 1985, 469 (470); *Störmer*, DVBl. 1996, 81 (83 und 84); *Weides*, S. 188; *Götz*, Allg. VerwR, S. 154 und S. 155; *Achterberg*, Allg. VerwR-Lehrbuch, § 21 Rn. 164; *Frotscher*, Rn. 188. Die Frage nach der Verwaltungsaktqualität offenlassend, eine selbständige Anfechtbarkeit dennoch bejahend: *Ehlers*, VerwArch. 67, 1976, 369 f. (371; dort Fn. 11) und *Pietzcker*, in: *Schoch/Schmidt-Aßmann/ Pietzner*, VwGO, § 42 Abs. 1 Rn. 132.

[434] *Störmer*, DVBl. 1996, 81 (86); *Schmidt*, NVwZ 1996, 1188 (1188); *Gern/Wachenheim*, JuS 1980, 276 (279); *Eyermann/Happ*, VwGO, § 42 Rn. 42-44; *Pietzcker*, in: *Schoch/ Schmidt-Aßmann/Pietzner*, VwGO, § 42 Abs. 1 Rn. 137.

Die hiernach für die Zulässigkeit einer selbständigen Anfechtungsklage entscheidende Differenzierung nach der Art des jeweiligen Verwaltungsaktzusatzes verdeutlicht, daß die Anhänger dieser Grundposition die Frage der gesonderten Anfechtbarkeit von Inhalts- und Nebenbestimmungen als eine Frage der (Un-)Zulässigkeit einer Anfechtungsklage auffassen. Mit dem Argument, daß die Auflage und der Auflagenvorbehalt aufgrund ihrer Rechtsnatur einer eigenen rechtlichen Beurteilung zugänglich seien, begreift die Mehrheit dieser Anhänger zudem die Anfechtung in prozessualer Hinsicht nicht als eine *Teilanfechtung* [435] im Sinne des § 113 I 1 VwGO, sondern sieht in ihr eine Gesamt- bzw. Vollanfechtung der strittigen Nebenbestimmung.[436] Prozessual geht es hier also um die Alternative von Anfechtungs- oder Verpflichtungsklage.[437] Teilbarkeitsaspekte, wie zum Beispiel ein gegen die Aufhebung von Nebenbestimmungen gerichteter *Behördenwille* bzw. ein etwaiger *Ermessensspielraum* der Behörde oder eine mögliche *Rechtswidrigkeit der verbleibenden Restregelung*, spielen naturgemäß eine untergeordnete Rolle und werden zumeist nur auf materiell-rechtlicher Ebene im Rahmen der Begründetheit diskutiert. Größtenteils werden diese Teilbarkeitskriterien auch hier abgelehnt, da den Behörden in derartigen Fällen verschiedene Beseitigungsmöglichkeiten zustünden, um unerwünschte Ergebnisse vermeiden bzw. kompensieren zu können.[438]

---

[435] Näher zur prozessualen Konstruktion einer *Teilanfechtung* unten S. 134 f.

[436] *Störmer*, NWVBl. 1996, 169 (174); *Eyermann/Happ*, VwGO, § 42 Rn. 47; *Pietzcker*, in: *Schoch/Schmidt-Aßmann/Pietzner*, VwGO, § 42 Abs. 1 Rn. 10 und Rn. 12; a. A. *Götz*, Allg. VerwR, S. 155, der trotz Bejahung der Verwaltungsaktqualität der Auflage eine an die Teilanfechtung angelehnte *Teilbarkeit* im Rahmen der Begründetheit fordert. Zum Begriff der (un-)echten Teilanfechtung vgl. *Meyer/Borgs*, VwVfG, § 36 Rn. 41-43.

[437] So explizit *Pietzcker*, in: *Schoch/Schmidt-Aßmann/Pietzner*, VwGO, § 42 Abs. 1 Rn. 10 und Rn. 12.

[438] So wird zum Beispiel bei Rechtswidrigkeit der verbleibenden Restregelung häufig für eine behördliche Rücknahmemöglichkeit nach § 48 VwVfG plädiert, vgl. *Giemulla/Jaworsky/Müller-Uri*, VerwR, Rn. 522; *Pietzcker*, NVwZ 1995, 15 (20); *Roser*, BB 1967, 908 (909); *Störmer*, DVBl. 1996, 81 (89). Bei Beeinträchtigung des behördlichen Ermessensspielraums wird vielfach eine behördliche Widerrufsmöglichkeit analog § 49 II Nr. 2 VwVfG [so *Stelkens*, NVwZ 1985, 469 (471)] oder eine Absicherung durch von vornherein angeordnete Auflagen- oder Widerrufsvorbehalte [so *Störmer*, DVBl. 1996, 81 (89)] in Betracht gezogen.

II. Unterscheidung nach der Art des jeweiligen Hauptverwaltungsaktes

Nach einer von großen Teilen der Literatur vertretenen Auffassung handelt es sich bei der Frage der gesonderten Anfechtbarkeit von Inhalts- und Nebenbestimmungen ebenfalls um eine Frage der (Un-)Zulässigkeit einer Anfechtungsklage.[439] Von der zuvor dargestellten Grundposition weicht diese Auffassung aber insofern ab, als sie die gesonderte Anfechtung von Nebenbestimmungen prozessual nicht als eine Vollanfechtung, sondern mehrheitlich als eine *Teilanfechtung* von Verwaltungsakten begreift.[440] Die Möglichkeit einer solchen Teilanfechtung leitet sie dabei überwiegend aus der Vorschrift des § 113 I 1 VwGO ab.[441] Da hiernach ein Verwaltungsakt ("soweit er rechtswidrig ist") teilweise aufgehoben werden könne, müsse man auch eine dementsprechende Teilanfechtung als Voraussetzung der Teilaufhebung zulassen.[442] Die Zulässigkeit einer solchen Teilanfechtungsklage setze allerdings eine entsprechende *Teilbarkeit* des Verwaltungsaktes voraus.[443] Wann eine solche Teilbarkeit vorliegt, wird innerhalb dieser Grundposition allerdings recht unterschiedlich beurteilt.

Einigkeit herrscht zumeist noch darüber, daß eine Teilbarkeit im Falle der modifizierenden Auflage ausscheidet.[444] In Wirklichkeit handle es sich bei einem solchen Zusatz um eine inhaltliche Einschränkung bzw. um eine modifizierende Genehmigung, die den Inhalt der Begünstigung unmittelbar berühre, so daß ihre gesonderte Aufhebung einen Verwal-

---

[439] *Maurer*, Allg. VerwR, § 12 Rn. 31; *Schachel*, S. 167; *Brenner*, JuS 1996, 281 (287); *Assfalg*, BB 1967, 190 (193); *Wolff/Bachof/Stober*, VerwR II, § 47 Rn. 24; *Schmitt Glaeser/Horn*, VerwProzR, Rn. 142; *Faber*, VerwR, § 25 I c (S. 268-271).

[440] *Brenner*, JuS 1996, 281 (286); *Maurer*, Allg. VerwR, § 12 Rn. 25; *Faber*, VerwR, § 25 I c (S. 269). Teilanfechtung allein nur gegenüber der Auflage: *Elster*, S. 319.

[441] *Maurer*, Allg. VerwR, § 12 Rn. 25; *Brenner*, JuS 1996, 281 (286); darüber hinaus auch auf die im Verwaltungsprozeß geltende Dispositionsmaxime abstellend: *Schmitt Glaeser/Horn*, VerwProzR, Rn. 142.

[442] *Maurer*, Allg. VerwR, § 12 Rn. 25; *Schmitt Glaeser/Horn*, VerwProzR, Rn. 142.

[443] *Schmitt Glaeser/Horn*, VerwProzR, Rn. 142; *Brenner*, JuS 1996, 281 (286); *Maurer*, Allg. VerwR, § 12 Rn. 25; *Wolff/Bachof/Stober*, VerwR II, § 47 Rn. 24.

[444] *Brenner*, JuS 1996, 281 (286); *Wolff/Bachof/Stober*, VerwR II, § 47 Rn. 14 und Rn. 29; *Schachel*, Jura 1981, 449 (460); *Maurer*, Allg. VerwR, § 12 Rn. 5, Rn. 16 und Rn. 31.

tungsakt zurückließe, der für sich genommen keinen Sinn mehr machen würde.[445]

Grundsätzlich bejaht wird dagegen die Teilbarkeit bei den in § 36 II Nr. 1-5 VwVfG normierten Nebenbestimmungen, da diese als "zusätzliche Regelungen bzw. Regelungsteile" sachlich ohne weiteres von einem Verwaltungsakt trennbar bzw. teilbar seien.[446] Zu beachten ist aber, daß trotz dieser "grundsätzlichen" prozessualen Gleichbehandlung nicht in allen Fällen auch die für eine Teilanfechtung erforderliche Teilbarkeit bejaht wird. Vielmehr kommt nach dieser Grundposition eine Teilbarkeit zumeist nur bei *gebundenen* Entscheidungen in Betracht [447], wohingegen bei *Ermessensentscheidungen* eine Teilbarkeit und damit die Zulässigkeit einer Teilanfechtung überwiegend abgelehnt wird.[448] Zur Begründung der Annahme von Unteilbarkeit bei Ermessensentscheidungen wird dabei vorwiegend auf eine Mißachtung des Behördenwillens [449] (sog. Willenstheorie) oder allgemein darauf abgestellt, daß in einem solchen Falle die gerichtliche Aufhebung allein der Nebenbestimmung der Behörde eine Entscheidung aufdrängen würde, die sie nicht oder zumindest nicht so habe treffen wollen bzw. müssen.[450]

Vereinzelt wird innerhalb dieser Grundposition von einer solchen Differenzierung nach der *Art des jeweiligen Hauptverwaltungsaktes* abgesehen und für die Zulässigkeit einer Teilanfechtungsklage einzig und allein darauf abgestellt, ob die Behörde die Begünstigung auch ohne die einschränkende Nebenbestimmung anordnen *durfte*.[451] Sei dies der Fall,

---

[445] *Brenner*, JuS 1996, 281 (286). Allgemein zur Rechtsfigur der modifizierenden Auflage vgl. bereits oben S. 59 f.

[446] *Maurer*, Allg. VerwR, § 12 Rn. 25; *Schachel*, S. 162 f. (167); *Brenner*, JuS 1996, 281 (286); a. A. *Elster* (S. 316 und S. 317 sowie S. 320 und S. 321), der eine grundsätzliche Teilbarkeit nur bei der Auflage in Betracht zieht.

[447] *Schachel*, S. 167; *Maurer*, Allg. VerwR, § 12 Rn. 26; ebenso *Faber*, VerwR, § 25 I c (S. 270), der eine Teilbarkeit damit begründet, daß in diesem Falle einem Antragsteller nicht mehr gewährt würde, als er ohnehin verlangen könne.

[448] Zum Teil wird jedoch für den Fall einer *Ermessensreduzierung auf Null* eine Teilbarkeit wiederum bejaht, vgl. *Brenner*, JuS 1996, 281 (287) und *Schachel*, S. 167.

[449] Die Berücksichtigung des Behördenwillens erfolgt dabei entweder in Analogie zu § 139 BGB [vgl. *Assfalg*, BB 1967, 190 (192)] oder in Analogie zu § 44 IV VwVfG [vgl. *Brenner*, JuS 1996, 281(287)].

[450] *Schachel*, S. 166 f. (167); *Maurer*, Allg. VerwR, § 12 Rn. 28 und Rn. 31.

[451] *Wolff/Bachof/Stober*, VerwR II, § 47 Rn. 24; *Schmitt Glaeser/Horn*, VerwProzR, Rn. 142.

d. h. entspreche die verbleibende Restregelung der objektiven Rechtsordnung, so könne eine Teilbarkeit und damit eine gesonderte Anfechtbarkeit der jeweiligen Nebenbestimmung selbst im Falle einer Ermessensentscheidung bejaht werden.[452] Wäre der Verwaltungsakt allerdings ohne die Nebenbestimmung rechtswidrig, wird für eine Verpflichtungsklage plädiert.

III. *Ausnahmslose Statthaftigkeit der Anfechtungsklage*

Nach der im Schrifttum wohl noch immer zahlenmäßig am stärksten vertretenen Grundposition [453] ist gegen alle Nebenbestimmungen im Sinne von § 36 VwVfG die Anfechtungsklage statthaft und zwar in Form einer Teilanfechtung des Gesamtverwaltungsaktes. Die Möglichkeit einer solchen Teilanfechtungsklage wird ebenfalls überwiegend aus der Vorschrift des § 113 I 1 VwGO abgeleitet.[454]

Im Unterschied zu der zuvor dargestellten Grundposition (II) wird jedoch die Zulässigkeit einer Teilanfechtungsklage gegen Nebenbestimmungen *durchweg bzw. ausnahmslos* bejaht. Der Grund hierfür liegt zum einen darin, daß nach dieser Auffassung Nebenbestimmungen stets als objektiv abgrenzbare Teile eines Verwaltungsaktes angesehen werden (sog. Teilbarkeit im logisch-tatsächlichen Sinne), so daß die Art der je-

---

[452] *Schmitt Glaeser/Horn*, VerwProzR, Rn. 142; *Wolff/Bachof/Stober*, VerwR II, § 47 Rn. 24.

[453] *Kopp*, VwGO, § 42 Rn. 17 f. und § 113 Rn. 15 f; *ders.* in VwVfG, § 36 Rn. 46 f.; *ders.* in *Mayer/Kopp*, Allg. VerwR, § 13 IV (S. 225); *ders.* in GewArch. 1970, 97 f. (100); *Meyer/Borgs*, VwVfG, § 36 Rn. 41 f.; *Knack/Henneke*, VwVfG, § 36 Rn. 57; *Erichsen*, in: *Erichsen/Ehlers*, Allg. VerwR, § 15 Rn. 33; *Erichsen*, VerwArch. 66, 1975, 299 f. (311); *Martens*, DVBl. 1965, 428 f. (432); *Kopp/Schenke*, VwGO, § 42 Rn. 22 f.; *ders.* JuS 1983, 182 f. (189); *ders.*, in: VerwProzR, Rn. 287 f.; *Badura*, JuS 1964, 103 f.; *Schneider*, S. 83-182; *Janßen*, in: *Obermayer*, VwVfG, § 36 Rn. 45 f.; *Ule/Laubinger*, Verwaltungsverfahrensrecht, § 50 Rn. 28-29; *Laubinger*, VerwArch. 73, 1982, 345 f. (368); *Hufen*, VerwProzR, § 14 Rn. 55-68; bezüglich der Auflage: *Hoenig*, S. 94 und *Lange*, AöR 102, 1977, 337 f. (369).

[454] So etwa *Schenke*, JuS 1983, 182 (184); *Hufen*, VerwProzR, § 14 Rn. 61. Die Möglichkeit einer solchen Teilanfechtung wird innerhalb dieser Grundposition mitunter jedoch noch recht unterschiedlich konstruiert, vgl. etwa die unterschiedlichen Ansätze bei *Badura*, JuS 1964, 103 (103); *Erichsen*, VerwArch. 66, 1975, 299 f. (300); *Meyer/Borgs*, VwVfG, § 36 Rn. 42-43 und *Schneider*, S. 112.

weiligen Nebenbestimmung für die Zulässigkeit einer gesonderten Anfechtungsklage keine Rolle mehr spielt.[455] Zum anderen werden Teilbarkeitskriterien wie etwa die Art des jeweiligen Hauptverwaltungsaktes (gebundene oder Ermessensentscheidung), ein gegen die Aufhebung der Nebenbestimmung gerichteter Behördenwille oder die Rechtmäßigkeit der verbleibenden Restregelung nicht als Kriterien für oder gegen die Zulässigkeit einer Teilanfechtungsklage herangezogen, sondern - wenn überhaupt - ausschließlich der materiellen Teilbarkeit, d. h. der Begründetheit einer (Teil-)Anfechtungsklage zugeordnet.[456]

Die Frage, unter welchen Voraussetzungen eine derartige materielle Teilbarkeit, d. h. die *Teilaufhebung* von Nebenbestimmungen möglich ist, wird sehr unterschiedlich beantwortet. Im wesentlichen lassen sich die hierzu vertretenen Ansichten in zwei größere Untergruppen aufteilen.

Auf der einen Seite formieren sich dabei alle diejenigen Autoren zu einer Untergruppe, die eine Differenzierung nach den soeben angesprochenen Teilbarkeitskriterien ablehnen und damit für eine *unbegrenzte* Teilaufhebung von Nebenbestimmungen eintreten, sofern nur die jeweilige Nebenbestimmung rechtswidrig ist und den Kläger in seinen Rechten verletzt.[457] Begründet wird diese im Ergebnis sehr weitreichende Rechtsauffassung vor allen Dingen damit, daß den Behörden in derartigen Fällen hinreichende Reaktionsmöglichkeiten zustünden, um unerwünschten Ergebnissen, wie etwa einer nach der Teilaufhebung einer Nebenbestimmung verbleibenden Rechtswidrigkeit des Rest-Verwaltungsaktes, entgegenwirken zu können.[458]

---

[455] *Erichsen*, in: *Erichsen/Ehlers*, Allg. VerwR, § 15 Rn. 33; *Kopp*, VwVfG, § 36 Rn. 46; *Kopp/Schenke*, VwGO, § 42 Rn. 22 f. In diesem Zusammenhang wird daher auch von der Wesensgleichheit aller Nebenbestimmungen gesprochen, vgl. *Janßen*, in: *Obermayer*, VwVfG, § 36 Rn. 48.

[456] *Kopp*, VwGO § 42 Rn. 18; ders. in VwVfG, § 36 Rn. 46; ebenso *Kopp/Schenke*, VwGO, § 42 Rn. 22; *Schenke*, JuS 1983, 182 f. (184); *Meyer/Borgs*, VwVfG, § 36 Rn. 44; *Knack/Henneke*, VwVfG, § 36 Rn. 57.

[457] *Hufen*, VerwProzR, § 14 Rn. 55-68; *Janßen*, in: *Obermayer*, VwVfG, § 36 Rn. 49; *Ule/Laubinger*, VerwaltungsverfahrensR, § 51 Rn. 29; *Laubinger*, VerwArch. 73, 1982, 345 f. (361 f.); für die Auflage: *Hoenig*, S. 83 und S. 93.

[458] So halten beispielsweise *Janßen* (in: *Obermayer*, VwVfG, § 36 Rn. 50) und *Hufen* (VerwProzR, § 14 Rn. 66) für den Fall einer rechtswidrig verbleibenden Restregelung eine behördliche Rücknahme nach § 48 VwVfG für möglich. Im Falle einer einheitlichen Ermessensentscheidung wird hingegen häufig auf die Möglichkeit eines behördlichen Widerrufs analog § 49 II Nr. 2 VwVfG verwiesen, vgl. *Hufen*,

Auf der anderen Seite lassen sich alle diejenigen Autoren zu einer Untergruppe zusammenfassen, die zwar ebenfalls eine (Teil-)Anfechtungsklage gegen Nebenbestimmungen für ausnahmslos zulässig erachten, aber im Rahmen der Begründetheit einer solchen Klage nur für eine *begrenzte* Aufhebbarkeit von Nebenbestimmungen eintreten.[459] Eingeschränkt wird die Möglichkeit der Teilaufhebung dabei im wesentlichen nach Maßgabe der bereits in der vorherigen Grundposition (II) dargestellten Teilbarkeitskriterien. Schwerpunktmäßig kommt es also auch hier wiederum entscheidend auf die Art des jeweiligen Hauptverwaltungsaktes [460], auf einen etwaigen gegen eine Teilaufhebung gerichteten Behördenwillen [461] oder auf die Rechtmäßigkeit der verbleibenden Restregelung [462] an. Im Unterschied zu der bereits zuvor dargestellten Grundposition (II) werden diese Kriterien diesmal jedoch nicht zur Begründung der (Un-)Zulässigkeit einer Teilanfechtungsklage, sondern allein zur Ablehnung oder Bejahung einer *Teilaufhebung* herangezogen. Innerhalb dieser Grundposition wird die Frage der Zulässigkeit einer (Teil-)Anfechtungsklage gegen modifizierende Auflagen unabhängig davon, ob diese Rechtsfigur als modifizierende Gewährung [463] oder als selbständiges Rechtsinstitut [464] charakterisiert wird, mehrheitlich ver-

---

VerwProzR, § 14 Rn. 65 sowie *Laubinger*, VerwArch. 73, 1982, 345 f. (364 und 368), der dabei nach Maßgabe des § 44 IV VwVfG eine Rücknahmemöglichkeit zusätzlich davon abhängig macht, ob eine sachgerecht handelnde Behörde die Begünstigung auch ohne die Nebenbestimmung gewährt hätte.

[459] *Kopp*, VwVfG, § 36 Rn. 46 f.; *ders.*, in VwGO, § 42 Rn. 17 f. und § 113 Rn. 15 f.; *ders.*, in: *Mayer/Kopp*, Allg. VerwR, § 13 IV; *Kopp*, in: GewArch. 1970, 97 f. (100); *Knack/Henneke*, VwVfG, § 36 Rn. 57; *Kopp/Schenke*, VwGO, § 42 Rn. 22 f.; *Schenke*, VerwProzR, Rn. 287 f.; *ders.*, in: JuS 1983, 182 f. (189); *Erichsen*, in: *Erichsen/Ehlers*, Allg. VerwR, § 15 Rn. 33; *Erichsen*, VerwArch. 66, 1975, 299 f. (311); *ders.*, in: Jura 1990, 214 f. (217); *Meyer/Borgs*, VwVfG, § 36 Rn. 41-48; *Badura*, JuS 1964, 103 f. (107); *Schneider*, S. 83-182; für die Auflage: *Lange*, AöR 102, 1977, 337 f. (369).

[460] Abgelehnt wird bei dieser Differenzierung zumeist die Möglichkeit einer Teilaufhebung im Falle einer einheitlichen Ermessensentscheidung, vgl. *Schenke*, JuS 1983, 182 (185); *ders.*, VerwProzR, Rn. 299; *Meyer/Borgs*, VwVfG, § 36 Rn. 47; *Kopp*, VwVfG, § 36 Rn. 46; *Knack/Henneke*, VwVfG, § 36 Rn. 57; *Schneider*, S. 161-171.

[461] *Badura*, JuS 1964, 103 (103).

[462] *Schenke*, JuS 1983, 182 (185); *Martens*, DVBl. 1965, 428 (431); *Erichsen*, in: *Erichsen/Ehlers*, Allg. VerwR, § 15 Rn. 33; *Erichsen*, VerwArch. 66, 1975, 299 (311); für die Auflage: *Lange*, AöR 102, 1977, 337 (350).

[463] *Lange*, AöR 102, 1977, 337 (345 und 346); *Meyer/Borgs*, VwVfG, § 36 Rn. 20.

[464] *Knack/Henneke*, VwVfG, § 36 Rn. 48.

neint.[465] Nur vereinzelt gibt es Stimmen, die eine (Teil-)Anfechtung und eine (Teil-)Aufhebung auch von modifizierenden Auflagen und vergleichbaren inhaltlichen Veränderungen eines Verwaltungsaktes nicht mehr ausschließen wollen, da sie der Ansicht sind, daß man auch diese Zusätze als "Teile eines Verwaltungsaktes" qualifizieren könne.[466]

IV. *Ausnahmslose Statthaftigkeit der Verpflichtungsklage*

Nach einer in der Literatur nur vereinzelt vorzufindenden Grundposition soll Rechtsschutz gegenüber Nebenbestimmungen *stets* nur in Form einer Verpflichtungsklage, die auf den Erlaß einer nicht bzw. weniger eingeschränkten Vergünstigung gerichtet ist, möglich sein.[467] Maßgebend für die alleinige Zulassung der Verpflichtungsklage soll dabei das *eigentliche Klagebegehren* des Klägers sein.[468] Dieses sei, da die Behörde letztlich mit der Beifügung einer Nebenbestimmung dem klägerischen Antrag im Ergebnis nur mit einer inhaltlichen Einschränkung entspreche, stets auf die Erweiterung der eigenen Rechtsposition bzw. auf die Erlangung eines "Mehr" an Genehmigung in der Form eines neuen Verwaltungsaktes ohne Nebenbestimmung gerichtet.[469] Nach dem Rechtsschutzsystem der VwGO stehe dem Kläger für die Verfolgung eines solchen Klageziels ausschließlich die Verpflichtungsklage zur Verfügung.[470]

---

[465] *Lange*, AöR 102, 1977, 337 (346); *Meyer/Borgs*, VwVfG, § 36 Rn. 6 und Rn. 20; *Knack/Henneke*, VwVfG, § 36 Rn. 48.
[466] So, unter Aufgabe seiner früher vertretenen Auffassung, *Schenke*, VerwProzR, Rn. 301. Ebenso *Kopp*, VwGO, § 42 Rn. 18 a, der dabei die Rechtsfigur der modifizierenden Auflage als "inhaltliche Beschränkung" auffaßt, vgl. auch *Kopp*, VwVfG, § 36 Rn. 38.
[467] Für eine Einheitslösung über die Verpflichtungsklage: *Fehn*, DÖV 1988, 202 (211); *Stadie*, DVBl. 1991, 613 (616) und *Eyermann/Fröhler*, VwGO, 9. A. 1988, Anh. § 42 Rn. 1-16. Abweichend jetzt: *Eyermann/Happ*, VwGO, 11. A. 2000, § 42 Rn. 40-51.
[468] Vgl. *Stadie*, DVBl. 1991, 613 (614); *Eyermann/Fröhler*, VwGO, 9. A., Anh. § 42 Rn. 3 und *Fehn*, DÖV 1988, 202 (208), die allesamt für die Ermittlung der richtigen Klageart entscheidend auf das Rechtsanliegen des Klägers abstellen.
[469] *Eyermann/Fröhler*, VwGO, 9. A., Anh. § 42 Rn. 4; *Stadie*, DVBl. 1991, 613 (614); *Fehn*, DÖV 1988, 202 (208).
[470] *Stadie*, DVBl. 1991, 613 (616). Im Ergebnis ebenso: *Eyermann/Fröhler*, VwGO, 9. A., Anh. § 42 Rn. 3; *Fehn*, DÖV 1988, 202 (208).

Zwar wird innerhalb dieser Grundposition eingeräumt, daß der Kläger sein Klageziel ebenso mittels einer Anfechtungsklage erreichen könnte, weil mit der Aufhebung der Einschränkung dem Recht des Klägers entsprochen würde; da damit aber zugleich auch in "materieller" Hinsicht eine Erweiterung der klägerischen Rechtsposition einträte, handelte es sich bei einer solchen Klage nur rein "formal" um eine kassatorische Entscheidung.[471] Im Ergebnis sei daher nur die Verpflichtungsklage, nicht aber auch die Anfechtungsklage der richtige Rechtsbehelf.[472]

Darüber hinaus stellte die Zulassung einer gesonderten Anfechtungsklage das Rechtsschutzsystem der VwGO "auf den Kopf", denn die aufschiebende Wirkung einer solchen Klage beschränkte sich allein auf die jeweilige Nebenbestimmung. Der Kläger könnte so in den vorläufigen Genuß einer uneingeschränkten Vergünstigung kommen, obgleich die Beifügung des jeweiligen Verwaltungsaktszusatzes zeige, daß die Behörde eine solche uneingeschränkte Begünstigung gerade nicht habe erteilen wollen.[473] Diese inakzeptable Begleiterscheinung lasse sich allein im Wege einer "Einheitslösung" (Verpflichtungsklage) vermeiden, denn nach richtiger Auffassung beziehe sich die aufschiebende Wirkung der in einer Verpflichtungsklage enthaltenen *unselbständigen Anfechtungsklage* nur auf die Ablehnung der Vollgewährung, nicht aber auch auf die bereits gewährte (eingeschränkte) Vergünstigung und vor allem nicht auf die Nebenbestimmung.[474] Deshalb könne der Verpflichtungskläger zwar bereits während des Prozesses von seiner Vergünstigung Gebrauch machen, müsse dabei aber die dem Verwaltungsakt beigefügte Nebenbestimmung beachten.[475]

Von diesem dogmatischen Standpunkt aus betrachtet ist es verständlich, daß für die Anhänger dieser Grundposition die häufig diffizilen

---

[471] *Eyermann/Fröhler*, VwGO, 9. A., Anh. § 42 Rn. 4 a. E.

[472] *Eyermann/Fröhler*, VwGO, 9. A., Anh. § 42 Rn. 4 a. E.

[473] Die zum Teil in der Literatur vertretene Auffassung, wonach der Suspensiveffekt einer solchen Anfechtungsklage auch die Begünstigung erfasse, lehnt *Stadie*, DVBl. 1991, 613 (615; dort Fn. 19), explizit ab, da sie mit der Vorschrift des § 80 VwGO nicht zu vereinbaren sei. Im Ergebnis ebenso *Fehn*, DÖV 1988, 202 (210).

[474] *Eyermann/Fröhler*, VwGO, 9. A., Anh. § 42 Rn. 4; *Fehn*, DÖV 1988, 202 (208, 209 und 210). Im Ergebnis ebenso, jedoch nicht dieser Grundposition folgend: *Dolde*, NJW 1979, 889 (899); *Schoch*, S. 1111 und S. 1112; *Pietzcker*, NVwZ 1995, 15 (20); a. A. *Schneider*, S. 182; *Schachel*, S. 168; *Kopp*, GewArch. 1970, 97 (98).

[475] *Eyermann/Fröhler*, VwGO, 9. A., Anh. § 42 Rn. 4; *Fehn*, DÖV 1988, 202 (208).

Unterscheidungen hinsichtlich der Teilbarkeit von Hauptregelung und Verwaltungsaktzusatz [476] bzw. Differenzierungen wie zum Beispiel nach der Art der jeweiligen Nebenbestimmung [477] oder nach dem Charakter des jeweiligen Hauptverwaltungsaktes [478] prüfungstechnisch irrelevant sind. Derartige Differenzierungen können ohnehin nur dann geboten sein, wenn man die gesonderte Anfechtung von Nebenbestimmungen nicht von vorneherein ablehnt.

Soweit innerhalb dieser Grundposition auch ausdrücklich Stellung zur gesonderten Anfechtbarkeit von modifizierenden Auflagen oder Inhaltsbestimmungen genommen wird, so wird eine solche ebenfalls abgelehnt, da auch in diesen Fällen der Kläger ein "Mehr" an Genehmigung begehre und somit auch hier Rechtsschutz nur in Form der Verpflichtungsklage in Betracht komme.[479]

---

[476] Gegen ein solches Kriterium wendet sich *Fehn*, DÖV 1988, 202 (209 und 210).
[477] Dagegen *Stadie*, DVBl. 1991, 613 (616) und *Eyermann/Fröhler*, VwGO, 9. A., Anh. § 42 Rn. 3 a. E.
[478] Gegen eine solche Differenzierung: *Stadie*, DVBl. 1991, 613 (616).
[479] Vgl. *Stadie*, DVBl. 1991, 613 (615).

E. Lösungsvorschlag

I. Vorbemerkung

Die in der Literatur entwickelten Lösungsvorschläge zeigen, daß die mit der gesonderten Anfechtung von Inhalts- und Nebenbestimmungen auftretenden Sachprobleme in systematischer bzw. prüfungstechnischer Hinsicht ganz unterschiedliche Zuordnungen erfordern. Besonders deutlich wird dies im Falle der in verschiedenen Variationen auftretenden Teilbarkeitskriterien, die einerseits als Zulässigkeits-, andererseits aber auch als Begründetheitsmerkmale einer gesonderten Anfechtungsklage eingestuft werden.[480]
Der Grund für diese unterschiedlichen Zuordnungen liegt zumeist in der Verknüpfung des materiellen Rechts mit prozeßrechtlichen Aspekten, insbesondere aber auch in der Konstruktion und Ausgestaltung der jeweils gewählten Klageart. Angesichts dieser Zuordnungsproblematik kann es im Interesse der Ermittlung eines pragmatischen Lösungsweges nur von Vorteil sein, die mit der gesonderten Anfechtung von Inhalts- und Nebenbestimmungen auftretenden Sachfragen im Rahmen des Prüfungsaufbaus einer Anfechtungsklage zu thematisieren. Sicherlich vermag diese Vorgehensweise die auftretenden Sachprobleme nicht zu beseitigen. Sie hilft aber zumindest, die relevanten Streitfragen an der richtigen Stelle zu verankern. Soweit als möglich sollen daher im folgenden die mit der gesonderten Anfechtung von Inhalts- und Nebenbestimmungen verbundenen Streitpunkte Schritt für Schritt innerhalb des Prüfungsaufbaus einer Anfechtungsklage abgehandelt werden.

---

[480] Vgl. hierzu zum Beispiel die in der Literatur vertretenen Grundpositionen oben unter D. II. (S. 105 f.) und III. (S. 107 f.).

II. Die Statthaftigkeit der Anfechtungsklage

1. Das Klagebegehren und die Wahl der richtigen Klageart

Wendet sich ein Kläger gegen die einem Verwaltungsakt beigefügte Inhalts- oder Nebenbestimmung, so stellt sich bei der Prüfung der Statthaftigkeit jedweder verwaltungsgerichtlichen Klage zunächst einmal die Frage, welches Ziel der Kläger mit seiner Klage verfolgt. Steht das Klageziel fest, ist sodann der weiteren Frage nachzugehen, mit welcher Rechtsschutzform ein solches Begehren in zulässiger Weise verfolgt werden kann, d. h., ob es sich bei der vom Kläger gewählten Rechtsschutzform überhaupt um die *richtige Klageart* handelt.[481] Die Wahl der richtigen Klageart wird also insofern durch das Begehren des Klägers bestimmt.[482]

Das Klagebegehren darf dabei nicht mit dem geltend gemachten materiell-rechtlichen Anspruch verwechselt werden. Entscheidend ist, was der Kläger *in der Sache* erreichen will und nicht etwa, welche Rechtsansprüche er im einzelnen geltend macht.[483] Den gesetzlichen Maßstab zur Beantwortung der Frage, ob der Kläger tatsächlich gesondert mit einer Anfechtungsklage gegen den jeweiligen Verwaltungsaktzusatz vorgehen will, liefert dabei § 42 I 1. Alt. VwGO. Hiernach ist eine Anfechtungsklage statthaft, wenn der Kläger die *Aufhebung* eines Verwaltungsaktes *begehrt*. Eine Anfechtungsklage kann folglich - zunächst unabhängig von der Frage, ob Inhalts- oder Nebenbestimmungen Verwaltungsakte im Sinne des § 35 S. 1 VwVfG darstellen - nur dann als taugliche Rechtsschutzform in Betracht gezogen werden, wenn das gegen Inhalts- oder Nebenbestimmungen gerichtete Begehren des Klägers tatsächlich auf die Aufhebung bzw. Kassation des jeweils in Streit befindlichen Verwaltungsaktzusatzes abzielt. Entscheidend für die Bejahung

---

[481] Die Frage nach der *richtigen Klageart* stellt zwar auf der Basis der verwaltungsrechtlichen Generalklausel und im Hinblick auf die verfassungsrechtliche Rechtsschutzgarantie des Art. 19 IV GG grundsätzlich keine Zulässigkeitsvoraussetzung dar, gleichwohl muß sie aber zwingend in die Zulässigkeitsprüfung miteinbezogen werden, da durch sie letztlich die einschlägigen Sachentscheidungsvoraussetzungen der Klage bestimmt werden; näher hierzu *Schenke*, VerwProzR, Rn. 64 und *Kopp/Schenke*, VwGO, Vorb § 40 Rn. 17.
[482] Insofern zutreffend *Störmer*, DVBl. 1996, 81 (82).
[483] *Kuntze*, in: *Bader*, VwGO, § 88 Rn. 6.

der Statthaftigkeit einer jeden Anfechtungsklage ist also zunächst einmal das Vorliegen eines sog. *Kassationsbegehrens.* Wie bereits oben dargelegt, wird allerdings gerade ein solches Kassationsbegehren von denjenigen Anhängern, die Rechtsschutz gegen Inhalts- und Nebenbestimmungen stets nur in Form einer Verpflichtungsklage zulassen wollen, in Abrede gestellt.[484] Logisch vorrangig drängt sich daher an dieser Stelle die Frage auf, ob das für die Statthaftigkeit einer Anfechtungsklage erforderliche klägerische Aufhebungsbegehren beim Vorgehen gegen Inhalts- und Nebenbestimmungen verneint werden muß, weil der Kläger angeblich ein "Mehr" an Genehmigung nur über eine Verpflichtungsklage erstreiten kann, nicht aber auch über eine Anfechtungsklage.

a.) Die Vorzüge eines Verpflichtungsbegehrens

Aus prüfungstechnischer Sicht sind die Konsequenzen und Vorzüge, die eine Bejahung eines Verpflichtungsbegehrens mit sich brächte, evident. Rechtsschutz gegen Inhalts- und Nebenbestimmungen wäre in diesem Falle ausschließlich in Form einer Verpflichtungsklage zu gewähren. Mit der alleinigen Zulassung der Verpflichtungsklage würden sich dann die im Zusammenhang mit einer gesonderten Anfechtungsklage zahlreich auftretenden Sachfragen, insbesondere die Frage der Teilbarkeit zwischen Begünstigung und Verwaltungsaktzusatz, von vornherein erst gar nicht stellen.[485]

Auch das Problem des Suspensiveffekts ließe sich auf dem Wege einer Verpflichtungsklage elegant umgehen, sofern man mit den Anhängern der Einheitslösung der Auffassung ist, daß sich die in der Verpflichtungsklage enthaltene *unselbständige Anfechtungsklage* allein auf die Versagung der Vollgewährung, nicht aber auch auf die bereits gewährte Teilgewährung bezieht. Im Ergebnis hieße dies nämlich nichts anderes, als daß ein Verpflichtungskläger nicht daran gehindert werden könnte, während des verwaltungsgerichtlichen Verfahrens von seiner - wenn

---

[484] Vgl. oben die unter D. IV. (S. 110 f.) angeführte Grundposition.
[485] Konsequenterweise lehnen daher auch die Anhänger einer Einheitslösung über die Verpflichtungsklage sämtliche Teilbarkeitskriterien ab; vgl. hierzu bereits oben D. IV. (S. 110 f.).

auch mit Verwaltungsaktzusätzen versehen - Vergünstigung Gebrauch zu machen.[486] Ein Kläger könnte also selbst im Falle der Klageabweisung seine bereits erteilte Vergünstigung behalten, da die gleichzeitig erhobene unselbständige Anfechtungsklage die bereits erteilte (Teil-)Gewährung völlig unberührt ließe.

Klärungsbedürftig verbliebe nach diesem Lösungsweg allein das Verhältnis zwischen der bereits bestehenden Verwaltungsentscheidung und einer nachträglich neuen Verwaltungsentscheidung, zu der die Behörde durch ein Urteil verpflichtet wurde. Obgleich somit der Weg einer Einheitslösung über die Verpflichtungsklage häufig pragmatische Problemlösungen ermöglicht, stößt er in der Literatur auf heftige Kritik.[487]

b.) Einwände gegen den Vorrang der Verpflichtungsklage

Die Hauptkritik, die sich gegen einen generellen Vorrang der Verpflichtungsklage wendet, sieht eine Einheitslösung über die Verpflichtungsklage bereits von ihrem gedanklichen und systematischen Ansatz her als verfehlt an. Der Kläger erlange zwar im Falle eines erfolgreichen Vorgehens gegen einen seine subjektiven Rechte beeinträchtigenden Verwaltungsaktzusatz in der Tat eine Erweiterung seiner bisherigen Rechtsposition. Allein dieser Umstand rechtfertige aber noch nicht die Annahme, der Kläger könne Rechtsschutz nur über eine Verpflichtungsklage erlangen.[488] Man dürfe in diesem Zusammenhang nicht übersehen, daß auch eine *(Teil-)Anfechtungsklage* im Falle ihres Klageerfolges letztlich *stets* zu einer Erweiterung des rechtswidrig eingeschränkten Status des Klägers bzw. zu einem "Mehr an Freiheit" führe.[489]
Diese Sichtweise werde beispielsweise für den Fall bestätigt, daß sich ein Kläger mit einer Anfechtungsklage gegen einen behördlichen Widerruf

---

[486] Vgl. hierzu auch die Vertreter dieser Grundposition oben unter D. IV. (S. 110 f.).
[487] Vgl. *Störmer*, DVBl. 1996, 81 (82); *Schenke*, JuS 1983, 182 (184); *ders.*, WiVerw. 1982, 142 (150 und 151); *Pietzcker*, NVwZ 1995, 15 (18); *Pietzcker*, in: *Schoch/Schmidt-Aßmann/Pietzner*, VwGO, § 42 Abs. 1 Rn. 131; *Hufen*, VerwProzR, § 14 Rn. 58; *Kopp*, GewArch. 1970, 97 (98); *Hoenig*, S. 29-36.
[488] *Schenke*, JuS 1983, 182 (184); *ders.* WiVerw. 1982, 142 (150); *Störmer*, DVBl. 1996, 81 (82); hinsichtlich der Auflage: *Hoenig*, S. 33.
[489] *Schenke*, JuS 1983, 182 (184); *Hoenig*, S. 33; *Erichsen*, VerwArch. 66, 1975, 299 (302); *Schneider*, S. 105.

oder eine behördliche Rücknahme seiner Genehmigung, die zunächst das Erlöschen derselben bewirkte, zur Wehr setze. Habe eine solche nach unbestrittener Auffassung zulässige Anfechtungsklage Erfolg, so lebe die vorher als erloschen geltende Genehmigung wieder auf. Gerade dies zeige, daß ein Kläger auch mittels einer Anfechtungsklage eine Erweiterung seiner zunächst verkürzten oder entzogenen Rechtsposition erreichen könne.[490] Gleiches gelte aber auch für den Rechtsschutz gegen Nebenbestimmungen. Werde beispielsweise eine zunächst uneingeschränkt gewährte Begünstigung nachträglich durch eine rechtswidrige Nebenbestimmung eingeschränkt, so führe auch hier die Anfechtungsklage gegen die im nachhinein statuierte Nebenbestimmung zu einer Erweiterung des Rechtskreises des Klägers, da dieser nunmehr durch das kassatorische Urteil des Verwaltungsgerichtes in den Genuß einer uneingeschränkten Begünstigung komme.[491]

Kernthese dieser Auffassung ist also, daß es einem Kläger auch über eine (Teil-)Anfechtungsklage möglich sein müsse, ein "Mehr" an Genehmigung zu erstreiten.

Interessant dabei ist, daß einige Vertreter dieser Auffassung - und das darf an dieser Stelle keinesfalls übersehen werden - das Begehren des Klägers in diesen Fällen sowohl als ein Kassationsbegehren als auch als ein Verpflichtungsbegehren deuten.[492] Dem Kläger stehe dementsprechend die Wahl zwischen beiden Rechtsschutzformen zu [493] bzw. er könne statt oder zusammen mit einer Anfechtungsklage auch Klage auf Ver-

---

[490] Vgl. *Störmer*, DVBl. 1996, 81 (82), der sich mit dieser Aussage jedoch allein auf die Fälle beschränkt, in denen es um die Erweiterung des *status negativus* geht.

[491] *Schenke*, WiVerw. 1982, 142 (150 und 151); ders., JuS 1983, 182 (184); ders., in: FS für Roellecke, 1997, 281 (289); im Ergebnis ebenso: *Hoenig*, S. 33; *Erichsen*, VerwArch. 66, 1975, 299 (302); einschränkend: *Störmer*, DVBl. 1996, 81 (82 und 85), der einerseits zwar die Anfechtung *nachträglich* beigefügter Nebenbestimmungen bejaht, weil er der Ansicht ist, es handele sich bei diesen um neue selbständige Regelungen [vgl. *ders.*, aaO., 81 (84)], andererseits aber die Möglichkeit einer *Ausdehnung* der klägerischen Rechtsposition mittels einer (Teil-)Anfechtungsklage ablehnt, wenn eine rechtswidrige unselbständige Nebenbestimmung bereits bei ihrem Erlaß einem *begünstigenden* Verwaltungsakt (status positivus) beigefügt ist, da in diesem Falle eine Anfechtungsklage auch gegen den Verwaltungsakt *insgesamt* nicht statthaft sei.

[492] *Schneider*, S. 105 und *Kopp*, GewArch. 1970, 97 (99).

[493] So ausdrücklich *Schneider* (S. 105) unter Berufung auf *Kopp*, GewArch. 1970, 97 (99) und *Lange*, AöR 102, 1977, 337 (367).

pflichtung der Verwaltung zum Erlaß eines Verwaltungsaktes ohne belastende Nebenbestimmung erheben.[494] Trotz dieser doppelten Interpretationsmöglichkeit wird das "wirkliche Begehren" des Klägers dann letztlich doch als ein Kassationsbegehren verstanden. Schließlich gehe es dem Kläger nicht um den Erlaß eines neuen Verwaltungsaktes ohne Nebenbestimmung.[495]

Andere wiederum gehen auf die soeben erwähnte doppelte Interpretationsmöglichkeit des Klagebegehrens zumeist nicht näher ein. Man begnügt sich mit dem schlichten Hinweis, das Begehren des Klägers sei in diesen Fällen ausschließlich oder doch zumindest primär als ein Kassationsbegehren zu qualifizieren, weil sich der Kläger vorrangig gegen die belastende Nebenbestimmung, nicht aber auch gegen die verbleibende Vergünstigung wende.[496]

Wieder andere vertreten die Auffassung, daß man einem Kassationsbegehren den Vorrang einräumen müsse, da eine Anfechtungsklage in diesen Fällen die "rechtsschutzintensivere" bzw. die "speziellere" Klageart gegenüber einer Verpflichtungsklage darstelle.[497] Ein Kläger komme mit ihr "schneller und einfacher zum Ziel" [498]. Soweit ein Kläger seinen Klageantrag als Verpflichtungsklage formuliert habe, wird mitunter sogar die Ansicht vertreten, daß eine solche Klage gemäß § 88 VwGO als (Teil-)Anfechtungsklage zu behandeln sei.[499]

Ausschlaggebend für eine solche Favorisierung des Kassationsbegehrens sind zumeist rein *praktische* Überlegungen, genauer gesagt Vorteile des Rechtsschutzes einer (Teil-)Anfechtungsklage gegenüber einer Verpflichtungsklage. So spreche zum Beispiel für den Vorrang einer (Teil-)Anfechtungsklage gegenüber einer Verpflichtungsklage, daß erstere zumeist mit einem geringeren Kostenrisiko für den Kläger verbunden sei,

---

[494] *Kopp*, GewArch. 1970, 97 (99).

[495] *Kopp*, GewArch. 1970, 97 (98); ebenso unter Berufung auf *Kopp*: *Lange*, AöR 102, 1977, 337 (365). Auch *Schneider* (S. 103) geht davon aus, daß in diesen Fällen ein teilweises Aufhebungsbegehren vorliegt.

[496] Vgl. beispielsweise *Störmer*, DVBl. 1996, 81 (82) und *Hufen*, VerwProzR, § 14 Rn. 58.

[497] *Schenke*, in: FS für *Roellecke*, 1997, 281 (285 und 290); *ders.*, WiVerw. 1982, 142 (163); *ders.*, VerwProzR, Rn. 297; *Kopp/Schenke*, VwGO, § 42 Rn. 22.

[498] *Jahndorf*, JA 1999, 676 (678), der einer erhobenen Verpflichtungsklage aus diesem Grunde das Rechtsschutzbedürfnis abspricht.

[499] *Schenke*, WiVerw. 1982, 142 (163) in Hinblick auf eine Verpflichtungsklage, die die Aufhebung der Begünstigung einschließt.

da die Gerichte bei Klagen, die allein auf die Aufhebung eines Verwaltungszusatzes gerichtet seien, in der Regel einen geringeren Streitwert ansetzten als bei Klagen, die auf den Erlaß eines neuen Verwaltungsaktes abzielten.[500] Außerdem laufe ein allein auf die Verpflichtungsklage verwiesener Kläger Gefahr, seine bereits erteilte (wenn auch eingeschränkte) Begünstigung zu verlieren, da die Behörde im Falle eines Bescheidungsurteils die Möglichkeit habe, über das Begehren insgesamt neu zu entscheiden.[501]

Ein weiterer entscheidener Nachteil einer Verpflichtungsklage wird zudem darin gesehen, daß der Kläger bei dieser Klageart nicht die Möglichkeit habe, auch schon während des Prozesses von seiner bereits erteilten Vergünstigung Gebrauch machen zu können, denn die aufschiebende Wirkung der in einer Verpflichtungsklage enthaltenen *unselbständigen Anfechtungsklage* erfasse richtigerweise auch die bereits erteilte Vergünstigung.[502] Dies zum einen deshalb, weil anderenfalls dem Erfolg der Verpflichtungsklage die Unanfechtbarkeit und Bestandskraft der bereits erteilten (eingeschränkten) Vergünstigung entgegenstünde und ein Anspruch auf Erlaß eines neuen Verwaltungsaktes somit nur noch nach Maßgabe der Grundsätze über den Zweitbescheid, die nur in Ausnahmefällen zur Anwendung gelangten, in Betracht käme.[503] Zum anderen gebiete auch der "enge Zusammenhang" von Nebenbestimmung und Vergünstigung, daß die in der Verpflichtungsklage enthaltene unselbständige Anfechtungsklage auch die Bestandskraft der bereits gewährten Vergünstigung verhindere.[504] Darüber hinaus weise die (Teil-)Anfechtungsklage den entscheidenden Vorteil auf, daß nach Auf-

---

500 *Kopp*, GewArch. 1970, 97 (97); *Schenke*, WiVerw. 1982, 142 f. (163); hinsichtlich der Auflage: *Hoenig*, S. 35; *Elster*, S. 329.
501 *Schenke*, VerwProzR, Rn. 297; *ders.* WiVerw. 1982, 142 (163). Die Möglichkeit und Notwendigkeit einer Aufhebung der eingeschränkten Begünstigung im Bescheidungsurteil mit dem Risiko, auch diese eingeschränkte Vergünstigung zu verlieren, bejahen auch *Kopp* [GewArch. 1970, 97 (97)] und *Schachel* (S. 168).
502 Vgl. *Schneider*, S. 182; *Schachel*, S. 168 und *Kopp*, GewArch. 1970, 97 (98). Im Gegensatz dazu bejaht *Kopp* bei einer *(Teil-)Anfechtung* eine aufschiebende Wirkung grundsätzlich nur hinsichtlich des belastenden Teils, es sei denn, dieser stehe mit dem begünstigenden Teil in einem "untrennbaren inneren Zusammenhang", vgl. *Kopp*, VwGO, § 80 Rn. 26; noch weitergehend *ders.*, in GewArch. 1970, 97 (98; dort Fn. 16 a. E.).
503 *Kopp*, GewArch. 1970, 97 (98).
504 *Schachel*, S. 168.

hebung des jeweiligen Verwaltungsaktzusatzes der Kläger - ohne daß es noch eines weiteren Handelns der Behörde bedürfe - sofort in den Besitz einer uneingeschränkten Begünstigung gelange.[505]
Die soeben beschriebene Favorisierung eines Kassationsbegehrens bzw. die Ermittlung des "wirklichen Begehrens" des Klägers im Rahmen des § 88 VwGO wartet bei der weiteren Prüfung einer solchen (Teil-)Anfechtungsklage allerdings mit einigen << Überraschungen >> auf. Ergibt sich beispielsweise im Rahmen der Begründetheitsprüfung einer solchen favorisierten (Teil-)Anfechtungsklage, daß die begehrte (Teil-)Aufhebung des Verwaltungsaktes auszuscheiden hat [506], so werden hinsichtlich des anfänglich als Kassationsbegehren ausgelegten Klagebegehrens von den meisten Befürwortern einer (Teil-)Anfechtungsklage recht unterschiedliche Interpretations- und Lösungsmöglichkeiten angeboten.
So wird vorgeschlagen, das anfängliche Kassationsbegehren in ein Verpflichtungsbegehren umzudeuten.[507] Andere lehnen eine solche Konversion explizit ab, weil anderenfalls - möglicherweise gegen die Interessen des Klägers - die gesamte Begünstigung zum Gegenstand einer neuen Entscheidung gemacht werden könnte.[508] Die erhobene (Teil-)Anfechtungsklage müsse daher als unbegründet abgewiesen werden.[509] Alternativ habe der Kläger die Möglichkeit, statt oder zusammen mit einer Anfechtungsklage Klage auf Verpflichtung der Verwaltung zum Erlaß eines Verwaltungsaktes ohne belastende Nebenbestimmung zu erheben.[510]
Vereinzelt wird bei Nichtaufhebbarkeit der jeweiligen Nebenbestimmung sogar vorgeschlagen, die erhobene (Teil-)Anfechtungsklage nicht in vollem Umfang als unbegründet abzuweisen. In dem ursprünglichen Begehren auf Kassation sei zumindest "als Minus" ein Feststellungsan-

---

505 *Schenke*, VerwProzR, Rn. 297; *ders.*, in: FS für *Roellecke*, 1997, 281 (285).
506 Eine (Teil-)Aufhebung soll insbesondere bei einer einheitlichen Ermessensentscheidung oder bei Rechtswidrigkeit der Restregelung ausscheiden [vgl. hierzu zum Beispiel die Grundpositionen oben unter D. II (S. 105 f.)].
507 Vgl. *Kopp*, GewArch. 1970, 97 (99); *ders.*, VwGO, § 42 Rn. 23 sowie *ders.*, VwVfG, § 36 Rn. 46.
508 Vgl. zum Beispiel *Lange* AöR 102, 1977, 337 (368; dort Fn. 103); ebenfalls gegen eine Umdeutung *Schneider*, S. 174 (dort Fn. 6); *Schenke*, JuS 1983, 182 (188), der in diesem Zusammenhang auch auf den in der Regel höheren Streitwert einer solchen Verpflichtungsklage hinweist.
509 Vgl. z. B. *Schneider*, S. 182; *Lange*, AöR 102, 1977, 337 (366).
510 *Lange*, AöR 102, 1977, 337 (368; dort Fn. 103).

trag analog § 113 I 4 VwGO enthalten.⁵¹¹ Bei Nichtaufhebbarkeit könne demnach das Gericht wenigstens die Rechtswidrigkeit der Nebenbestimmung feststellen. Nur im übrigen - also im Hinblick auf die begehrte Teilaufhebung - müsse die (Teil-)Anfechtungsklage als unbegründet abgewiesen werden.⁵¹² Diese Feststellung der Rechtswidrigkeit sei für den Kläger von Vorteil, denn auf diese Weise könne er vermeiden, völlig zu unterliegen, so daß er nur teilweise die Verfahrenskosten zu tragen habe.⁵¹³ Außerdem habe eine solche Feststellung auch präjudizierende Wirkung und könne beispielsweise eine nicht unbedeutende Rolle in einem Amtshaftungsprozeß spielen oder den Kläger vor einer Wiederholung der (zwar rechtswidrigen, aber nicht aufhebbaren) Nebenbestimmung schützen.⁵¹⁴

Wiederum andere gelangen im Falle der Nichtaufhebbarkeit des jeweiligen Verwaltungsaktzusatzes zu der Auffassung, daß die Rechtsschutzziele der Verpflichtungsklage und der (Teil-)Anfechtungsklage sich überhaupt nicht deckten. Eine "Konkurrenzsituation" zwischen Verpflichtungsklage und (Teil-)Anfechtungsklage könne im Falle der Nichtaufhebbarkeit deshalb nicht angenommen werden.⁵¹⁵ Vielmehr habe von vorneherein ein Verpflichtungsbegehren bzw. die Verpflichtungsklage Vorrang.⁵¹⁶

c.) *Stellungnahme*

Den Kritikern der Einheitslösung (Verpflichtungsklage) muß zumindest insofern zugestimmt werden, als sie die Ansicht vertreten, eine Anfechtungsklage habe nicht immer schon dann auszuscheiden, wenn es um die Erweiterung einer Rechtsposition gehe. Weder die für die Statthaftigkeit einer Anfechtungsklage maßgebliche Vorschrift des § 42 I 1. Alt. VwGO noch der in § 113 I 1 VwGO für die Anfechtungsklage normierte Begründetheitsmaßstab schließen eine Erweiterung der klägerischen Rechtsposition durch eine Anfechtungsklage von vornherein aus. Viel-

---

511 *Schenke*, JuS 1983, 182 (186); *ders.*, in: FS für Roellecke, 1997, 281 (296).
512 *Schenke*, WiVerw. 1982, 142 (159).
513 *Schenke*, JuS 1983, 182 (186).
514 *Schenke*, JuS 1983, 182 (187).
515 *Jahndorf*, JA 1999, 676 (677).
516 *Jahndorf*, JA 1999, 676 (680).

mehr ist in der VwGO lediglich bestimmt, daß mit einer Anfechtungsklage die Aufhebung und mit einer Verpflichtungsklage der Erlaß eines Verwaltungsaktes (bzw. ein Bescheidungsurteil nach § 113 V 2 VwGO) begehrt werden kann. Daß es verboten ist, eine Erweiterung der klägerischen Rechtsposition auch mittels einer Anfechtungsklage zu erlangen, ist in der Tat nirgends normiert. Die Rechtsschutztauglichkeit einer Anfechtungsklage kann daher nicht von vorneherein für solche Fälle ausgeschlossen werden, in denen es um eine Erweiterung der klägerischen Rechtsposition geht.

Was allerdings die Interpretation des Klagebegehrens in den hier in Rede stehenden Konstellationen anbelangt, so ist festzustellen, daß auch der von den Gegnern der Einheitslösung vorgeschlagene Lösungsweg einer regelmäßigen oder gar ausnahmslosen Favorisierung eines (Teil-)Kassationsbegehrens gegenüber einem Verpflichtungsbegehren nicht zu überzeugen vermag. Der Standpunkt, man könne das Begehren eines Klägers in diesen Fällen sowohl als ein (Teil-)Kassationsbegehren als auch als ein Verpflichtungsbegehren begreifen und zugleich der Ansicht sein, das "wirkliche Begehren" sei ein (Teil-)Kassationsbegehren [517], ist widersprüchlich. Denn sollte das Klagebegehren in diesen Fällen tatsächlich in beide Richtungen interpretierbar sein, dann müßte sich folgerichtig ein Verpflichtungsbegehren als ebenso einschlägig erweisen wie ein (Teil-)Kassationsbegehren. Die Interpretation des "wirklichen Begehrens" des Klägers als ein Teilkassationsbegehren widerspricht gerade dieser Erkenntnis.[518]

Wenig überzeugend ist es auch, den Vorrang des (Teil-)Kassationsbegehrens aus der größeren *Effektivität* einer (Teil-)Anfechtungsklage gegenüber einer Verpflichtungsklage abzuleiten. Es mag zwar zutreffend sein, daß - isoliert betrachtet - eine (Teil-)Anfechtungsklage ein in der Regel geringeres Kostenrisiko aufweist und im Gegensatz zu einer Verpflichtungsklage auch nicht die Gefahr birgt, daß der Kläger seine Begünstigung gänzlich verliert. Die (Teil-)Anfechtungsklage deshalb aber von vornherein und stets als die rechtsschutzintensivere, d. h. als die

---

[517] *Schneider*, S. 103 und S. 105; *Kopp*, GewArch. 1970, 97 (98).
[518] Gegen die Ermittlung des "wirklichen Klagebegehrens" ist im Rahmen des § 88 VwGO generell nichts einzuwenden. Im Gegenteil - das Gericht hat nach dieser Vorschrift von Amts wegen das Klagebegehren zu ermitteln. Es geht hierbei darum, das aus dem Gesamtvorbringen erkennbare *wirkliche Rechtsschutzziel* des Klägers zu ermitteln (allgemein hierzu: *Kunzte*, in: Bader, VwGO, § 88 Rn. 4).

effektivere Klageart darzustellen und daher das Klagebegehren im Rahmen des § 88 VwGO primär als (Teil-)Kassationsbegehren zu interpretieren, erscheint mehr als zweifelhaft.
Hier darf keinesfalls übersehen werden, daß auch der Weg über eine (Teil-)Anfechtungsklage für den Kläger mit erheblichen Gefahren und Nachteilen verbunden sein kann. Dies wird deutlich, wenn man - wie es viele der hier erwähnten Autoren tun - die Ansicht vertritt, daß eine Teilaufhebung in bestimmten Fällen (zum Beispiel bei Vorliegen einer einheitlichen Ermessensentscheidung oder bei Rechtswidrigkeit der verbleibenden Restregelung [519]) auszuscheiden habe. In diesen Fällen relativieren sich die Vorteile einer (Teil-)Anfechtungsklage. Das angeführte Argument des geringeren Kostenrisikos für den Kläger läßt sich im Falle der Nichtaufhebbarkeit der jeweiligen Nebenbestimmung nicht mehr aufrechterhalten. Unterliegt ein (Teil-)Anfechtungskläger, weil eine Teilaufhebung mangels Teilbarkeit ausscheidet, kann der unterlegene Kläger dennoch einen Anspruch auf Erlaß eines Verwaltungsaktes ohne Nebenbestimmung haben.[520] Der Kläger muß also in diesen Fällen - wenn man eine Umdeutung des ursprünglich favorisierten Kassationsbegehrens ablehnt [521] - zum zweiten Male Klage erheben, diesmal eine Verpflichtungsklage gerichtet auf Neubescheidung. Die Kosten für die zuerst erhobene (Teil-)Anfechtungsklage hätte sich der Kläger ersparen können, wenn man das Begehren des Klägers von Anfang an als ein Verpflichtungsbegehren interpretiert hätte.[522]
Hier vermag auch wenig der Vorschlag weiterzuhelfen, der Kläger könne im Falle der Unbegründetheit einer (Teil-)Anfechtungsklage über die in ihr als "Minus" enthaltene Feststellungsklage (analog § 113 I 4 VwGO)

---

[519] Vgl. hierzu die Grundpositionen oben. S. 105 f. und S. 107 f.

[520] Insofern zutreffend *Schenke*, WiVerw. 1982, 142 (163).

[521] Gegen eine Umdeutung: *Schenke*, JuS 1983, 182 (188).

[522] Kritisch zum Vorliegen des Rechtsschutzbegehrens einer solchen nachträglichen Verpflichtungsklage *Schneider*, S. 173. Für den Fall der Nichtaufhebbarkeit der Nebenbestimmung bezweifelt *Schneider* das Vorliegen eines Rechtsschutzbedürfnisses, denn der Kläger hätte mit einer Verpflichtungsklage "einfacher, schneller und billiger" zum Ziel kommen können, wenn er diese bereits in den ursprünglichen Anfechtungsprozeß eingeführt hätte. Dem kann jedoch nicht zugestimmt werden, da ein (Teil-)Anfechtungskläger im Falle der Nichtaufhebbarkeit einer Nebenbestimmung sein Ziel noch nicht erreicht hat. Allgemein zum Rechtsschutzbedürfnis: *Hufen*, VerwProzR, § 23 Rn. 12.

zu einer für ihn günstigeren Kostenquote gelangen.[523] Denn zum einen kann auch nach dieser Lösung ein teilweises Unterliegen und damit ein zusätzlicher Kostenfaktor für den Teilanfechtungskläger nicht vermieden werden. Zum anderen würde eine solche Feststellungsklage ohnehin regelmäßig an dem hierfür erforderlichen Feststellungsinteresse des Klägers scheitern.[524] Denn richtigerweise würde eine solche Klage nicht nur die Feststellung der Rechtswidrigkeit der Nebenbestimmung implizieren, sondern auch die des Gesamtverwaltungsaktes.[525] Denn stünde im Rahmen der Begründetheit einer (Teil-)Anfechtungsklage bereits fest, daß die (Teil-)Aufhebung der Nebenbestimmung wegen materiell-rechtlicher Unteilbarkeit [526] auszuscheiden hat, wäre eine separate Feststellung der Rechtswidrigkeit der Nebenbestimmung überhaupt nicht mehr denkbar. Im Falle materieller Untrennbarkeit würden Nebenbestimmung und Hauptverwaltungsakt in materiell-rechtlicher Hinsicht nämlich dasselbe Schicksal teilen.[527] Die Feststellung der Rechtswidrigkeit einer Nebenbestimmung würde damit automatisch die Feststellung des Gesamtverwaltungsaktes nach sich ziehen.

Aus diesem Grunde wird daher ein Kläger - nachdem er mit seiner Teilanfechtungsklage gescheitert ist - zumeist kein Interesse mehr daran haben, daß nun durch das Gericht auch noch die Rechtswidrigkeit der Begünstigung rechtskräftig festgestellt wird. Schließlich enthält der Ver-

---

[523] So *Schenke*, JuS 1983, 182 (186). Vgl. hierzu auch bereits oben S. 120-121.
[524] *Jahndorf*, JA 1999, 676 (679).
[525] *Jahndorf*, JA 1999, 676 (679); a. A. *Schenke*, VerwProzR, Rn. 329, der meint, der Restverwaltungsakt sei nicht streitbefangen.
[526] Eine Teilaufhebung soll nach dieser Auffassung ausscheiden, wenn der nach Aufhebung der Nebenbestimmung verbleibende Verwaltungsakt rechtswidrig ist oder bei einer Ermessensentscheidung feststeht, daß der Verwaltungsakt von der Behörde nicht ohne die Nebenbestimmung erlassen worden wäre, vgl. *Schenke*, VerwProzR, Rn. 807.
[527] A. A. *Schenke*, der in Fällen der *materiellen Unteilbarkeit* von Nebenbestimmung und Hauptregelung (in einer Analogie zu § 44 IV VwVfG) *nur* folgert, daß eine Teilaufhebung ausscheide und daß sich die aufschiebende Wirkung nach § 80 I VwGO auch auf den Gesamtverwaltungsakt erstrecke, vgl. *ders.*, in: FS für *Roellecke*, 1997, 281 (294 und 298). Hinsichtlich der Feststellung der Rechtswidrigkeit zieht er keine prozessualen Konsequenzen aus der materiellen Unteilbarkeit, sondern vertritt die Ansicht, daß nur die Nebenbestimmung streitbefangen sei und daher auch nur deren Rechtswidrigkeit festgestellt werde, vgl. *Kopp/Schenke*, VwGO, § 42 Rn. 24.

waltungsakt für den Kläger - trotz Rechtsverletzung durch die (in materieller Hinsicht von der Hauptregelung nicht trennbare) Nebenbestimmung - auch eine Begünstigung.[528] Außerdem wird das Gericht, wenn es die Anfechtungsklage deshalb abweist, weil eine Aufhebung der Nebenbestimmung nicht möglich ist, wohl kaum die Rechtswidrigkeit des Verwaltungsaktes feststellen - wohl nicht einmal die Rechtswidrigkeit der Nebenbestimmung -, sondern die Klage deshalb als unbegründet abweisen, weil eine Aufhebung der Nebenbestimmung unabhängig von der Frage ihrer Rechtswidrigkeit ausscheidet.

Auch die mit einer Verpflichtungsklage verbundene Gefahr, die Begünstigung ganz zu verlieren, relativiert sich vor dem Hintergrund einer unbegründeten (Teil-)Anfechtungsklage. Ist die (Teil-)Anfechtungsklage unbegründet, kann sich die Deutung des "wirklichen" Klagebegehrens als ein Kassationsbegehren für den Kläger im nachhinein fatal auswirken. Hat der Kläger keinen Anspruch auf Teilaufhebung, aber einen Anspruch auf Neubescheidung und will er nach erfolgloser (Teil-)Anfechtungsklage Klage auf Verpflichtung der Behörde zum Erlaß eines Verwaltungsaktes ohne oder mit einer anderen (weniger belastenden) Nebenbestimmung erheben, so ist ein Verpflichtungs- bzw. ein Neubescheidungsantrag regelmäßig ausgeschlossen. Denn nach der gerichtlichen Entscheidung über die Nichtaufhebbarkeit der Nebenbestimmung wird die Monatsfrist des § 74 I VwGO zumeist schon abgelaufen sein.[529] Diese Klagefrist muß auch ein Verpflichtungskläger gemäß § 74 II VwGO einhalten. Er kann sich in diesen Fällen nicht darauf berufen, von der Behörde noch keine Ablehnungsentscheidung im Sinne des § 74 II VwGO erhalten zu haben, so daß er die Klagefrist von einem Monat nicht einzuhalten habe. Auch ist es ihm in diesen Fällen verwehrt, sich auf § 75 VwGO zu berufen, wonach er - für den Fall der Untätigkeit der Behörde - weder für einen Verpflichtungswiderspruch noch für eine Verpflichtungsklage eine Frist beachten müßte. Denn selbst wenn man der Ansicht sein sollte, daß in der Erteilung des Verwaltungsaktes mit Nebenbestimmung keine Ablehnung des beantragten Verwaltungsaktes

---

[528] *Jahndorf*, JA 1999, 676 (679).
[529] *Schneider*, S. 173 und S. 174 mit Blick auf eine Umstellung des Klageantrages während eines Teilanfechtungsprozesses. A. A. *Schenke*, in: FS für Roellecke, 1997, 281 (290), der davon ausgeht, daß Rechtsschutz über eine Verpflichtungsklage auch nach Eintritt der Unanfechtbarkeit eines Verwaltungsakts, der in rechtswidriger Weise mit einer Auflage versehen wurde, erlangt werden könne.

gesehen werden kann [530] und daher eine behördliche Ablehnungsentscheidung im Sinne von § 74 II VwGO ausscheidet, muß der Verpflichtungskläger in diesen Fällen dennoch die Monatsfrist des § 74 II VwGO wahren. Dies ergibt sich aus einer Gesamtschau der §§ 74 und 75 VwGO.

Die Regelung des § 74 I und II VwGO verdeutlicht, daß die dort genannte Klagefrist von einem Monat in all denjenigen Fällen greifen soll, in denen eine Sachentscheidung der Behörde vorliegt, während § 75 VwGO erst dann eingreift, wenn die Verwaltung gänzlich untätig geblieben ist.[531] Ein Fall gänzlicher Untätigkeit liegt hier allerdings nicht vor. Schließlich hat die Behörde über den Antrag der Genehmigung bereits entschieden, indem sie die Genehmigung mit einer Nebenbestimmung erließ. Unabhängig von der Frage, ob in der Erteilung der Begünstigung mit einer Nebenbestimmung die Ablehnung des begehrten Verwaltungsaktes im Sinne des § 74 II VwGO erblickt werden kann, steht damit fest, daß eine *behördliche Sachentscheidung* in diesen Fällen bereits vorliegt und § 74 VwGO daher - trotz fehlender Ablehnungsentscheidung - zur Anwendung kommt.[532]

Die Klagefrist des § 74 II VwGO gilt damit auch für die Fälle, in denen die Behörde dem Kläger bereits eine Begünstigung mit Nebenbestimmung erteilt hat, ohne dabei ausdrücklich den Antrag auf Vornahme des Verwaltungsaktes abgelehnt zu haben.[533] Ein Verpflichtungskläger wird nach abgewiesener (Teil-)Anfechtungsklage daher keinen Erflog haben, da zu diesem Zeitpunkt regelmäßig die Frist des § 74 II VwGO bereits abgelaufen sein wird.

Zu demselben Ergebnis gelangt man im übrigen auch dann, wenn man der Ansicht sein sollte, die Behörde lehne bei Erteilung des Verwaltungsaktes mit Nebenbestimmung konkludent den beantragten Verwaltungsakt ab (§ 74 II VwGO). Wäre dies nämlich der Fall, müßte der Kläger, der zunächst mit der (Teil-)Anfechtungsklage gegen diese behördliche Entscheidung vorgeht, innerhalb eines Monats auch Verpflichtungswiderspruch gemäß §§ 68 II, 70 VwGO einlegen. Anderenfalls

---

[530] So *Schneider*, S. 173. *Schneider* vertritt die Ansicht, daß die Behörde den beantragten Verwaltungsakt nicht vollständig ablehne, sondern diesen lediglich durch die Beifügung einer Nebenbestimmung einschränke; vgl. *ders.*, S. 103.
[531] *Schneider*, S. 173.
[532] In diesem Sinne auch *Schneider*, S. 173.
[533] *Schneider*, S. 173.

wäre die Verpflichtungsklage unzulässig, weil nach Abweisung der (Teil-)Anfechtungsklage gegen eine etwaige behördliche Antragsablehnung nunmehr nicht mehr fristgerecht Widerspruch gemäß § 68 II VwGO eingelegt werden könnte. In diesem Zusammenhang stellt sich dann insbesondere die Frage, ob im ursprünglichen Anfechtungswiderspruch gemäß § 68 I VwGO zugleich der dann fristgerechte Verpflichtungswiderspruch gegen die (konkludente) Antragsablehnung (§ 68 II VwGO) gesehen werden kann. Verneint man diese Frage, ist für den Antragssteller nach Abweisung der (Teil-)Anfechtungsklage bereits die Monatsfrist für den Verpflichtungswiderspruch (§ 70 VwGO) abgelaufen, und eine Verpflichtungsklage kommt ohnehin nicht mehr in Betracht. Bejaht man sie, ist der Verpflichtungswiderspruch zwar statthaft, die daran anknüpfende Verpflichtungsklage unterläge aber auch hiernach der Frist des § 74 II VwGO. Diese Frist dürfte regelmäßig nach Erhebung der (Teil-)Anfechtungsklage bereits abgelaufen sein.

All dies zeigt, daß die Gefahr für den erfolglosen (Teil-)Anfechtungskläger, seinen möglichen Neubescheidungsantrag im Rahmen einer späteren Verpflichtungsklage wegen Fristversäumnis zu verlieren, sehr groß ist. Interpretiert man den Klageantrag also von vorneherein als einen solchen, der auf (Teil-)Aufhebung gerichtet ist, läuft der Kläger zwar einerseits nicht Gefahr, die Begünstigung ganz zu verlieren, andererseits schneidet man ihm aber auf diese Weise eine für ihn unter Umständen eminent wichtige Klagemöglichkeit, die auf die Erlangung einer uneingeschränkten Begünstigung oder einer Begünstigung mit einer anderen (weniger belastenden) Nebenbestimmung gerichtet ist, ab.

Minimiert wird diese Gefahr indes für die Fälle, in denen die Behörde eine ordnungsgemäße Rechtsbehelfsbelehrung unterläßt. Geht man beispielsweise davon aus, daß im Erlaß des Verwaltungsaktes mit Nebenbestimmung eine (konkludente) Antragsablehnung zu sehen ist, muß die Behörde über die Möglichkeit eines Verpflichtungswiderspruches gemäß § 58 I VwGO ordnungsgemäß belehren. Tut sie das nicht, gilt für die Einlegung des Verpflichtungswiderspruches gemäß § 58 II VwGO eine Jahresfrist. Ähnliches gilt im Falle der Zurückweisung des Widerspruchs. Auch hier muß die Behörde über die Möglichkeit einer Verpflichtungsklage gemäß § 58 I VwGO ordnungsgemäß belehren. Anderenfalls gilt auch für die Verpflichtungsklage gemäß § 58 II VwGO eine Jahresfrist. Schließlich ist - im Falle eines Fristablaufs - noch an die

Möglichkeit eines Wiedereinsetzungsantrages gemäß § 60 VwGO zu denken. Wenig überzeugend sind auch die übrigen von den Gegnern der Einheitslösung angeführten Argumente, die in diesen Fällen für eine Favorisierung eines Kassationsbegehrens gegenüber einem Verpflichtungsbegehren sprechen sollen. Die oben als Beleg für die Rechtsschutztauglichkeit einer Anfechtungsklage genannten Beispielsfälle helfen nicht weiter.[534] Beziehen sie sich doch nur auf solche Konstellationen, in denen die Zulässigkeit einer Anfechtungsklage ohnehin unstrittig ist und daher auch das Vorliegen eines für diese Klageart erforderlichen Kassationsbegehrens von niemandem in Abrede gestellt wird.[535] Allein der Umstand, daß ein "Mehr" auch über eine (Teil-)Anfechtungsklage erreichbar ist, sagt noch nichts darüber aus, ob eine solche Klage auch die rechtsschutzintensivere Vorgehensweise für den Kläger darstellt.

Auch das Argument, der Kläger habe bei einer Verpflichtungsklage nicht die Möglichkeit, bereits während des Prozesses von seiner Vergünstigung Gebrauch zu machen [536], vermag nicht zu überzeugen. Schließlich treten nicht wenige Gegner einer Verpflichtungsklage dafür ein, daß sich die aufschiebende Wirkung auch bei einer (Teil-)Anfechtungsklage nicht nur auf die Nebenbestimmung, sondern auch auf die bereits erteilte Begünstigung erstrecken müsse. Andernfalls könne nämlich ein Kläger uneingeschränkt von der Genehmigung Gebrauch machen [537]; ein Ergebnis, daß dem Telos des § 80 VwGO zuwiderlaufe.[538]

---

[534] Vgl. oben S. 116 und S. 117.

[535] So ergibt sich beispielsweise die oben angesprochene gesonderte Anfechtbarkeit einer dem Verwaltungsakt nachträglich hinzugefügten Nebenbestimmung bereits aus dem Umstand, daß diese eine neue *selbständige Regelung* darstellt; vgl. *Kopp/Ramsauer*, VwVfG, § 36 Rn. 12; *Schenke*, JuS 1983, 182 (184); sowie *Störmer*, DVBl. 1996, 81 (84) m. w. N.

[536] Näher hierzu bereits oben auf S. 119.

[537] Ausführlich hierzu *Schenke*, JuS 1983, 182 (188) m. w. N.; a. A.: *Kopp*, GewArch. 1970, 97 (98; dort Fn. 16 a. E.).

[538] *Schenke*, JuS 1983, 182 (188). Selbst wenn man der Ansicht sein sollte, daß sich die Reichweite der aufschiebenden Wirkung nur auf die im Streit befindliche Nebenbestimmung beziehe, würde dieser Umstand für den Kläger nicht immer einen tatsächlichen Vorteil gegenüber einer Verpflichtungsklage bedeuten. Im Falle der Unbegründetheit einer (Teil-)Anfechtungsklage käme ein Kläger nur für eine relativ kurze Zeit in den Genuß einer uneingeschränkten Begünstigung. Nach Feststellung der Unaufhebbarkeit und Abweisung seines Klageantrags wäre er

Zuletzt kann auch die Behauptung, ein Kläger komme mit der (Teil-)-Aufhebung der jeweiligen Nebenbestimmung sofort in den Besitz einer uneingeschränkten Genehmigung, kein schlagendes Argument für die Favorisierung eines (Teil-)Kassationsbegehrens sein. Zeigt sich doch gerade im Falle der Nichtaufhebbarkeit einer Nebenbestimmung, daß der Kläger nicht über eine (Teil-)Anfechtungsklage, sondern nur über eine Verpflichtungsklage schneller und billiger eine uneingeschränkte Vergünstigung erreichen kann.[539]

Festzustellen bleibt daher zunächst einmal, daß es zwar richtig ist, in Zweifelsfällen bei der Auslegung bzw. Ermittlung des (wirklichen) Klagebegehrens auf das in Art. 19 IV GG enthaltene Gebot des effektiven Rechtsschutzes und demzufolge auf das nach der VwGO zulässige Rechtsschutzbegehren abzustellen [540], da der von den Gerichten gewährte Rechtsschutz wirksam sein muß.[541] Gleichfalls muß hier allerdings auch konstatiert werden, daß die bisher von den Befürwortern einer (Teil-)Anfechtungsklage dargelegten Rechtsschutzgesichtspunkte, die für eine primäre Deutung des Klagebegehrens als eines Kassationsbegehrens ausschlaggebend sein sollen, alles andere als zwingend sind. Als effektivsten Rechtsbehelf könnte man die (Teil-)Anfechtungsklage nur dann bezeichnen, wenn man bereits bei Klageeinreichung mit Sicherheit wüßte, daß die jeweilige Nebenbestimmung tatsächlich aufhebbar und der Klage daher auch Erfolg beschieden ist. Angesichts der auf materiell-rechtlicher Ebene äußerst kontrovers diskutierten Sachfragen wird aber kaum jemand ein solches Wissen für sich im voraus beanspruchen können. Selbst ein rechtskundiger Kläger muß daher, da die Gefahr besteht, daß er mit seiner (Teil-)Anfechtungsklage unterliegt, immer auch sicherheitshalber zusammen mit oder doch zu-

---

wieder im Besitz einer Begünstigung mit Nebenbestimmung. Vielfach wird es jedoch Ziel des Klägers sein, dauerhaft in den Genuß einer Begünstigung ohne Nebenbestimmung zu kommen.

[539] Vgl. hierzu die - freilich in einem anderen Zusammenhang gemachten - Ausführungen von *Schneider*, S. 173.

[540] Vgl. *Kuntze*, in: Bader, VwGO, § 88 Rn. 4; kritisch: *Störmer*, DVBl. 1996, 81 (82), der es als "fragwürdig" bezeichnet, wenn man das Klagebegehren nach dem System der VwGO ermittelt.

[541] *BVerfGE* 37, 150 (153); *BVerfGE* 54, 39 (41); *BVerfGE* 60, 253 (296 f.); *BVerfGE* 84, 34 (49).

mindest hilfsweise eine Verpflichtungsklage erheben.[542] Letzteres vor allen Dingen deshalb, um die Klagefrist des § 74 II VwGO für die in bestimmten Fällen umfassendere Verpflichtungsklage nicht verstreichen zu lassen.

Dem juristisch nicht geschultem Kläger wird die Formulierung eines solchen sachdienlichen Antrages zumeist nicht möglich sein. Im Falle der Nichtaufhebbarkeit der Nebenbestimmung kann die ausnahmslose Festlegung auf eine Anfechtungsklage dem Kläger sogar zum Nachteil gereichen, da ihm - von den zusätzlichen Kosten für die erfolglos eingelegte (Teil-)Anfechtungsklage einmal abgesehen - dadurch vor allen Dingen ein unter Umständen noch möglicher Rechtsschutz über eine Verpflichtungsklage verwehrt wird (§ 74 VwGO).[543] Ein Ergebnis, das sogar der ratio der §§ 82, 86 III, 88 VwGO zuwiderläuft. Denn richtigerweise darf die von Amts wegen vorzunehmende Auslegung des Klageantrages eines juristisch Ungeschulten diesem nicht zum Nachteile gereichen.[544]

Soweit darüber hinaus im Schrifttum der Ansicht gefolgt wird, daß im Falle der Nichtaufhebbarkeit eine Konkurrenzsituation zwischen Anfechtungs- und Verpflichtungsklage ohnehin nicht eintrete [545], sondern nur eine Verpflichtungsklage als die richtige Klageart in Betracht komme, führt der primäre Weg über eine (Teil-)Anfechtungsklage außerdem dazu, daß man die statthafte Klageart - wegen der anfänglichen Favorisierung eines (Teil-)Kassationsbegehrens und der Schwerpunktsetzung im materiellen Recht - erst nach der Prüfung der Begründetheit und der Feststellung, daß der Kläger einen Anspruch auf den Verwaltungsakt ohne die getroffene Nebenbestimmung hat, bestimmen kann.[546] Dies ist

---

542 Vgl. hierzu zum Beispiel die Ausführungen bei *Meyer/Borgs*, VwVfG, § 36 Rn. 48, die bei Ungewißheit über die Teilbarkeit dem Kläger die hilfsweise Erhebung einer Verpflichtungsklage, bei evidenter Unteilbarkeit jedoch direkt eine Verpflichtungsklage empfehlen, ohne dabei jedoch nähere Auskunft darüber zu geben, wann eine (Un-)Teilbarkeit evident ist.
543 Ausführlich hierzu bereits oben S. 125 f.
544 Vgl. BVerwG, Buchholz 310, § 113 VwGO Nr. 93; *Eyermann/Rennert*, VwGO, § 88 Rn. 9.
545 Vgl. zum Beispiel *Jahndorf*, JA 1999, 676 (677) sowie oben S. 121.
546 So auch *Bosch/Schmidt*, § 24 II 1.b) (S. 128).

in prüfungstechnischer Hinsicht kein gangbarer Lösungsweg, da er dem System der Verwaltungsgerichtsordnung zuwiderläuft.[547] Gewiß läßt sich diese unglückliche Prüfungsreihenfolge durch eine auf § 88 VwGO gestützte Umdeutung in ein Verpflichtungsbegehren kaschieren; dies freilich nur unter der Voraussetzung, daß eine solche Umdeutung möglich ist. Vergegenwärtigt man sich an dieser Stelle einmal den Umstand, daß es sich hier um zwei von Grund auf verschiedene Klagebegehren handelt, denn mit einer (Teil-)Anfechtungsklage begehrt ein Kläger allein die Aufhebung des Verwaltungsaktzusatzes, mit einer Verpflichtungsklage hingegen den Erlaß einer neuen Vergünstigung ohne Verwaltungsaktzusatz [548], so erscheint die Möglichkeit einer Umdeutung des einen Klageziels in das andere mehr als zweifelhaft.[549] Aufgrund der unterschiedlichen Zielrichtungen drängt sich vielmehr der Eindruck auf, daß sich beide Klagebegehren gegenseitig ausschließen und daher auch keiner Konversion zugänglich sind, zumal der Übergang von einer (Teil-)Anfechtungsklage in eine Verpflichtungsklage eine Veränderung des Streitgegenstandes beinhaltet und damit zu einer Klageänderung (§ 91 I 2. Alt. VwGO) [550] führt.

Umso erstaunlicher ist es, daß selbst von denjenigen Autoren, die eine Umdeutung ablehnen, die Auffassung vertreten wird, man könne im Falle der Abwehr von Nebenbestimmungen sowohl mit einer (Teil-)Anfechtungsklage als auch mit einer Verpflichtungsklage zwar nicht dasselbe, wohl aber doch zumindest "das gleiche Rechtsschutzziel" er-

---

[547] A. A. *Schenke*, VerwProzR, Rn. 298. Er bezeichnet die Abhängigkeit der statthaften Klageart von der materiell-rechtlichen Beurteilung als etwas "durchaus Übliches" und verweist diesbezüglich ausdrücklich auf die *Nichtigkeitsfeststellungsklage*. Dem kann jedoch nicht gefolgt werden, vgl. hierzu ausführlich unten S. 146 f.

[548] Insofern zutreffend *Lange*, AöR 102, 1977, 337 (367).

[549] Für eine Umdeutung: *Kopp*, GewArch. 1970, 97 (98; dort Fn. 16); *Redeker/ v.Oertzen*, VwGO, § 113 Rn. 6. Gegen eine Umdeutung: *Schenke*, JuS 183, 182 (188); *Lange*, AöR, 102, 1977, 337 (368; dort Fn. 103); *Schneider*, S. 174 (dort Fn. 6), wenngleich letzterer für eine doppelte Interpretationsmöglichkeit des Klagebegehrens in diesen Konstellationen eintritt (vgl. *ders.*, S. 105).

[550] *Detterbeck*, Streitgegenstand und Entscheidungswirkungen im Öffentlichen Recht, 1995, S. 66 f.; a. A. *Redeker/von Oertzen*, VwGO, § 91 Rn. 2. Vgl. hierzu auch *Schneider*, S. 174-177, der in diesem Zusammenhang darauf hinweist, daß eine solche Klageänderung nichts daran ändert, daß die Klagefrist des § 74 VwGO auch bezüglich einer später eingelegten Verpflichtungsklage einzuhalten ist.

reichen.[551] Der Grund für diese Rechtsauffassung hängt offensichtlich mit einer eher unspezifischen Interpretation des Klageziels zusammen. Das Klageziel wird vielfach schlicht damit umschrieben, daß der Kläger in den Genuß einer <<uneingeschränkten Begünstigung>> kommen wolle [552] bzw. ein <<Mehr>> an Genehmigung erstrebe [553]. Gerade die Formulierung des zuletzt genannten Ziels läßt sich im Rechtsschutzsystem der VwGO in der Tat sowohl unter ein (Teil-)Anfechtungsbegehren als auch unter ein Verpflichtungsbegehren subsumieren.[554] Beläßt man es allerdings bei dieser Feststellung, weil man beispielsweise der Ansicht ist, daß sich die Rechtsschutzzonen von Anfechtungs- und Verpflichtungsklage ohnehin nicht trennscharf voneinander abgrenzen ließen [555], oder weil man weitergehende Rechtsfragen allein auf der Begründetheitsebene diskutiert, führt dies im Falle der Unbegründetheit einer Teilanfechtungsklage unweigerlich dazu, daß die (Teil-)Anfechtungsklage sich nicht als der effektivere Rechtsbehelf gegenüber einer Verpflichtungsklage erweisen kann.

Wegen des aufgezeigten Begründungsdefizits gerade bei der Frage, welchem Rechtsschutzbegehren unter dem Gesichtspunkt der Rechtsschutzeffektivität Vorrang einzuräumen ist, stellt sich das Begehren des Klägers in den hier zu beurteilenden Fällen also alles andere als "relativ eindeutig" [556] dar. Vielmehr besteht ausreichend Anlaß, das klägerische Begehren einer genaueren Untersuchung zu unterziehen. Insbesondere wird im folgenden der Frage nachzugehen sein, ob es in den hier in Rede stehenden Konstellationen in der Tat möglich ist, das Begehren des Klägers doppelt auszulegen, so daß dieser über zwei Klagearten, die jeweils unterschiedliche Klageziele betreffen, das "gleiche" Rechtsschutzziel erreichen kann.

---

551 *Schenke*, VerwProzR, Rn. 297; ihm folgend: *Jahndorf*, JA 1999, 676 (677).
552 So *Schenke*, WiVerw. 1982, 142 (142). *Bosch/Schmidt*, § 24 II 1.a. (S. 127), sprechen davon, daß der Kläger das Interesse habe, lediglich die Nebenbestimmung zu beseitigen.
553 Vgl. auch die Ausführungen oben S. 116 f.
554 Ausführlich hierzu *Schneider*, S. 102 und S. 103.
555 Vgl. hierzu *Schenke*, in: FS für *Roellecke*, 1997, 281 (290).
556 A. A. *Störmer*, DVBl. 1996, 81 (82), der ein Kassationsbegehren favorisiert, da ein solches für den Betroffenen am günstigsten sei.

2. Auslegung des Klagebegehrens

a.) *Mehrere Klagebegehren in einer Klage*

Soweit in der Literatur die Ansicht vertreten wird, das Begehren des Klägers auf Aufhebung einer belastenden bzw. einschränkenden Nebenbestimmung lasse sich sowohl als (Teil-)Kassations- als auch als Verpflichtungsbegehren begreifen und der Kläger könne daher *statt* oder *zusammen* mit einer (Teil-)Anfechtungsklage auch eine Verpflichtungsklage erheben [557], ist diesbezüglich zunächst einmal festzustellen, daß sie sich mit dieser Aussage - zumindest was die gleichzeitige Geltendmachung zweier Klagebegehren anbetrifft - nicht dem Vorwurf der Widersprüchlichkeit aussetzen. Bereits § 44 VwGO verdeutlicht, daß der Kläger durchaus die Möglichkeit hat, mehrere Klagebegehren in einer Klage *zusammen* zu verfolgen, wenn sie sich gegen denselben Beklagten richten, im Zusammenhang stehen und dasselbe Gericht zuständig ist (sog. objektive Klagenhäufung).[558] Für eine solche objektive Klagenhäufung ist es dabei nicht einmal erforderlich, daß es sich um gleichartige Klagebegehren handelt.[559] Will ein Kläger allerdings mit seinem Antrag sowohl ein Anfechtungs- als auch ein Verpflichtungsbegehren geltend machen, so ist zu beachten, daß er beide Klagebegehren entweder nur nebeneinander (sog. kumulative Klagenhäufung) oder eines von beiden hilfsweise (sog. eventuale Klagenhäufung) erheben kann.[560] Eine *alternative* Klagenhäufung dergestalt, daß das Gericht wahlweise über das eine oder das andere Klagebegehren entscheiden soll, kommt hingegen mangels hinreichender Bestimmtheit des Klageantrages nicht in Frage.[561]

Ein ganz anderes Problem ist freilich, ob in den hier in Rede stehenden Konstellationen überhaupt von dem Vorliegen *zweier* Klagebegehren gesprochen werden kann. Wie gezeigt, lehnen die Anhänger einer Verpflichtungsklage ein allein auf den jeweiligen Zusatz beschränktes

---

[557] *Schneider*, S. 105; *Kopp*, GewArch. 1970, 97 (99).
[558] Allgemein zur Klagenhäufung nach § 44 VwGO bei einer (Teil-)Anfechtung, vgl. auch *Müffelmann*, S. 100.
[559] *Kopp/Schenke*, VwGO, § 44 Rn. 7.
[560] Näher hierzu *Kopp/Schenke*, VwGO, § 44 Rn. 1; *Schenke*, VerwProzR, Rn. 73-78.
[561] Ebenso *Schenke*, VerwProzR, Rn. 75.

Kassationsbegehren kategorisch ab und interpretieren das klägerische Begehren in diesen Fällen ausschließlich als ein Verpflichtungsbegehren. Demgegenüber wird in der Literatur überwiegend die Ansicht vertreten, daß ein Verpflichtungsbegehren in diesen Fällen zwar auch möglich sei, zumeist wird aber einem (Teil-)Anfechtungsbegehren der Vorrang eingeräumt.[562]
Die Möglichkeit einer Verpflichtungsklage und damit das Vorliegen eines Verpflichtungsbegehrens wird also von niemandem in Abrede gestellt. Primär ist daher der Frage nachzugehen, ob überhaupt ein auf den jeweiligen Verwaltungsaktzusatz beschränktes Kassationsbegehren bejaht werden kann. Des besseren Verständnis wegen sei an dieser Stelle nochmals ausdrücklich darauf hingewiesen, daß es hierbei nicht um die Frage geht, ob ein Kläger im Rahmen seiner Dispositionsfreiheit ein solches Kassationsbegehren tatsächlich artikulieren kann, sondern darum, ob ein solches Klagebegehren in den hier in Rede stehenden Konstellationen nach dem Rechtsschutzsystem der VwGO in statthafter Weise verfolgt werden kann. Erst wenn dies der Fall ist, ist der weiteren Frage nachzugehen, ob einem etwaigen (Teil-)Kassationsbegehren Vorrang vor einem Verpflichtungsbegehren einzuräumen ist. Denn in Fällen, in denen der Kläger seinen Antrag insoweit offen formuliert, weil er sich nicht sicher ist, welches Rechtsschutzmittel er wählen soll, gebietet es das in Art. 19 IV GG verankerte Gebot des effektiven Rechtsschutzes, diejenige Auslegung der Prozeßerklärung zu wählen, die ein zulässiges Rechtsschutzbegehren enthält.[563]

b.) *Die prozessuale Ausgestaltung eines Kassationsbegehrens*

Unabdingbare Voraussetzung für die Bejahung eines (Teil-)Kassationsbegehrens ist, daß der Kläger überhaupt in der Lage ist, sein Begehren allein auf die Aufhebung eines rechtswidrigen Verwaltungsaktzusatzes richten zu können. Diese Möglichkeit könnte sich vorliegend aus der - bereits mehrfach erwähnten - sog. Teilanfechtungsklage gegen einen Verwaltungsaktzusatz ableiten lassen. Ist eine solche Teilanfechtungsklage möglich und handelt es sich bei dem jeweils im Streit befindlichen

---

[562] Zu den unterschiedlichen Begründungen vgl. bereits oben S. 118 f.
[563] *Kuntze*, in: *Bader*, VwGO, § 88 Rn. 4; BVerwG, NJW 1991, 508 (510).

Verwaltungsaktzusatz um einen "Teil" eines Verwaltungsaktes, dann ist ein Betroffener in der Lage, sein Kassationsbegehren im Rahmen einer solchen Teilanfechtungsklage auch auf den jeweiligen Verwaltungsaktzusatz zu beschränken.

Eine weitere Möglichkeit, ein Kassationsbegehren bezüglich eines Verwaltungsaktzusatzes entsprechend den Vorgaben der Verwaltungsgerichtsordnung zu erheben, könnte sich allerdings auch direkt aus der Möglichkeit einer Gesamt- bzw. Vollanfechtung des jeweiligen Verwaltungsaktzusatzes gemäß § 42 I 1. Alt. VwGO ergeben. Dies setzt freilich ebenfalls voraus, daß sämtliche Sachurteilsvoraussetzungen erfüllt sind.

Da das Kassationsbegehren im Zusammenhang mit Inhalts- und Nebenbestimmungen in der Literatur mehrheitlich noch immer im Rahmen einer Teilanfechtungsklage diskutiert wird und in diesem Zusammenhang die meisten Sachfragen aufgeworfen werden, wird zunächst der Möglichkeit einer Teilanfechtungsklage nachgegangen; erst später wird auch zur Möglichkeit einer Gesamtanfechtung Stellung bezogen.[564]

aa.) *Die Möglichkeit einer echten Teilanfechtung nach § 42 I 1. Alt. VwGO*

Vor Inkrafttreten der Verwaltungsgerichtsordnung war die Möglichkeit einer *Teilaufhebung* von Verwaltungsakten heftig umstritten.[565] Heute ist sie hingegen - aufgrund der in § 113 I 1 VwGO normierten "Soweit-Regelung" ("soweit der Verwaltungsakt rechtswidrig...ist, hebt das Gericht den Verwaltungsakt...auf") - anerkannt und bildet zugleich für zahlreiche Autoren den dogmatischen Ausgangspunkt für die grundsätzliche Bejahung einer *Teilanfechtung* von Verwaltungsakten. Denn die Zulässigkeit einer solchen *Teilanfechtung* wird ebenfalls ganz überwiegend

---

[564] Vgl. unten S. 214.
[565] Vgl. im einzelnen *Menger*, System des verwaltungsgerichtlichen Rechtsschutzes, 1954, S. 173; *Weipert*, DÖV 1949, 68 (69); *Hufnagl*, Die Verwaltungsgerichtsbarkeit, § 79 (S. 278); *Klinger*, Die Verordnung über die Verwaltungsgerichtsbarkeit in der britischen Zone, § 75 VGVO (S. 449); *van de Sandt*, Die Verwaltungsgerichtsbarkeit in der britischen Zone, § 75 VGVO (S. 150) gegen *van Husen*, Gesetz über die Verwaltungsgerichtsbarkeit, § 79 VGG (S. 106); vgl. auch *Hess.VGH* in DVBl. 1950, 371 (372).

aus der Vorschrift des § 113 I 1 VwGO abgeleitet.[566] Da ein Gericht nach dieser Vorschrift in der Lage ist, auf eine Anfechtungsklage hin nicht nur den ganzen Verwaltungsakt, sondern auch *Teile* desselben aufzuheben, müsse man konsequenterweise - obgleich dies in § 42 I 1. Alt. VwGO nicht ausdrücklich geregelt sei - dem Kläger auch die Möglichkeit einräumen, sein *Aufhebungsbegehren* bzw. *seinen Klageantrag* von vornherein nur auf einen rechtswidrigen "Teil" des Verwaltungsaktes beschränken zu können.[567]

Voraussetzung für eine solche Teilanfechtung ist allerdings nach ganz herrschender Meinung, daß der Verwaltungsakt einen *teilbaren Inhalt* hat, d. h. das abzutrennende "Stück" muß in "prozessualer", "sachlicher", "logisch-tatsächlicher" bzw. "objektiver" Hinsicht von der Hauptregelung abteilbar sein und infolgedessen selbst als gesonderter Angriffsgegenstand bestehen können.[568] Dieser elementaren Voraussetzung der Statthaftigkeit einer Teilanfechtung wird allerdings von Teilen der Literatur nicht hinreichend Rechnung getragen. Dies hängt damit zusammen, daß einige Autoren in der Literatur die Ansicht vertreten, daß die Frage der Teilbarkeit allein die Begründetheit einer Teilanfechtungsklage betreffe, d. h. von materiell-rechtlichen Erwägungen abhängig sei.[569] Zur Bejahung der prozessualen Teilbarkeit beschränken sich diese Autoren daher zumeist auf den schlichten Hinweis, daß Nebenbestimmungen - gleich welcher Art - zumindest als "Teile" eines Verwaltungsaktes selbständig im Wege der Teilanfechtung anfechtbar seien. Damit wird letztlich aber nichts anderes ausgesagt, als daß man diese Zusätze in prozessualer Hinsicht bzw. in logisch-tatsächlicher Hinsicht von dem jeweiligen Hauptverwaltungsakt für abtrennbar hält.[570]

---

[566] Vgl. etwa *Schenke*, JuS 1983, 182 (183 und 184); *ders.*, WiVerw. 1982, 142 (147 und 148); *Erichsen*, VerwArch. 66, 1975, 299 (300); *Erichsen*, in: *Erichsen/Ehlers*, Allg. VerwR, § 15 Rn. 33.

[567] *Erichsen*, VerwArch. 66, 1975, 299 (300); *Cöster*, S. 19-20; *Müffelmann*, S. 97; *Hufen*, VerwProzR, § 14 Rn. 61; *Schenke*, WiVerw. 1982, 142 (147 und 148); *ders.*, JuS 1983, 182 (184).

[568] Vgl. zur unterschiedlichen Terminologie der prozessualen Teilbarkeit: *Maurer*, Allg. VerwR, § 12 Rn. 25; *Schmitt Glaeser/Horn*, VerwProzR, Rn. 142; *Störmer*, DVBl. 1996, 81 (85); *Hufen*, VerwProzR, § 14 Rn. 49; *Kopp/Schenke*, VwGO, § 42 Rn. 22; näher zum Begriff der *prozessualen Teilbarkeit* vgl. unten S. 153 f.

[569] Vgl. hierzu die Grundpositionen oben S. 105 f. und S. 107 f.

[570] Vgl z. B. *Erichsen*, in: *Erichsen/Ehlers*, Allg. VerwR, § 15 Rn. 33; *Schenke*, JuS 1983, 182 (184); *ders.*, in: FS für Roellecke, 1997, S. 285; *Martens*, DVBl. 1965, 428 (432);

Vielfach wird davon ausgegangen, daß sich eine Anfechtungsklage *unmittelbar* gegen einen Verwaltungsaktzusatz richten könne. Prozessual versteht man unter dem häufig verwendeten Begriff der "isolierten bzw. selbständigen Anfechtung" von Nebenbestimmungen daher nichts anderes als eine sog. *echte Teilanfechtung*.[571] Betrachtet man nach diesem Grundverständnis Verwaltungsaktzusätze als "Teile" eines Verwaltungsaktes, könnte ein allein auf die Aufhebung eines rechtswidrigen Verwaltungsaktzusatzes gerichtetes Klagebegehren bereits im Rahmen des § 42 I 1. Alt. VwGO Berücksichtigung finden.[572] Das soeben beschriebene Modell einer *echten Teilanfechtungsklage* wird allerdings nicht selten in Frage gestellt.

(1) *Anfechtungsklage nach § 42 I 1. Alt. VwGO nur bei Vorliegen eines Verwaltungsaktes*

Aus dem Wortlaut des § 42 I 1. Alt. VwGO folgert zum Beispiel *Badura*, daß eine Anfechtungsklage nur dann statthaft sei, wenn sie auf die Aufhebung eines *Verwaltungsaktes* gerichtet sei. Damit schließt er die prozessuale Möglichkeit einer echten Teilanfechtungsklage gegenüber Teilen eines Verwaltungsaktes von vorneherein aus.[573] Insbesondere beim Vorgehen gegen eine Auflage, die seines Erachtens wie die übrigen Nebenbestimmungen kein Verwaltungsakt, sondern nur ein Teil des-

---

Hufen, VerwProzR, § 14 Rn. 61. Die *prozessuale* Teilbarkeit aller Nebenbestimmungen inklusive der sog. modifizierenden Auflage bejahen *Kopp*, VwGO, § 42 Rn. 17 - Rn. 18a und *Schenke*, VerwProzR, Rn. 301.

[571] Vgl. zum Beispiel *Erichsen*, VerwArch. 66, 1975, 299 (300); *Maurer*, Allg. VerwR. § 12 Rn. 25 und Rn. 26; *Brenner*, JuS 1996, 281 (286); *Schmitt Glaeser/Horn*, VerwProzR, Rn. 142; *Janßen*, in: Obermayer, VwVfG, § 36 Rn. 47; *Störmer*, DVBl. 1996, 81 (85); *Remmert*, VerwArch. 88, 1997,112 (135). Die Terminologie bzw. die Unterscheidung zwischen echter und unechter Teilanfechtung stammt von *Schneider* (vgl. *ders.*, S. 90).

[572] In diesem Sinne *Müffelmann*, S. 97; *Cöster*, S. 20; *Hoenig*, S. 50. Vgl. hierzu auch *Schneider* (S. 112), für den nicht der gesamte Verwaltungsakt, sondern nur das auf einen Teil des Verwaltungsaktes gerichtete Aufhebungsbegehren den Streitgegenstand einer solchen Teilanfechtungsklage bildet.

[573] *Badura*, JuS 1964, 103 (103); insofern zum selben Ergebnis gelangt auch *Fehn*, DÖV 1988, 202 (208).

selben sei [574], vertritt er die Ansicht, daß sich eine Anfechtungsklage nicht gegen diese, sondern gegen den gesamten Verwaltungsakt, dem sie beigefügt wurde, richten müsse.[575] *Badura* ist es dabei gleichgültig, ob der Kläger mit seinem Antrag die Aufhebung des ganzen Verwaltungsaktes oder aber nur eines Teiles begehrt. Seines Erachtens soll in beiden Fällen eine "gerichtliche Kontrolle über in einem Verwaltungsakt erscheinendes Verwaltungshandeln herbeigeführt werden" [576]. Das Problem der "selbständigen Anfechtbarkeit" einer Auflage betreffe in Wahrheit allein die Frage der Teilbarkeit eines Verwaltungsaktes, d. h. die Frage, welche Auswirkung die Fehlerhaftigkeit einer Auflage auf die Rechtsbeständigkeit eines Gesamtverwaltungsaktes habe, und ob ein Gericht den Verwaltungsakt deswegen auch nur zu einem Teil aufheben dürfe.[577] *Badura* zieht dabei eine gerichtliche *Teilaufhebung* in Betracht, wenn sich im Einzelfall die Fehlerhaftigkeit einer Auflage auf diese beschränke. Erstrecke sie sich hingegen auch auf den übrigen Teil des Verwaltungsaktes, so solle ein Gericht verpflichtet sein, den gesamten Verwaltungsakt aufzuheben.[578]

Die von *Badura* vorgetragenen Bedenken gegen die Zulässigkeit einer echten Teilanfechtungsklage überzeugen nicht. Dem Wortlaut des § 42 I 1. Alt. VwGO kann nicht entnommen werden, daß eine Anfechtungsklage beim Vorgehen gegen rechtswidrige Nebenbestimmungen *immer* auf die Aufhebung des gesamten Verwaltungsakts gerichtet sein muß. Ebensogut kann man die Vorschrift des § 42 I 1. Alt. VwGO auch dahingehend interpretieren, daß einem Kläger, wenn ihm hiernach schon explizit die Möglichkeit zugestanden wird, sein Begehren auf die Aufhebung des gesamten Verwaltungsaktes zu erstrecken, erst recht die Möglichkeit eingeräumt sein muß, neben diesem Gesamtanfechtungsbegehren auch ein in ihm als Minus enthaltenes Teilanfechtungsbegehren geltend machen zu können. Dies zeigt, daß der Wortlaut des § 42 I 1. Alt.

---

[574] So *Badura*, JuS 1964, 103 (103). Eine Ausnahme hiervon läßt er nur für den Fall einer nachträglich beigefügten Auflage, die er als Verwaltungsakt qualifiziert, zu. Vgl. *ders.*, JuS 1964, 103 (103; dort Fn. 5).

[575] *Badura*, JuS 1964, 103 (103).

[576] *Badura*, JuS 1964, 103 (103).

[577] *Badura*, JuS 1964, 103 (103), dessen Ausführungen an dieser Stelle nicht nur für Auflagen, sondern auch für alle übrigen Nebenbestimmungen Geltung beanspruchen dürften, vgl. *ders.*, JuS 1964, 103 (103).

[578] *Badura*, JuS 1964, 103 (103 und 104).

VwGO sowohl gegen als auch für die Möglichkeit einer echten Teilanfechtung angeführt werden kann. Allein aus dem Wortlaut des § 42 I 1. Alt. VwGO und aus dem Umstand, daß bestimmte Nebenbestimmungen nur Teile eines Verwaltungsaktes sind, kann daher nicht auf die (Un-)Zulässigkeit einer Teilanfechtungsklage geschlossen werden.[579] Darüber hinaus erscheint *Baduras* dogmatische Grundüberlegung, das Problem der "selbständigen Anfechtbarkeit" ausschließlich vor dem Hintergrund der materiellen Teilbarkeit eines Verwaltungsaktes und einer ihm beigefügten Nebenbestimmung zu begreifen (§ 113 I 1 VwGO), wenig überzeugend. Unabhängig von der Verwaltungsaktqualität einer Nebenbestimmung drängt sich gerade in den Fällen, in denen auch *Badura* eine materiell-rechtliche Teilbarkeit von Vergünstigung und Nebenbestimmung bejaht[580] und damit eine gerichtliche Teilaufhebung für zulässig erachtet, die Frage auf, ob hiermit nicht auch eine korrespondierende *prozessuale* Teilbarkeit zu bejahen ist. Ist dies nämlich der Fall, dann kann ein Kläger seinen Antrag nur auf die Aufhebung des rechtswidrigen Teils des jeweiligen Verwaltungsaktes beschränken. Außerdem kann der Kläger auf diese Weise den mit einer Gesamtanfechtung verbundenen Nachteilen, wie etwa der Gefahr eines Verlustes der gesamten Vergünstigung[581] oder den mit einer Gesamtanfechtung in der Regel verbundenen höheren Prozeßkosten[582] aus dem Wege gehen.

Im Unterschied zu der von *Badura* vorgeschlagenen Gesamtanfechtung läuft der Kläger bei Bejahung einer Teilanfechtungsmöglichkeit und bei Aufhebbarkeit der jeweiligen Nebenbestimmung außerdem nicht Gefahr, mit seiner Klage teilweise zu unterliegen. Bei einer gerichtlichen Feststellung der Teilrechtswidrigkeit nach § 113 I 1 VwGO findet keine Bestätigung des rechtmäßigen Teils des Verwaltungsaktes statt, sondern das Gericht stellt allein die Rechtswidrigkeit der streitbefangenen

---

[579] So aber *Badura*, JuS 1964, 103 (103). Vgl. dagegen *Schenke*, WiVerw. 1982, 142 (148). Zum Begriff "Teil" eines Verwaltungsaktes später unten S. 199.

[580] So für den Fall, daß eine Auflage einer gebundenen Entscheidung beigefügt ist und die Rechtswidrigkeit sich allein auf diese Auflage beschränkt, vgl. *Badura*, JuS 1964, 103 (103).

[581] Vgl. auch *Schneider* (S. 92), der in diesem Zusammenhang darauf hinweist, daß dem Kläger eine rechtswidrige Begünstigung im Zweifel lieber sein dürfte als ihre völlige Aufhebung durch das Gericht.

[582] *Hoenig*, S. 51.

Nebenbestimmung fest.[583] Im Gegensatz zu *Baduras* Gesamtanfechtung kann folglich eine Teilanfechtungsklage zum vollen Klageerfolg führen. Diese prozessualen Erwägungen verdeutlichen, daß sich das Problem der selbständigen Anfechtbarkeit von Nebenbestimmungen gerade eben nicht nur vor dem Hintergrund der Frage nach der materiellen Teilbarkeit von Vergünstigung und Nebenbestimmung bewältigen läßt. Vielmehr ist wegen der in § 113 I 1 VwGO zur Verfügung gestellten Entscheidungsalternativen des Gerichts auch bereits auf der Zulässigkeitsebene die Frage zu klären, ob eine Teilanfechtung nach dem Klagesystem der VwGO statthaft ist. *Badura* schneidet sich die Erörterung gerade dieser eminent wichtigen prozessualen Vorfrage durch eine zu enge Auslegung des § 42 I 1. Alt. VwGO von vornherein ab. Eine Vorgehensweise, die in den meisten Fällen den berechtigten Interessen eines Klägers, die regelmäßig auf ein möglichst weit gefächertes Spektrum an Rechtsschutzmöglichkeiten gerichtet sein dürften, widerspricht. Im Ergebnis ist daher *Baduras* prozessuale Konstruktion einer Gesamtanfechtung abzulehnen.[584]

(2) *Das Modell der sog. unechten Teilanfechtungsklage nach § 42 I 1. Alt. VwGO*

Gegen die *echte* Teilanfechtungsklage wenden sich auch diejenigen Autoren, die für die sog. *unechte* Teilanfechtungsklage plädieren.[585] Ihre Anhänger sind sich im Grundsatz darüber einig, daß ein Kläger die

---

[583] Die unausweichliche Gefahr einer teilweisen Klageabweisung bei einer Gesamtanfechtung sehen auch: *Cöster*, S. 19; *Schenke*, JuS 1983, 182 (184); *ders.*, WiVerw. 1982, 142 (148); *Hoenig*, S. 58.

[584] Im Ergebnis ebenso, mit zum Teil jedoch recht unterschiedlicher Begündung, *Schneider*, S. 92; *Hoenig*, S. 52. Auf das von diesen Autoren angeführte Argument, das Gericht gehe bei Annahme einer Gesamtanfechtung über das Klagebegehren des Klägers hinaus (§ 88 VwGO), wenn dieser nur die Aufhebung einer Nebenbestimmung begehre, wird an dieser Stelle noch nicht näher eingegangen, da die vorliegende Prüfung gerade der Feststellung dient, ob ein solches beschränktes Kassationsbegehren überhaupt bejaht werden kann. Zur Gesamtanfechtung vgl. auch *Weyreuther*, DVBl. 1969, 232 (236), der der Ansicht ist, daß eine Anfechtung der gesamten Begünstigung mangels Rechtsschutzbedürfnis ausscheide.

[585] Zur Terminologie der *unechten Teilanfechtung*, vgl. bereits oben S. 137 (Fn. 571 a. E.).

Aufhebung eines Verwaltungsaktes auch teilweise beantragen darf. Die *prozessuale* Ausgestaltung dieser *unechten Teilanfechtungsklage* unterscheidet sich allerdings von der einer echten Teilanfechtungsklage und wird obendrein recht uneinheitlich beurteilt. Zwei unterschiedliche Spielarten der *unechten Teilanfechtungsklage* sind zu unterscheiden.

(a) *Unechte Teilanfechtung nach Kopp*

Kopp vertritt den Standpunkt, daß Nebenbestimmungen keine selbständigen Verwaltungsakte seien.[586] Vielmehr handle es sich bei diesen immer um "unmittelbare Teile" eines Verwaltungsaktes, die einer völlig isolierten Anfechtung entzogen seien.[587] Für eine gleichwohl mögliche (Teil-)Anfechtungsklage fordert er daher in prozessualer Hinsicht, daß sich diese nicht gegen eine Nebenbestimmung allein, sondern nur "gegen den Verwaltungsakt selbst, soweit er mit der Nebenbestimmung versehen ist", richten müsse.[588]

Die Frage, ob das Gericht allein die rechtswidrige Nebenbestimmung aufheben kann, beantwortet er sodann ausschließlich nach Maßgabe materiell-rechtlicher Gesichtspunkte.[589] Seines Erachtens betrifft eine eventuell gegebene *innere Untrennbarkeit* von Nebenbestimmung und Hauptverwaltungsakt ausschließlich die Frage der Begründetheit eines Rechtsbehelfs. Selbst bei Bedingungen, Befristungen und sogar bei modifizierenden Auflagen sei es "nicht schlechthin von vorneherein undenkbar", daß ein Kläger einen *Anspruch* auf Erlaß eines Verwaltungsaktes

---

[586] *Mayer/Kopp*, Allg. VerwR, § 13 IV 1 (S. 225).

[587] *Kopp*, GewArch. 1970, 97 (98).

[588] *Kopp*, GewArch. 1970, 97 (97); eine Ausnahme hiervon läßt *Kopp* für den Fall einer dem Verwaltungsakt nachträglich beigefügten Nebenbestimmung zu, vgl. *ders.*, GewArch. 1970, 97 (98). Diesem prozessualen Verständnis einer unechten Teilanfechtung folgt *Karl*, S. 103. Vgl. auch *Martens*, DVBl. 1965, 428 (432; dort Fn. 72), der in Zusammenhang mit der Anfechtung unselbständiger Nebenbestimmungen darauf hinweist, daß Objekt der Anfechtung in solchen Fällen derjenige *Teil* des Verwaltungsaktes sei, in dem die Behörde sich den Widerruf vorbehalten bzw. die zeitliche Begrenzung angeordnet habe.

[589] *Mayer/Kopp*, Allg. VerwR, § 13 IV 1 (S. 225); *Kopp*, GewArch. 1970, 97 (98).

ohne die ihn belastende Nebenbestimmung habe und daß das Gericht diese deshalb ersatzlos aufheben müsse.[590]
Diesem Modell einer unechten Teilanfechtungsklage kann nicht zugestimmt werden. Vergleicht man die *Kopp'schen* Ausführungen, die er vor allen Dingen in einem Aufsatz aus dem Jahre 1970 [591] machte, mit seinen späteren Aussagen, erkennt man, daß seine prozessuale Konstruktion einer unechten Teilanfechtungsklage unter mehreren Gesichtspunkten zu widersprüchlichen Ergebnissen führt. So vertritt *Kopp* zwar einerseits die Ansicht, daß eine teilweise Anfechtung des Verwaltungsaktes [592] möglich sei, andererseits gelangt er in Fällen, in denen eine Teilaufhebung wegen materieller Unteilbarkeit ausscheiden soll, zu dem Ergebnis, daß das Gericht den *gesamten* Verwaltungsakt aufheben müsse.[593] Ebenso widersprüchlich sind seine Ergebnisse hinsichtlich der Reichweite der aufschiebenden Wirkung einer solchen (unechten) Teilanfechtungsklage. Hier plädiert er zunächst für eine Trennung der aufschiebenden Wirkung.[594] Im Falle eines "untrennbaren inneren Zusammenhangs" von Nebenbestimmung und Verwaltungsakt vertritt er je-

---

[590] *Mayer/Kopp*, Allg. VerwR, § 13 IV 1 (S. 225); *ders.*, VwGO, § 42 Rn. 18a; § 113 Rn. 15 f.

[591] *Kopp*, GewArch. 1970, 97 f. (100).

[592] Nach seinem Verständnis wird der Verwaltungsakt nur angefochten, "soweit er mit einer Nebenbestimmung versehen ist", vgl. *Kopp*, GewArch. 1970, 97 (97). Daß *Kopp* den Klageantrag zunächst als einen solchen auslegt, der nur auf die Aufhebung eines Teils des Verwaltungsaktes gerichtet sei, ergibt sich im übrigen auch daraus, daß *Kopp* - für den Fall der materiellen Unteilbarkeit - eine Umdeutung der ursprünglichen Teilanfechtungsklage in eine Klage auf Aufhebung des ganzen Verwaltungsaktes oder in eine Verpflichtungsklage auf Erlaß eines neuen nicht (so) eingeschränkten Verwaltungsaktes für erforderlich hält, vgl. *Kopp*, VwGO, § 42 Rn. 18b, Rn. 23 a. E.; *Kopp*, VwVfG, § 36 Rn. 46 a. E. Vgl. hierzu auch *Hoenig*, S. 54 (dort Fn. 155), der angesichts der häufig zweideutigen Formulierungen *Kopps* vermutet, dieser habe seine bisherige Konstruktion einer unechte Teilanfechtung aufgegeben.

[593] Vgl. *Kopp*, VwGO, § 113 Rn. 17, der in diesen Fällen zudem regelmäßig auch eine Umdeutung der Teilanfechtungsklage in eine Verpflichtungsklage in Betracht zieht.

[594] *Kopp*, GewArch. 1970, 97 (98; dort Fn. 16 a. E.). *Kopp* sieht u. a. gerade darin einen entscheidenden Vorteil einer (Teil-)Anfechtungsklage gegenüber einer Verpflichtungsklage, denn bei letzterer müsse der gesamte Verwaltungsakt als suspendiert angesehen werden, vgl. *ders.*, GewArch. 1970, 97 (98).

doch die Ansicht, daß auch die (nicht angefochtene) Begünstigung von der aufschiebenden Wirkung der Anfechtungsklage erfaßt werde.[595] Diese Vorgehensweise verdeutlicht, daß *Kopp* in Fällen der materiellen Unteilbarkeit von Nebenbestimmung und Verwaltungsakt aus seiner prozessualen Konstruktion einer (unechten) Teilanfechtungsklage letztlich keine Konsequenzen zieht, sondern - vergleichbar der Konstruktion *Baduras* - von einer Gesamtanfechtung des Verwaltungsaktes ausgeht.[596]

Die Gründe, die *Kopp* zur Rechtfertigung dieser inkonsequenten Vorgehensweise anführt, vermögen nicht zu überzeugen. *Kopp* meint, daß in Fällen, in denen eine Teilaufhebung aus materiellen Gründen nicht in Betracht gezogen werden könne, der von ihm favorisierte (unechte) Teilanfechtungsantrag seinem erkennbaren Zweck entsprechend als Antrag auf Aufhebung des ganzen Verwaltungsaktes oder, selbst wenn expressis verbis nur ein Anfechtungsantrag formuliert wurde, als Antrag auf Verpflichtung der Behörde zum Erlaß eines nicht (so) eingeschränkten Verwaltungsaktes ausgelegt werden müsse.[597] Seine zunächst favorisierte (unechte) Teilanfechtungsklage hält er dabei im Falle der Unteilbarkeit nicht für unzulässig, sondern für unbegründet.[598]

Bereits an dieser Stelle fragt man sich, wie *Kopp* überhaupt zur Unbegründetheit dieses Klageantrags gelangt, wenn er diesen - im Falle der Unteilbarkeit - einfach nachträglich anders auslegt. Außerdem verdeutlicht seine Vorgehensweise, daß er im Falle der Unteilbarkeit von Verwaltungsakt und Nebenbestimmung die ihm unerwünschten prozessualen Konsequenzen einer zunächst von ihm favorisierten Teilanfechtungsklage zu umgehen versucht, indem er die ursprünglich erhobene Teilanfechtungsklage im nachhinein so behandelt, als sei sie schon von

---

[595] *Kopp*, VwGO, § 80 Rn. 26.
[596] Vgl. hierzu auch *Schneider* (S. 98), der sich in diesem Zusammenhang berechtigterweise die Frage stellt, inwieweit überhaupt dann noch von einer Teilanfechtung des Verwaltungsaktes die Rede sein kann.
[597] *Kopp*, VwGO, § 42 Rn. 23 a. E., § 88 Rn. 7; *Kopp* hält dabei insbesondere eine Umdeutung des Klageantrags für möglich.
[598] Im Falle der Unteilbarkeit soll seines Erachtens die Klage als Teilanfechtungsklage *unbegründet* sein, vgl. *Kopp*, VwGO, § 42 Rn. 17; *ders.*, GewArch. 1970, 97 (98).

Anfang an als Gesamtanfechtungsklage oder aber als Verpflichtungsklage erhoben worden.[599]

Da *Kopp* der Ansicht ist, daß die selbständige Anfechtbarkeit von Nebenbestimmungen allein die Frage der materiellen Teilbarkeit, d. h. die Frage der Begründetheit einer Anfechtungsklage betreffe, kann diese Vorgehensweise zwar von seinem Standpunkt aus gesehen als konsequent bezeichnet werden.[600] *Kopp* übersieht aber, daß eine derartige zweifache Auslegung des Klageantrags bzw. eine damit verbunde nachträgliche Korrektur der Klageart aufgrund der materiellen Rechtslage dem System der Verwaltungsgerichtsordnung fremd ist. Die Frage, ob eine Nebenbestimmung im *materiell-rechtlichen* Sinne von dem übrigen Teil eines Verwaltungsakts abtrennbar ist oder nicht, darf schon deswegen nicht zur Ermittlung des Klageantrags bzw. der richtigen Klageart herangezogen werden, weil sich die Frage der materiellen Teilbarkeit richtigerweise erst bzw. nur dann stellt, wenn zuvor das Vorliegen sämtlicher Sachentscheidungsvoraussetzungen, insbesondere die Statthaftigkeit der Klageart [601], festgestellt worden ist.[602] Gerade diese Systematik mißachtet *Kopp*, indem er erst in der Begründetheitsstation der Klage zu einer abschließenden Auslegung des Klageantrags und damit zur endgültigen Ermittlung der richtigen Klageart gelangt.[603]

Im Ergebnis reduziert also *Kopp* den Klageantrag zunächst allein auf seine Funktion als *Sachantrag*, d. h. auf die Frage, ob und inwieweit die Klage begründet oder unbegründet ist. Der Frage, ob der ursprüngliche Teilanfechtungsantrag auch bereits in seiner Funktion als *Prozeßantrag* zulässig oder unzulässig ist, weicht er aber letzten Endes mit Hilfe einer auf materiellen Gründen basierenden Auslegungsmethode aus [604] und

---

[599] Vgl. etwa *Kopp*, VwGO, § 42 Rn. 19, der diese Vorgehensweise offenbar selbst nach Ablauf der Klagefrist für richtig erachtet.

[600] Konsequent zumindest insofern, als er den auf die Nebenbestimmung begrenzten Teilanfechtungsantrag nicht für unzulässig erklärt, sondern diesen lediglich anders auslegt.

[601] Vgl. *Kopp*, VwGO, Vorb § 40 Rn. 17, der sich damit in Widerspruch zu seiner eigenen Vorgehensweise setzt.

[602] Dies ist nahezu unbestritten, vgl: *Schneider*, S. 99; *Schwerdtfeger*, Öffentliches Recht in der Fallbearbeitung, Rn. 13; BVerfGE 40, 356 (361); *Kopp/Schenke*, VwGO, Vorb § 40 Rn. 10; kritisch *Säcker*, JZ 1968, 712 (713).

[603] Vgl. hierzu *Bosch/Schmidt*, § 24 II 1. b. (S. 128) sowie *Ehlers*, VerwArch. 67, 1976, 369 (372).

[604] Seine primäre Auslegung des Prozeßantrags ist unbeachtlich, da sie im Falle der

widerspricht somit seiner Aussage, man dürfe die Frage der Zulässigkeit einer Klage grundsätzlich selbst dann nicht offen lassen, wenn ihre Beantwortung Schwierigkeiten bereite oder "die Begründetheit oder Unbegründetheit des geltend gemachten Anspruchs auf der Hand" liege.[605]

Darüber hinaus führt die *Kopp'sche* Prüfungsreihenfolge dazu, daß der Umfang der Rechtshängigkeit nicht mehr unmittelbar durch die Erhebung der Klage (vgl. § 90 VwGO) bzw. durch den im Klageantrag angegebenen Gegenstand des Klagebegehrens bestimmt wird, sondern letztlich von einer materiell-rechtlichen Beurteilung des Gerichtes abhängt. Die Frage nämlich, ob nur die jeweilige Nebenbestimmung oder der gesamte Verwaltungsakt streitbefangen ist, kann hiernach nur beantwortet werden, wenn zuvor die Frage geklärt ist, ob das Gericht den Verwaltungsakt für teilbar oder unteilbar hält. Nur im Falle der materiellen Teilbarkeit kommt nach *Kopp* ein auf einen Teil des Verwaltungsaktes beschränkter Klageantrag in Betracht, so daß sich auch nur in diesem Falle die Rechtshängigkeit der Klage auf einen Teil des Verwaltungsaktes erstrecken kann. Bei materieller Unteilbarkeit soll hingegen der gesamte Verwaltungsakt streitbefangen sein. Dies ist in beiden Fällen ein untragbares Ergebnis. Denn richtigerweise beruht der Umfang der Rechtshängigkeit nicht auf materiell-rechtlichen Erwägungen eines Gerichtes, sondern wird von Anfang an durch die Klage bzw. durch den im Klageantrag angegebenen Gegenstand des Klagebegehrens bestimmt.[606] Gegenstand und Reichweite der Rechtshängigkeit einer Klage müssen schon vor der Sachentscheidung feststehen. Denn andernfalls fehlt es an einer wirksamen Klageerhebung.[607]

Unteilbarkeit für die endgültige Ermittlung der Klageart nicht aussschlaggebend ist. Zur Unterscheidung von Prozeß- und Sachantrag, die im Falle einer Klage zusammenfallen, vgl. auch *Bettermann*, in: FS für *Bötticher*, 1969, 13 f. (26).

[605] *Kopp*, VwGO, Vorb § 40 Rn. 10.

[606] Dies ist letztlich ein Ausdruck der auch im Verwaltungsprozeß geltenden Dispositionsmaxime, die besagt, daß der Kläger und nicht etwa das materielle Recht bestimmt, was Streitgegenstand des Verfahrens ist, vgl. hierzu *Kuntze*, in: *Bader*, VwGO, § 88 Rn. 1.

[607] So *Kopp*, VwGO, § 82 Rn. 7 und § 90 Rn. 7 und Rn. 12, der sich damit in Widerspruch zu seinen eigenen Ausführungen setzt. Allgemein zur Festlegung des Streitgegenstandes durch den Kläger, vgl. auch *Kuntze*, in: *Bader*, VwGO, § 88 Rn. 1.

Im übrigen vermag auch ein in der Literatur anzutreffender Hinweis auf die *Nichtigkeitsfeststellungsklage* (§ 43 I 2. Alt. VwGO) eine solche systemwidrige Prüfungsreihenfolge nicht zu rechtfertigen.[608] Der Annahme, eine Nichtigkeitsfeststellungsklage dokumentiere, daß es "etwas durchaus Übliches" sei, wenn die zu wählende Klageart von einer materiellrechtlichen Beurteilung abhänge [609], kann nicht zugestimmt werden. Ein Rückschluß von der materiell-rechtlichen Beurteilung auf die statthafte Klageart findet bei einer erhobenen Nichtigkeitsfeststellungsklage überhaupt nicht und bei einer an ihrer Stelle erhobenen Anfechtungsklage allenfalls nur in engen Grenzen statt.

Die Anfechtungsklage gegen einen nichtigen Verwaltungsakt muß als ein Sonderfall angesehen werden, aus dem sich keine allgemeingültigen Rückschlüsse auf das System der VwGO ziehen lassen. Der Umstand, daß ein Kläger nach § 43 II 2 VwGO die *Wahl* zwischen Anfechtungs- und Nichtigkeitsfeststellungsklage hat, weil nach dieser Vorschrift die Subsidiarität der Feststellungsklage ausdrücklich aufgehoben wird, entbindet ein Gericht nämlich nicht von seiner Pflicht, das Klagebegehren bzw. die zu wählende Klageart bereits im Rahmen der Zulässigkeit zu ermitteln.

Zwar ist es richtig, daß die VwGO eine Anfechtungsklage auch gegen einen nichtigen Verwaltungsakt *vorläufig* zuläßt [610], um dem Kläger nicht die mitunter schwierige Unterscheidung zwischen Nichtigkeit und Rechtswidrigkeit des Verwaltungsaktes aufzubürden.[611] Stellt sich während eines solchen Anfechtungsverfahrens allerdings heraus, daß der Verwaltungsakt nicht rechtswidrig, sondern nichtig ist [612], kann die erhobene Anfechtungsklage nicht einfach in eine Nichtigkeitsfeststellungsklage umgedeutet werden.[613] Vielmehr hat das Gericht - sobald im

---

[608] So aber *Schenke*, VerwProzR, Rn. 298.

[609] *Schenke*, VerwProzR, Rn. 298.

[610] Für eine gegen einen nichtigen Verwaltungsakt erhobene Anfechtungsklage reicht es aus, daß zumindest objektiv ein Verwaltungsakt vorliegt, da auch dieser den Anschein der Gültigkeit erweckt, vgl. *v. Albedyll*, in: Bader, VwGO, § 43 Rn. 17; *Sodan*, in: Sodan/Ziekow, VwGO, § 42 Rn. 23; *Schmitt Glaeser/Horn*, VerwProzR, Rn. 139.

[611] *Sodan*, in: Sodan/Ziekow, VwGO, § 42 Rn. 23; *Hufen*, VerwProzR, § 18 Rn. 42.

[612] Die Nichtigkeit ist eine Frage der Begründetheit, vgl. *Kopp/Schenke*, VwGO, § 43 Rn. 21.

[613] A. A. *Redeker/v. Oertzen*, VwGO § 42 Rn. 12; *Kopp/Schenke*, VwGO, § 43 Rn. 7.

Prozeß die Nichtigkeit des Verwaltungsaktes feststeht - den Kläger gemäß § 86 III VwGO darauf hinzuweisen, daß er seinen Antrag auf eine Feststellungsklage nach § 43 I 2. Alt. VwGO umstellen sollte.[614] Tut der Kläger dies nicht, ist die Anfechtungsklage bereits als unzulässig (nicht unbegründet) abzuweisen, weil ein nichtiger und damit unwirksamer Verwaltungsakt nicht durch Anfechtungsurteil gemäß § 113 I 1 VwGO aufgehoben werden kann.[615] Die Umdeutung in eine Nichtigkeitsfeststellungsklage kommt allenfalls dann in Betracht, wenn der Kläger - weil er im Zweifel darüber ist, ob der Verwaltungsakt nichtig oder bloß rechtswidrig ist - *hilfsweise* zugleich auch Antrag auf Feststellung der Nichtigkeit gestellt hat.[616]

Im Falle einer solchen *eventualen* Klagenhäufung besteht allerdings aus dogmatischer Sicht kein Anlaß mehr für eine Umdeutung, weil bei Unbegründetheit des primär gestellten Antrages auf den hilfsweise gestellten Antrag einzugehen ist. Die eventuale Klagenhäufung stellt folglich keinen systemwidrigen Rückschluß von der Unbegründetheit einer Anfechtungsklage auf die Statthaftigkeit einer Nichtigkeitsfeststellungsklage dar, sondern ist schlichter Ausdruck des Verhältnisses von Hauptantrag zu Hilfsantrag.

Diejenigen, die im Falle der Nichtigkeit gleichwohl eine Umdeutung der erhobenen Anfechtungsklage in eine Nichtigkeitsfeststellungsklage befürworten [617], übersehen, daß die Verwaltungsgerichtsordnung eine *alternative* Klagenhäufung dergestalt, daß das Gericht wahlweise über das eine oder das andere Klagebegehren entscheiden soll, je nachdem, ob der Verwaltungsakt rechtswidrig oder nichtig ist, nicht kennt.[618] Eine

---

[614] *Sodan*, in: *Sodan/Ziekow*, VwGO, § 42 Rn. 23 sowie *Schmitt Glaeser/Horn*, VerwProzR, Rn. 139.

[615] Vgl. *Sodan*, in: *Sodan/Ziekow*, VwGO, § 42 Rn. 23 sowie *Schmitt Glaeser/Horn*, VerwProzR, Rn. 139, der in diesem Zusammenhang zu Recht darauf hinweist, daß die Zulässigkeit der Anfechtungsklage nur eine "vorläufige" sein kann und lediglich dann und solange gegeben ist, als die Nichtigkeit des Verwaltungsaktes noch nicht eindeutig feststeht.

[616] Vgl. zu dieser Möglichkeit *Kopp/Schenke*, VwGO, § 43 Rn. 7.

[617] *Kopp/Schenke*, VwGO, § 43 Rn. 7; BSGE 12, 185 (188 f.); *Redeker/v. Oertzen*, VwGO, § 42 Rn. 12; *Pietzcker*, in: *Schoch/Schmidt-Aßmann/Pietzcker*, VwGO, § 43 Rn. 27. Gegen eine Umdeutung: *Sodan*, in: *Sodan/Ziekow*, VwGO, § 43 Rn. 23. Für eine Umdeutung nur im Falle einer hilfsweise beantragten Nichtigkeitsfeststellungsklage tritt offenbar *v. Albedyll*, in: *Bader*, VwGO, § 43 Rn. 17 ein.

[618] Zur Klagenhäufung allgemein, vgl. bereits oben S. 133 f.

solche Klagenhäufung ist mangels hinreichender Bestimmtheit des Klageantrages von vorneherein als unzulässig abzuweisen.[619]
Nichts anderes läßt sich im übrigen auch aus dem umgekehrten Fall ableiten. Erhebt der Kläger bewußt und ausdrücklich nur Nichtigkeitsfeststellungsklage, erweist sich der Verwaltungsakt im Rahmen der Begründetheitsprüfung später aber nicht als nichtig, sondern nur als rechtswidrig bzw. anfechtbar, ist eine Aufhebung ausgeschlossen und die erhobene Nichtigkeitsfeststellungsklage als unbegründet abzuweisen.[620] Ein Rückschluß von der Begründetheit einer Nichtigkeitsfeststellungsklage auf die zu wählende bzw. statthafte Klageart oder gar eine Umdeutung des Antrags auf Feststellung der Nichtigkeit in einen Antrag auf Aufhebung des Verwaltungsaktes aufgrund materiell-rechtlicher Erwägungen ist in diesem Falle ebenfalls ausgeschlossen.[621] Der oben aufgezeigte Systembruch läßt sich daher auch nicht mit dem Hinweis auf eine Nichtigkeitsfeststellungsklage rechtfertigen. Im Ergebnis ist die hier vorgeschlagene prozessuale Konstruktion einer *unechten Teilanfechtungsklage* daher abzulehnen.[622]

(b) *Unechte Teilanfechtung nach Meyer/Borgs*

Eine andere Variante der sog. *unechten Teilanfechtung* vertreten *Meyer/Borgs*.[623] Diese unterscheidet sich in prozessualer Hinsicht von der Konstruktion *Kopps* im wesentlichen dadurch, daß nicht nur ein Teil des Verwaltungsaktes, sondern der *ganze* Verwaltungsakt angefochten werden soll.[624] In prozessualer Hinsicht plädieren *Meyer/Borgs* damit ebenfalls

---

[619] Vgl. *Schenke*, VerwProzR, Rn. 75.
[620] Vgl. hierzu *Kopp*, VwGO, § 43 Rn. 21; *Kopp/Schenke*, VwGO, § 43 Rn. 21; *Schenke*, VerwProzR, Rn. 413.
[621] Eine Umdeutung scheidet hier bereits mangels bestehender Zweifel hinsichtlich des Klageantrags aus, vgl. *Kopp/Schenke*, VwGO, § 43 Rn. 21; *Pietzcker*, in: *Schoch/Schmidt-Aßmann/Pietzner*, VwGO, § 43 Rn. 27; a. A. BFHE 143, 491 (495) = NVwZ 1986, 156; *Preißer*, NVwZ 1987, (867) 871.
[622] Im Ergebnis ebenso, jedoch mit unterschiedlichen Begründungen: *Hoenig*, S. 54 und *Schneider*, S. 112.
[623] *Meyer/Borgs*, VwVfG, § 36 Rn. 41 f.
[624] Vgl. *Meyer/Borgs*, VwVfG, § 36 Rn. 42, die dabei zu Unrecht ihre Konstruktion einer unechten Teilanfechtung als "unstreitig" bezeichnen; vgl. hierzu auch

für eine *Gesamtanfechtung* des Verwaltungsaktes, räumen aber - im Gegensatz zu dem bereits oben dargestellten Gesamtanfechtungsmodell *Baduras* [625] - dem Kläger die Möglichkeit ein, einen auf den rechtswidrigen Teil des Verwaltungsaktes begrenzten *Teilaufhebungsantrag* nach § 113 I S. 1 VwGO zu stellen.[626] Im übrigen beurteilen auch *Meyer/Borgs* die Frage der selbständigen "Anfechtung" von Nebenbestimmungen bzw. deren Abtrennbarkeit von der Hauptregelung grundsätzlich nach materiell-rechtlichen Kriterien.[627]
Ihre Konstruktion einer Gesamtanfechtung mit beschränkbarem Teilaufhebungsantrag sieht sich daher im Falle der Aufhebbarkeit eines Verwaltungsaktzusatzes denselben Vorwürfen ausgesetzt, die bereits zur Ablehnung der von *Badura* befürworteten Gesamtanfechtung geführt haben. Auch hier ist der Kläger in Fällen, in denen auch *Meyer/Borgs* zu einer materiell-rechtlichen Teilbarkeit von Nebenbestimmung und Vergünstigung gelangen[628], dem Risiko des Verlustes der gesamten Vergünstigung, der in der Regel mit einer solchen Gesamtanfechtung verbundenen höheren Prozeßkosten sowie der in diesem Falle unausweichlichen Gefahr einer teilweisen Klageabweisung ausgesetzt, obgleich hierfür keine sachliche Notwendigkeit besteht.[629] Im Vergleich zu der unechten Teilanfechtung von *Kopp* vermag daher die von ihnen vorgeschlagene Konstruktion einer unechten Teilanfechtungsklage zwar insofern zu überzeugen, als sie nicht zu in sich widersprüchlichen Ergebnissen führt.[630] Da aber - im Falle der materiellen Teilbarkeit - eine Gesamtan-

---

Laubinger, VerwArch. 73, 1982, 345 (349; dort Fn. 13).
[625] Vgl. oben S. 137 f.
[626] *Badura* schließt hingegen bereits diese Möglichkeit aus, indem er - gerade unabhängig vom Antrag des Klägers - nur dem jeweiligen *Gericht* die Befugnis einräumt, über eine Beschränkung der Aufhebung zu entscheiden [vgl. *ders.*, JuS 1964, 103 (103) sowie oben S. 137 f.]. Zu beachten ist, daß *Hoenig* (S. 50; dort Fn. 143) davon ausgeht, es handele sich bei dem Modell von *Meyer/Borgs* ebenfalls um eine Konstruktion, wie *Badura* sie vorschlägt.
[627] *Meyer/Borgs*, VwVfG, § 36 Rn. 44; eine Ausnahme machen *Meyer/Borgs* nur für den Fall der *modifizierenden Auflage*, die ihres Erachtens eine modifizierende Gewährung darstellt, gegen die Rechtsschutz nur über eine Verpflichtungsklage erlangt werden könne, vgl. *dieselben*, aaO., § 36 Rn. 6 und Rn. 20.
[628] Vgl. hierzu *Meyer/Borgs*, VwVfG, § 36 Rn. 44-47.
[629] Vgl. hierzu im einzelnen bereits die Ausführungen auf S. 139 f.
[630] Wird nur eine Anfechtungsklage erhoben und isolierte Aufhebung der Nebenbestimmung beantragt, lehnen *Meyer/Borgs* konsequenterweise die Klage als unbe-

fechtung unnötige Nachteile für den Kläger impliziert, muß im Ergebnis auch die von *Meyer/Borgs* vorgeschlagene Variante einer unechten Teilanfechtungsklage abgelehnt werden. Es bleibt daher festzuhalten, daß die im Schrifttum bisher vorgeschlagenen Alternativlösungen zu einer *echten* Teilanfechtungsklage weder in der Form einer *Gesamtanfechtung* noch in der Form einer - in zwei unterschiedlichen Varianten vertretenen - *unechten* Teilanfechtung zu überzeugen vermögen. Der Bejahung eines allein auf einen rechtswidrigen Verwaltungsaktteil gerichteten Kassationsbegehrens, d. h. der Bejahung einer *echten* Teilanfechtungsklage, stünde also eigentlich nichts mehr im Wege, wäre da nicht der Wortlaut des § 42 I 1. Alt. VwGO, der - wie oben angedeutet - sowohl gegen als auch für die Möglichkeit einer echten Teilanfechtung angeführt werden kann.[631]

bb.) *Die Bejahung der grundsätzlichen Statthaftigkeit einer echten Teilanfechtungsklage aufgrund einer erweiterten Auslegung der §§ 113 I 1, 42 I 1. Alt. VwGO*

Will man die grundsätzliche Zulässigkeit einer echten Teilanfechtungsklage bejahen, so muß zunächst die Frage geklärt werden, ob neben der explizit nach dem Wortlaut des § 42 I 1. Alt. VwGO zugelassenen Möglichkeit der Aufhebung des gesamten Verwaltungsaktes auch die Aufhebung nur eines *Teils* des Verwaltungsaktes begehrt werden kann. Im Hinblick auf die vorangegangenen Ausführungen bereitet die Beantwortung dieser Frage allerdings kaum noch Schwierigkeiten. Es mag zwar richtig sein, daß sich eine echte Teilanfechtung in der Tat nicht ohne weiteres *allein* aus der Vorschrift des § 113 I 1 VwGO ableiten läßt. Denn diese Vorschrift trifft deutlich erkennbar nur eine Aussage über die Möglichkeit einer *Teilaufhebung*, nicht aber auch über eine mögliche *Teilanfechtung*.[632] Gleichwohl läßt sich aber die grundsätzliche Zulässigkeit einer echten Teilanfechtung aus den bereits oben genannten Gesichts-

---

gründet ab und gelangen nicht wie *Kopp* zu einer (systemwidrigen) nachträglichen Korrektur des primär erhobenen Klageantrags, vgl. *Meyer/Borgs*, VwVfG, § 36 Rn. 48 a. E.

[631] Vgl. bereits oben S. 138 und S. 139.

[632] Vgl. hierzu auch *Störmer*, DVBl. 1996, 81 (84).

punkten bzw. aus einer systematischen Zusammenschau der §§ 42 I 1. Alt., 113 I 1 VwGO rechtfertigen.[633] Wenn § 113 I 1 VwGO ein Verwaltungsgericht anhält, einen nur teilweise rechtswidrigen Verwaltungsakt teilweise aufzuheben, so muß man es als Folgewirkung dieser Vorschrift dem Kläger auch zugestehen, seinen Klageantrag bzw. sein Kassationsbegehren schon im Rahmen des § 42 I 1. Alt. VwGO allein auf den rechtswidrigen (abtrennbaren) Teil eines Verwaltungsaktes beschränken zu können.[634]

Räumt man dem Kläger diese Möglichkeit nicht ein, weil man auf einer stringenten, am Wortlaut orientierten Auslegung des § 42 I 1. Alt. VwGO beharrt [635], so bleibt ihm - von einer Verpflichtungklage einmal abgesehen - die Möglichkeit einer Gesamtanfechtung des Verwaltungsaktes. Eine Gesamtanfechtung führt bei Teilrechtswidrigkeit des Verwaltungsaktes aber dazu, daß der Kläger sein Aufhebungsziel nur um den Preis einer teilweisen Klageabweisung erreichen kann und dementsprechend nach § 155 VwGO die Verfahrenskosten partiell zu tragen hat.[636]

Vor allen Dingen aber führt die Ablehnung einer echten Teilanfechtungsklage in Fällen, in denen ein rechtswidriger Teil eines Verwaltungsaktes sowohl in prozessualer als auch in materieller Hinsicht ohne weiteres von der Hauptregelung abteilbar ist, zu einer zumindest teilweisen Außerkraftsetzung der im Verwaltungsprozeßrecht geltenden *Dispositionsmaxime*. Denn obwohl ein in jeder Hinsicht abtrennbarer Teil eines Verwaltungsaktes vorliegt, kann dann ein Kläger sein Kassationsbegehren nicht auf diesen abtrennbaren Teil des Verwaltungsaktes beschränken. Er ist nicht in der Lage, den Streitgegenstand des Verfahrens selbst durch Erhebung seiner Klage bzw. durch seinen Klageantrag zu bestimmen.[637] Vor diesem Hintergrund ist mit der heute herrschenden

---

[633] Zur gesetzessystematischen Auslegung des § 42 I 1. Alt. VwGO vgl. *Schenke*, in: FS für *Roellecke*, 1997, 281 (285); *Cöster*, S. 19 und S. 20; ausführlich *Hoenig*, S. 56-60 sowie zuletzt *Störmer*, DVBl. 1996, 81 (85).

[634] *Schenke*, in: FS für *Roellecke*, 1997, 281 (285); *Störmer*, DVBl. 1996, 81 (85).

[635] Eine echte Teilanfechtung bereits dem Wortlaut des § 42 I 1. Alt. VwGO nach, schließen *Badura* [JuS 1964, 103 (103)] und *Fehn* [DÖV 1988, 202 (208)] aus.

[636] *Störmer*, DVBl. 1996, 81 (85); *Schenke*, in: FS für *Roellecke*, 1997, 281 (285) sowie *Cöster*, S. 19 und S. 20 und *Hoenig*, S. 58, die beide betonen, daß dem Kläger diejenige Fassung des Klageantrags zu gestatten sei, mit der er einen vollkommenen Klageerfolg ohne Kostennachteile erzielen könne.

[637] Zutreffend *Hoenig*, S. 58 und *Störmer*, DVBl. 1996, 81 (85). Allgemein zum Dispositionsgrundsatz: *Kopp/Schenke*, VwGO, § 81 Rn. 1, § 88 Rn. 1 und § 90 Rn. 7.

Meinung daher davon auszugehen, daß eine auf *Teile* eines Verwaltungsaktes begrenzte Anfechtungsklage, d. h. eine echte Teilanfechtungsklage nach den §§ 42 I 1. Alt., 113 I 1 VwGO grundsätzlich statthaft ist.[638]

cc.) *Zwischenergebnis*

Als Zwischenergebnis kann an dieser Stelle festgehalten werden, daß eine reale Chance für die Bejahung eines allein auf die Aufhebung eines rechtswidrigen Verwaltungsaktzusatzes beschränkten Kassationsbegehrens besteht. Denn es besteht die Möglichkeit, daß ein solches begrenztes Klagebegehren im Rahmen einer grundsätzlich zulässigen echten Teilanfechtungsklage gemäß §§ 42 I 1. Alt., 113 I 1 VwGO berücksichtigt werden kann. Voraussetzung für eine solche Teilanfechtung ist freilich, daß der jeweilige Verwaltungsaktzusatz auch einen << Teil >> der Hauptregelung darstellt, d. h. in *prozessualer* Hinsicht von der Restregelung abtrennbar ist.[639]

---

[638] Vgl. auch die bereits auf S. 136 genannten Autoren.
[639] Soweit ersichtlich wird diese Prämisse einer Teilanfechtung von niemandem bestritten. Zur unterschiedlich angewandten Terminologie der *prozessualen Teilbarkeit* vgl. bereits oben S. 136 (dort Fn. 568).

3. Die prozessuale Teilbarkeit von Verwaltungsakten

Bereits die Darstellung der in der Literatur vertretenen Grundpositionen hat gezeigt, daß die Frage, wann eine *prozessuale* Teilbarkeit zwischen Nebenbestimmungen und Verwaltungsakten vorliegt, äußerst unterschiedlich beurteilt wird.[640] Einige Autoren lehnen eine *prozessuale Teilbarkeit* und damit eine gesonderte Anfechtbarkeit unselbständiger Nebenbestimmungen bereits deshalb ab, weil es sich bei diesen um sog. "integrierende" bzw. "untrennbare Bestandteile" der Hauptregelung handle.[641]

Andere Autoren gehen überwiegend von der "Wesensgleichheit aller Nebenbestimmungen" aus und qualifizieren vor diesem Hintergrund sämtliche Nebenbestimmungstypen als "(Bestand-)Teile eines Verwaltungsaktes", die *stets* oder doch zumindest *grundsätzlich* im Wege einer (un-)echten Teilanfechtungsklage angegriffen werden können.[642] Auf eine Unterscheidung nach der Art der jeweiligen Nebenbestimmung im Rahmen der Zulässigkeit einer isolierten Anfechtungsklage komme es überhaupt nicht an; ohnehin betreffe diese Differenzierung allein die Frage, ob der Kläger einen Anspruch auf die isolierte *Aufhebung* einer Nebenbestimmung habe.[643] Letzterer Gesichtspunkt spiele aber ausschließlich bei der *materiellen* Teilbarkeit, d. h. bei der Begründetheit und nicht bei der Statthaftigkeit einer Teilanfechtungsklage eine Rolle.[644]

Angesichts dieser Argumentation verwundert es nicht, daß sich viele dieser Autoren bei der Bejahung der prozessualen Teilbarkeit schlicht auf den Hinweis beschränken, es handle sich bei der jeweiligen Nebenbestimmung um einen "(Bestand-)Teil der Hauptregelung", der zumindest in "logisch-tatsächlicher" Hinsicht von der Hauptregelung abteilbar und daher selbständig anfechtbar sei. Ein Vergleich mit der zuvor genannten Grundposition zeigt, daß der Begriff "Bestandteil" teilweise für, teilweise gegen eine Teilanfechtbarkeit angeführt wird.

Ähnlich verhält es sich in der Literatur mit dem Begriff "Teil" eines Verwaltungsaktes. Nicht immer wird dieser Begriff automatisch mit der

---

[640] Zur Darstellung der im Schrifttum vertretenen Grundpositionen vgl. S. 102 f.
[641] Vgl. die oben unter D. I. (S. 102 f.) aufgeführten Autoren.
[642] Größtenteils zählen hierzu die unter D. II. und D. III. (S. 105 f. und S. 107 f.) aufgeführten Autoren.
[643] So ausdrücklich *Schenke*, in: FS für *Roellecke*, 1997, 281 (286 und 287).
[644] *Schenke*, in: FS für *Roellecke*, 1997, 281 (287).

prozessualen Teilbarkeit bzw. der selbständigen Anfechtbarkeit einer Nebenbestimmung gleichgesetzt. So gelangt beispielsweise *Fehn* zu dem Ergebnis, daß die Auflage einen "Teil" der regelnden Begünstigung darstelle, gleichwohl hält er eine Auflage aber *nicht* für *prozessual teilbar*.[645] Wegen der inhaltlichen Verbindung zwischen Auflage und Gewährung sei vielmehr eine Beurteilung des gesamten Verwaltungsaktes erforderlich, so daß Streitgegenstand eben nur der "komplette Verwaltungsakt" sein könne.[646]

All dies verdeutlicht, daß mit dem Begriffspaar "Teil" und "Bestandteil" eines Verwaltungsaktes im Hinblick auf die Bejahung einer prozessualen Teilbarkeit bzw. einer selbständigen Anfechtbarkeit recht unterschiedliche Vorstellungen verbunden werden. Für eine sachgerechte Lösung ist es daher unabdingbar, sich an dieser Stelle zunächst einmal Klarheit über diese Begriffe zu verschaffen. Primär stellt sich also die Frage, wann überhaupt ein "Teil" und wann ein "Bestandteil" eines Verwaltungsaktes vorliegt, der im Wege einer echten Teilanfechtungsklage gemäß §§ 42 I 1. Alt., 113 I 1 VwGO selbständig angefochten werden kann.

a.) *Fehlen einer gesetzlichen Definition der prozessualen Teilbarkeit*

Der Begriff "Teil eines Verwaltungsaktes" wird zwar in § 44 IV VwVfG sowie in § 59 III VwVfG erwähnt, eine Definition der prozessualen Teilbarkeit liefern diese Vorschriften gleichwohl nicht.[647] Ebensowenig

---

645 So *Fehn*, DÖV 1988, 202 (203) als ein Anhänger der Einheitslösung über die Verpflichtungsklage. Im Ergebnis ebenso: *Badura*, JuS 1964, 103 (103).
646 *Fehn*, DÖV 1988, 202 (208 und 209); a. A. *Schneider* (S. 112), der zwar einräumt, daß eine abschließende gerichtliche Beurteilung über die Zulässigkeit einer Nebenbestimmung nur im Zusammenhang mit dem übrigen Teil des Gesamtverwaltungsaktes (den er als sog. "Anfechtungsgegenstand" bezeichnet) erfolgen könne, letztlich aber davon ausgeht, daß Streitgegenstand nur die Nebenbestimmung sei. Vgl. hierzu auch *Schenke*, in: FS für *Roellecke*, 1997, 281 (286), der der Ansicht ist, daß sich nur im Hinblick auf eine Verknüpfung von Begünstigung und Auflage befriedigend erklären lasse, daß über die Aufhebung einer Auflage nicht losgelöst von der rechtlichen Beurteilung der Begünstigung entschieden werden könne.
647 *Cöster*, S. 29; hinsichtlich § 44 IV VwVfG vgl. auch *Stelkens*, NVwZ 1985, 469 (471); *P. Stelkens/U. Stelkens*, in: *Stelkens/Bonk/Sachs*, VwVfG, § 36 Rn. 95.

ergibt sich eine Begriffsbestimmung aus § 113 I 1 VwGO. Diese Vorschrift setzt lediglich eine Rechtsfolge für das Gericht, soweit der Verwaltungsakt teilbar ist.[648] § 113 I 1 VwGO definiert also die Teilbarkeit des Verwaltungsaktes nicht, sondern setzt sie voraus.[649] Es fehlt folglich eine gesetzliche Definition für die prozessuale Teilbarkeit von Verwaltungsakten.

b.) Die im Schrifttum vertretenen Positionen zur prozessualen Teilbarkeit

aa.) Prozessuale Teilbarkeit bei Bestandsfähigkeit des Restverwaltungsaktes

Nach den oben dargelegten Grundpositionen, wonach die Statthaftigkeit einer Teilanfechtungsklage unabhängig von der Art der jeweiligen Nebenbestimmung *stets* oder doch zumindest *grundsätzlich* gegeben sein soll, wird die "prozessuale", "sachliche", "logisch-tatsächliche" bzw. "objektive" Teilbarkeit zumeist damit begründet, daß nach selbständiger Aufhebung einer belastenden Nebenbestimmung der verbleibende Verwaltungsakt weiterhin selbständig bestehen bleiben könne.[650] Das entscheidende Kriterium für die prozessuale Teilbarkeit wird also in der "rechtlichen Existenzfähigkeit des Restverwaltungsaktes" gesehen.[651]

---

[648] *Stelkens*, NVwZ 1985, 469 (470). Ähnlich konzipiert ist auch die Vorschrift des § 43 II VwVfG.

[649] *Stelkens*, NVwZ 1985, 469 (470); *Cöster*, S. 29 (dort Fn. 52); vgl. auch *Schenke*, JuS 1983, 182 (184), der der Ansicht ist, § 113 I 1 VwGO enthalte zwar keine nähere Aussage über die Teilbarkeit, ihm sei aber immerhin die Aussage zu entnehmen, daß ein Verwaltungsakt jedenfalls dann teilbar sei, wenn die Rechtmäßigkeit einzelner Teile unterschiedlich bewertet werden könne.

[650] *Hufen*, VerwProzR, § 14 Rn. 61; *Schenke*, VerwProzR, Rn. 294; *Kopp*, VwGO, § 42 Rn. 17-18; *ders.*, VwVfG, § 36 Rn. 46; *Maurer*, Allg. VerwR, § 12 Rn. 25; *Laubinger*, VerwArch. 73, 1982, 345 (362), der die Restregelung nach Aufhebung einer Nebenbestimmung für "stets lebensfähig" hält. Früher wurde mitunter auch darauf abgestellt, ob der Verwaltungsakt seinem Inhalte nach teilbar ist, vgl. etwa *Menger*, System des verwaltungsgerichtlichen Rechtsschutzes, 1954, S. 173; *Martens*, DVBl. 1965, 428 (428).

[651] *Laubinger*, VerwArch. 73, 1982, 345 (362); *Erichsen*, VerwArch. 66, 1975, 299 (302);

Prozessual teilbar ist demnach das, was nach selbständiger Aufhebung die Bestandsfähigkeit des unbedenklichen Restverwaltungsaktes nicht berührt.
Abgeleitet wird diese Definition mitunter aus einer Analogie zu § 139 BGB.[652] Da nach dieser Vorschrift ein Rechtsgeschäft teilbar ist, wenn das nach Abtrennung des nichtigen Teils verbleibende Restgeschäft als selbständiges Rechtsgeschäft Bestand haben kann [653], müsse mutatis mutandis dasselbe auch für Verwaltungsakte gelten.[654] Auch Verwaltungsakte seien Rechtsgeschäfte, wenngleich solche besonderer Art.[655] Diese auch heute noch weitverbreitete Definition der prozessualen Teilbarkeit, insbesondere ihre Ableitung aus § 139 BGB, hat in der Literatur allerdings auch Kritik erfahren.

bb.) *Keine prozessuale Teilbarkeit bei Vorliegen eines aliud*

Cöster weist in seiner Arbeit aus dem Jahre 1978 darauf hin, daß § 139 BGB lediglich die Gültigkeit des verbleibenden, von der Nichtigkeit nicht erfaßten Teils regle. § 139 BGB treffe also gerade keine Aussage darüber, wann das aufrechtzuerhaltende Rechtsgeschäft tatsächlich einen "Teil" des ursprünglichen Rechtsgeschäfts darstelle.[656] Dementsprechend unbrauchbar sei daher auch die an § 139 BGB orientierte Teilbarkeitsdefinition. Sie regle lediglich die Aufrechterhaltung des rechtmäßigen Restes des angefochtenen Verwaltungsaktes, also die Frage, ob dieser Rest "Bestandsfähigkeit" und "Verwaltungsakteigenschaft" besitze.[657] Ob aber der Restverwaltungsakt, dessen Aufrechterhaltung zur

---

Martens, DVBl. 1965, 428 (429). Andere Autoren machen diese rechtliche Existenzfähigkeit später von der Art des jeweiligen Hauptverwaltungsaktes abhängig, vgl. oben D. II. (S. 105 f.).
[652] Vgl. etwa *Laubinger*, VerwArch. 73, 1982, 345 (362).
[653] Allgemein hierzu vgl. *Hübner*, Allg. Teil des Bürgerlichen Gesetzbuches, Rn. 935; *Brox*, Allg. Teil des Bürgerlichen Gesetzbuchs, Rn. 307; *RGZ* 93, 334 (338).
[654] *Laubinger*, VerwArch. 73, 1982, 345 (362). Gegen eine Anlehnung an § 139 BGB wendet sich *Martens*, DVBl. 1965, 428 (430).
[655] *Laubinger*, VerwArch. 73, 1982, 345 (359).
[656] *Cöster*, Kassation, Teilkassation und Reformation von Verwaltungsakten durch die Verwaltungs- und Finanzgerichte, S. 29.
[657] *Cöster*, S. 30.

Beurteilung anstehe, wirklich durch eine Teilung oder aber durch eine in § 113 I 1 VwGO nicht normierte und daher *unzulässige Abänderung* seitens des Gerichtes entstanden sei, bleibe nach dieser Teilbarkeitsdefinition völlig offen. Diese Definition leiste daher letztlich keinen Beitrag zur Abgrenzung von Teilbarkeit und Teilung eines Verwaltungsaktes und Abänderung eines Verwaltungsaktes.[658]

Gerade letzterer Gesichtspunkt müsse aber im Rahmen einer Teilbarkeitsdefinition unbedingt berücksichtigt werden, denn ein Verwaltungsgericht könne zwar nach § 113 I 1 VwGO einen Verwaltungsakt teilweise "aufheben", einem Verwaltungsgericht stehe jedoch nicht die Befugnis zu, einen Verwaltungsakt auch abzuändern.[659] Für eine solche *Reformationsbefugnis* der Verwaltungsgerichte bedürfe es vielmehr einer *gesetzlichen Ermächtigungsgrundlage*, wie man sie zum Beispiel in der Ausnahmevorschrift des § 113 II VwGO, nicht aber auch in § 113 I 1 VwGO vorfinde.[660] Die *Abänderung* eines Verwaltungsaktes müsse also strikt von seiner *teilweisen Aufhebung* abgegrenzt werden, da erstere als Ausnahme vom Grundsatz des kassatorischen Urteils zusätzlich einer gesetzlichen Ermächtigungsgrundlage bedürfe.[661] Gerade diesem Aspekt werde die oben angesprochene Teilbarkeitsdefinition nicht gerecht, denn sie lasse auch diejenigen Verwaltungsakte, die nur abänderbar seien, teilbar erscheinen.[662]

Besonders deutlich werde dies zum Beispiel für den Fall, daß sich ein Nachbar mit der Anfechtungsklage gegen die Bauerlaubnis für ein fünfgeschossiges Gebäude zu Wehr setze.[663] Gelange das Gericht in diesem Falle zu der Erkenntnis, daß eine fünfgeschossige Bebauung rechtswidrig sei und halte es daher nur eine viergeschossige Bebauung für genehmigungsfähig, so wäre in Anlehnung an die oben angeführte Definition eine Teilbarkeit des Verwaltungsaktes durchaus denkbar, weil eine Genehmigung für vier Stockwerke "selbständig Bestand" haben und

---

[658] *Cöster*, S. 30.
[659] *Cöster*, S. 28.
[660] Eine weitere gesetzliche Abänderungsbefugnis sieht *Cöster* (vgl. dort S. 28) in § 100 II S. 1 FGO; für weitere Beispiele vgl. auch *Ress*, S. 173-178.
[661] So *Cöster* (S. 28) unter Berufung auf *BVerwGE* 1, 163 (165).
[662] *Cöster*, S. 30.
[663] *Cöster* nimmt hierbei Bezug auf das Urteil des *BVerwG* vom 02. 03. 1973 - IV. C. 35. 70 - BauR 4. Jg. (1973), 238 (239); vgl. dagegen *OVG Berlin*, Urteil vom 22. 05. 1992 = DVBl. 1993, 120 (122).

"Verwaltungsaktqualität" besitzen könne.[664] Es bliebe aber außer acht, daß die rechtmäßige (vorenthaltene) Erlaubnis für vier Stockwerke in Wirklichkeit gerade keinen Teil der rechtswidrigen (erteilten) fünfgeschossigen Bauerlaubnis darstelle.[665] In Einklang mit der höchstrichterlichen Rechtsprechung des Bundesverwaltungsgerichtes sei davon auszugehen, daß eine Baugenehmigung auf Grund einer Überprüfung aller nach öffentlichem Baurecht erheblichen Fragen *einheitlich* für das gesamte Antragsobjekt ergehe.[666] Die Baugenehmigung könne also nicht ohne weiteres hinsichtlich der Zahl der Stockwerke eingeschränkt werden, ohne daß es einer erneuten Überprüfung und Genehmigung des dann entstehenden *anderen* Gebäudes bedürfe.[667] Eine - auf vier Stockwerke beschränkte - Teilaufhebung der von der Behörde erteilten Baugenehmigung wäre deshalb in Wahrheit eine (unzulässige) Abänderung der behördlichen Genehmigung. Sie stelle ein *aliud* gegenüber der beantragten fünfgeschossigen Bebauung dar und sei daher nicht teilbar.[668]

Unter Hinweis auf das in § 113 I 1 VwGO normierte Reformationsverbot für Verwaltungsgerichte fordert daher *Cöster*, daß die Teilbarkeit eines Verwaltungsaktes als Voraussetzung seiner Teilaufhebung anders zu bestimmen sei, nämlich danach, ob der "Verwaltungsaktrest seine Qualität" auch dann beibehalte, wenn er ohne den aufgehobenen Teil weiterexistiere.[669] Der Rest darf also - in der Terminologie des § 93 BGB gesprochen - nicht "wesentlicher Bestandteil" sein. Werde von einem solchen ein anderer Bestandteil abgetrennt, so werde der wesentliche Bestandteil "zerstört oder in seinem Wesen verändert".[670]

Besondere Beachtung bei dieser (prozessualen) Teilbarkeitsdefinition ist dabei dem Umstand zu schenken, daß *Cöster* diese zwar aus der Möglichkeit einer *Teilaufhebung* ableitet, letztlich aber - bei nicht Vorliegen der Definitionsmerkmale - bereits die Statthaftigkeit einer Teilanfechtungsklage wegen prozessualer Unteilbarkeit verneint. Seiner Teilbarkeitsdefinition liegt also der Gedanke zugrunde, daß eine teilweise An-

---

[664] *Cöster*, S. 30 und S. 31.
[665] *Cöster*, S. 30 und S. 31.
[666] *Cöster*, S. 31.
[667] Vgl. hierzu auch Urteil des *BVerwG* vom 02. 03. 1973 - IV. C. 35. 70 - BauR 4. Jg. (1973), 238 (239).
[668] *Cöster*, S. 31.
[669] *Cöster*, S. 31.
[670] *Cöster*, S. 31.

fechtung eines Verwaltungsaktes nur dann statthaft ist, wenn die erstrebte Gerichtsentscheidung auch *gesetzlich zulässig* ist.[671] Nur dann könne dem Kläger im Rahmen der Dispositionsmaxime eine entsprechende (echte) Teilanfechtungsmöglichkeit zustehen, um einer teilweisen Klageabweisung entgehen zu können.[672] *Cöster* macht damit letztlich die Zulässigkeit einer Teilanfechtungsklage von der Frage abhängig, ob eine gerichtliche Teilaufhebung zu einer Veränderung des verbleibenden Teils führt.[673]

Diesem Teilbarkeitsverständnis haben sich im Laufe der Jahre weitere Autoren angeschlossen. So gehen beispielsweise auch *Stelkens, Funk* und *Sieckmann* davon aus, daß es für die (prozessuale) Teilbarkeit von Nebenbestimmung und Vergünstigung entscheidend darauf ankomme, ob der verbleibende Teil als selbständiger Regelungsgegenstand im Sinne des § 35 VwVfG bestehen bleiben könne, ohne ein *aliud* zu werden.[674]

c.) *Stellungnahme*

Welcher von beiden prozessualen Teilbarkeitsdefinitionen letzten Endes zu folgen ist, hängt nach dem bisher Gesagten entscheidend davon ab, ob den Verwaltungsgerichten eine *reformatorische Entscheidungsbefugnis* auch im Rahmen des § 113 I 1 VwGO zusteht.[675] Ist diese Frage zu bejahen, kommt es auf das soeben dargestellte prozessuale Teilbarkeitskriterium bzw. auf eine Differenzierung danach, ob der Restverwaltungsakt nach Entfernung eines (wesentlichen) Verwaltungsaktzusatzes ein *aliud* wird, nicht mehr an. Denn ein Gericht wäre in diesem Falle ohnehin befugt, auch solche (Bestand-)Teile aufzuheben, die zu einer Abänderung oder Zerstörung des ursprünglichen Verwaltungsaktes

---

[671] *Cöster*, S. 28.
[672] *Cöster*, S. 28.
[673] Vgl. *Cöster*, S. 28: "Die Zulässigkeit einer Teilanfechtungsklage ist deshalb von den Zulässigkeitsvoraussetzungen einer gerichtlichen Teilaufhebung abhängig".
[674] *Stelkens*, NVwZ 1985, 469 (471); *Funk*, BayVBl. 1986, 105 (105); *Sieckmann*, DÖV 1998, 525 (529; dort Fn. 49).
[675] Von einer reformatorischen Entscheidungsbefugnis des Gerichtes wird gesprochen, wenn das Gericht einen bestehenden, aber angegriffenen Verwaltungsakt "selbst" abändern kann, vgl. *Ress*, S. 156; *Schneider*, S. 104 (dort Fn. 62).

führen. Ist die oben gestellte Frage hingegen zu verneinen, reicht es - aufgrund der damit notwendig werdenden Abgrenzung der gerichtlichen Teilkassation von der Abänderung eines Verwaltungaktes [676] - allerdings nicht mehr aus, lediglich darauf abzustellen, ob der verbleibende Verwaltungsakt auch ohne den jeweiligen Zusatz für sich selbständig Bestand haben kann.

Die *gerichtliche Reformationsbefugnis* als ein Aspekt der selbständigen (Teil-)Anfechtung von Verwaltungsaktzusätzen wird in der Literatur allerdings nur am Rande gestreift. Ein Grund für das weitgehende Desinteresse an dieser Problematik liegt sicherlich darin, daß man sich bei der Suche nach einer möglichst präzisen Antwort auf die Frage, welche Verwaltungsakte einer prozessualen Teilung zugänglich sind, zumeist auf die Bildung von Fallgruppen beschränkt und lediglich auftretende Folgeprobleme, wie etwa eine einheitliche Ermessensentscheidung oder die Rechtswidrigkeit des verbleibenden Teils, auf materieller Ebene diskutiert (sog. materielle Teilbarkeit).[677] Neben den oben dargelegten Ausführungen *Cösters* findet man daher in der Literatur nur vereinzelte Stellungnahmen zur prozessualen Teilbarkeit von Verwaltungsakten und den ihnen beigefügten Zusätzen auch unter dem Blickwinkel einer gerichtlichen Reformationsbefugnis.

4. Bejahung einer verwaltungsgerichtlichen Reformationsbefugnis nach § 113 I 1 VwGO

Einer der wenigen Autoren, die sich mit dieser Thematik näher auseinandergesetzt haben, ist *Schneider*.[678]
Er bejaht eine Reformationsbefugnis der Verwaltungsgerichte auch im Rahmen des § 113 I 1 VwGO. Das reine *kassatorische Prinzip* des § 113 I 1 VwGO, nach dem das Gericht einen angefochtenen Verwaltungsakt nur "aufheben", ihn aber nicht durch einen anderen ersetzen oder ihm gar

---

[676] Vgl. hierzu das auf S. 157 angeführte Fallbeispiel sowie *Cöster*, S. 29-31.
[677] Als Ausnahme kann hier allenfalls die sog. modifizierende Auflage angeführt werden, deren selbständige Anfechtung in der Literatur *fast* einhellig mit der Begründung abgelehnt wird, ihre selbständige Aufhebung führe zu einem *aliud*, so daß insofern eine isolierte Anfechtung von vornherein auszuscheiden habe, vgl. z. B. *Bosch/Schmidt*, § 24 II 3 (S. 130).
[678] Im folgenden *Schneider*, S. 100 f.; S. 150 f.

einen anderen Inhalt geben dürfe, werde nicht nur durch die Ausnahmevorschrift des § 113 II VwGO, sondern auch bereits in § 113 I 1 VwGO selbst durchbrochen.[679] Eine nach § 113 I 1 VwGO mögliche Teilaufhebung führe stets zu einem "Mehr an Freiheit", als die Behörde habe gewähren wollen. D. h., § 113 I 1 VwGO räume dem Gericht die Möglichkeit ein, einen von der Behörde als Einheit gewollten und erlassenen Verwaltungsakt auf das gesetzlich erlaubte Maß "zurückzuschrauben" bzw. abzuändern, indem es Teile von ihm aufhebe, ihn aber bestehen lasse, soweit er rechtmäßig sei.[680]

Schneider sieht in einer teilweisen Aufhebung eines Verwaltungsaktes immer auch eine Abänderung desselben, d. h. er setzt die teilweise Aufhebung eines Verwaltungsaktes mit seiner Abänderung gleich.[681] Dementsprechend vertritt *Schneider* auch den Standpunkt, daß eine jede (Teil-)Aufhebung einer belastenden Nebenbestimmung *inhaltlich*, obwohl die Tenorierung nur auf Aufhebung lautet, zu einer Abänderung des ursprünglichen Verwaltungsaktes und damit zu einem *aliud* führe. Schließlich habe die Behörde einen anderen, durch eine Teilaufhebung abgeänderten Verwaltungsakt erlassen.[682] Fälle, in denen eine Nebenbestimmung nur aufgehoben werde, ohne eine Abänderung des ursprünglichen Verwaltungsaktes zu bewirken, seien folglich nicht denkbar; vielmehr handle es sich bei dieser Annahme um eine "Fiktion".[683] Die Aufhebung einer Nebenbestimmung wirke also in jedem Falle - trotz des kassatorischen Tenors einer Gerichtsentscheidung - stets reformatorisch, denn obwohl sich die Kassation als eine ausschließlich *negative* Gestaltung nur auf den aufgehobenen Teil beziehe, sei mit ihr stets auch immer eine *positive* Entscheidung im Hinblick auf den übrigbleibenden Teil des Verwaltungsaktes verbunden.[684]

Der im Schrifttum vertretenen Auffassung, daß eine Teilkassation nur dann als eine reformatorische Entscheidung bezeichnet werden könne, wenn ein Gericht seine Entscheidung als endgültige Entscheidung ver-

---

[679] *Schneider*, S. 100 und S. 161.
[680] So sinngemäß *Schneider* (S. 100 und S. 101) unter Berufung auf *Erichsen*, Verw-Arch. 66, 1975, 299 (302).
[681] Vgl. *Schneider* (S. 151) unter Berufung auf *Ress* (S. 171), der seinerseits in der teilweisen Aufhebung einen Unterfall der Abänderung erblickt.
[682] *Schneider*, S. 151.
[683] So *Schneider*, S. 151.
[684] So *Scneider* (S. 151) unter Berufung auf *Ress*, S. 171.

standen wissen wolle und einer Behörde keine erneute Entscheidungsmöglichkeit mehr einräume [685], vermag *Schneider* nicht zu folgen. Selbst für den Fall, daß ein Gericht seine Entscheidung nicht als endgültige Entscheidung verstehe, müsse nämlich im Bereich der Nebenbestimmungen die *reformatorische Wirkung* einer Teilkassation stets bejaht werden. Aus technischer Sicht sei in einem solchen Falle eine Neuentscheidung der Behörde überhaupt nicht mehr möglich.[686]
Die Teilaufhebung einer jeden Nebenbestimmung führe dazu, daß die nachträglichen Reaktionsmöglichkeiten einer Behörde, insbesondere deren Möglichkeit einer nachträglichen Anordnung von Nebenbestimmungen, stark eingeschränkt würden.[687] Das Setzen von Bedingungen, Widerrufsvorbehalten und Befristungen sei an den Erlaß eines Verwaltungsaktes gekoppelt, so daß ein nachträgliches "Hinzufügen" dieser Nebenbestimmungen ebensowenig auf § 36 VwVfG gestützt werden könne wie eine nachträgliche Auflage, deren Erlaß nicht bereits im ursprünglichen Verwaltungsakt gemäß § 36 II Nr. 5 VwVfG vorbehalten gewesen sei.[688] Die nachträgliche Anordnung solcher Nebenbestimmungen sei also nur noch unter den erschwerten Voraussetzungen der §§ 48, 49 VwVfG möglich. Denn inhaltlich stelle sich die nachträgliche Anordnung von Nebenbestimmungen stets als eine teilweise Rücknahme oder als ein teilweiser Widerruf der nach der Teilkassation verbleibenden Restregelung dar.[689] Nach *Schneider* verdeutlichen gerade diese beschränkenden Auswirkungen, daß die gerichtliche Teilaufhebung einer Nebenbestimmung das spätere mögliche Verhalten der Behörde sowohl im Umfang als auch in der Zulässigkeit präjudiziere, so daß man die *reformatorische Wirkung* einer Teilkassation in diesem Bereich selbst dann bejahen müsse, wenn ein Gericht sein Urteil nicht als endgültige Entscheidung verstehe.[690]
Ferner vertritt *Schneider* die Ansicht, daß seine so verstandene reformatorisch wirkende Teilkassation weder einen Verstoß gegen den Wortlaut des § 113 I 1 VwGO noch einen Widerspruch zur amtlichen Begründung der VwGO darstelle. Vielmehr hält er es für möglich, daß auch eine

---

[685] *Bettermann*, in: FS für *Wacke*, 1972, 233 (242).
[686] *Schneider*, S. 152 und S. 153.
[687] *Schneider*, S. 153.
[688] *Schneider*, S 153.
[689] So *Schneider* (S. 153) unter Berufung auf *Kopp*, VwVfG, § 36 Rn. 44.
[690] Vgl. *Schneider*, S. 152, S. 153 und S. 191.

reformatorisch wirkende Teilaufhebung mit dem Wortlaut des § 113 I 1 VwGO vereinbar sei.[691]

Zur Begründung dieser Rechtsauffassung zieht *Schneider* zwar keine Analogie zu der explizit in § 113 II VwGO eingeräumten (unmittelbaren) Reformationsbefugnis, da auch nach seiner Ansicht § 113 II VwGO eindeutig als eine Ausnahme zu § 113 I 1 VwGO konzipiert sei. Er ist aber der Auffassung, daß eine reformatorisch wirkende Teilaufhebung auch bereits im Rahmen des § 113 I 1 VwGO möglich sein müsse. Denn im Unterschied zu der unmittelbaren Änderungsbefugnis des § 113 II VwGO handelt es sich seines Erachtens bei der reformatorisch wirkenden Teilaufhebung lediglich um eine "nur negative und mittelbar positive" Gestaltung seitens des Gerichts, die das Kassationsprinzip nicht verletze und daher unter die Vorschrift des § 113 I 1 VwGO subsumiert werden könne.[692]

Im übrigen sprächen die gleichen *prozeßökonomischen* Gesichtspunkte, die den Gesetzgeber bewogen hätten, in § 113 II VwGO den Gerichten eine *echte* Änderungsbefugnis einzuräumen, auch für die Zulässigkeit einer reformatorisch wirkenden Teilkassation im Rahmen des § 113 I 1 VwGO.[693] Im Vergleich zur völligen oder nur kassatorisch wirkenden Teilaufhebung würde auch eine Änderungsbefugnis nach § 113 I 1 VwGO nicht nur zu einem geringeren Kostenaufwand, sondern zugleich auch zu einer erheblichen Zeiteinsparung führen, da die Einleitung eines neuen Verwaltungsverfahrens, insbesondere der Erlaß eines neuen Verwaltungsaktes mit ihr entfiele.[694]

Vor allen Dingen ist zu beachten, daß *Schneider* in der Bejahung einer solchen reformatorisch wirkenden Teilkassation durch das Gericht weder einen Verstoß gegen das *Gewaltenteilungsprinzip* noch eine Umgehung der in § 113 V VwGO (früher § 113 IV VwGO [695]) enthaltenen

---

[691] *Schneider*, S. 153 und S. 154.
[692] Vgl. hierzu *Schneider*, S. 155.
[693] Vgl. *Schneider*, S. 155.
[694] Vgl. *Schneider*, S. 155 und S. 156, der es in diesem Zusammenhang jedoch vermeidet, davon zu sprechen, daß das Gericht in diesem Falle einen anderen Verwaltungsakt erläßt. Bei Würdigung seiner an dieser Stelle gemachten Aussagen trifft die oben gemachte Interpretation seiner Ausführungen gleichwohl zu, zumal er an anderer Stelle explizit von einer "positiven Gestaltung" im Hinblick auf den Restverwaltungsakt spricht (vgl. *ders.*, S. 151).
[695] Vgl. 4. VwGO-Änderungsgesetz vom 17. 02. 1990 (BGBl. I, 2809 f.); näher hierzu

sog. *kondemnatorischen Entscheidungsbefugnis* [696] erblickt. Zwar räumt *Schneider* ein, daß eine Behörde zur Erteilung einer unbeschränkten Begünstigung normalerweise nur über eine Verpflichtungsklage angehalten werden könne und ein Gericht im Wege eines Aufhebungsurteils dem Betroffenen nicht nachleisten dürfe, was ihm die Behörde zu Unrecht vorenthalten habe.[697] Denn auch er ist der Auffassung, daß es grundsätzlich richtig sei, daß zum *unveränderbaren Kernbereich* der von der Verwaltung wahrzunehmenden Aufgaben der *Erlaß von Verwaltungsakten* gehöre und ein Gericht eine "Letztentscheidung in der Sache selbst" nicht treffen dürfe, sondern eine Behörde grundsätzlich nur über § 113 V VwGO zum Erlaß eines unzulässigerweise abgelehnten oder unterlassenen Verwaltungsaktes angehalten werden könne.[698]

Etwas anderes muß seines Erachtens aber dann gelten, wenn die Behörde einen begünstigenden Verwaltungsakt mit einer belastenden Nebenbestimmung bereits erlassen hat.[699] Die Gründe, die den Gesetzgeber bewogen hätten, den Gerichten bei der völligen Ablehnung oder Unterlassung eines begünstigenden Verwaltungsaktes eine nur kondemnatorische Entscheidungsbefugnis nach § 113 V VwGO einzuräumen, seien in diesem Falle schon deshalb nicht einschlägig, weil die Behörde mit dem Erlaß eines durch eine Nebenbestimmung eingeschränkten Verwaltungsaktes den Sachverhalt bereits in tatsächlicher und rechtlicher Hinsicht nicht nur punktuell, sondern notwendigerweise "umfassend" geprüft habe.[700] Eine Behörde habe also schon während des Verwaltungsverfahrens die Möglichkeit gehabt, sämtliche für den Fall relevanten Überlegungen anzustellen, um auf dieser Grundlage die für das Verfahren abschließende Entscheidung in Form eines Verwaltungsaktes zu

---

Kopp, NJW 1991, 521 f.
[696] Von einer sog. *kondemnatorischen* Entscheidungsbefugnis spricht man, wenn sich das Gericht zwar mit der Verwaltungssache vollständig befaßt, jedoch noch keine eigene endgültige Entscheidung trifft, sondern der Behörde lediglich die von ihr anschließend noch zu erlassende Entscheidung vorschreiben kann, vgl. *Schneider*, S. 157 (dort Fn. 141) sowie *Ress*, S. 133.
[697] Vgl. *Schneider*, S. 157.
[698] *Schneider*, S. 157, wobei er auf die Möglichkeit eines Verpflichtungsurteils (§ 113 V S. 1 VwGO) sowie auf die Möglichkeit eines Bescheidungsurteils (§ 113 V S. 2 VwGO) hinweist.
[699] *Schneider*, S. 160.
[700] *Schneider*, S. 160.

treffen.[701] Da sie zudem gemäß § 39 VwVfG verpflichtet sei, ihre Entscheidung zu begründen, sei ein Gericht in der Lage, die behördlichen Erwägungen, die zur Beifügung der Nebenbestimmung geführt haben, im Hinblick auf ihre Rechtmäßigkeit zu überprüfen.[702] Gelange also beispielsweise ein Gericht bei einer solchen Kontrolle zu der Erkenntnis, daß es unzulässig war, dem Verwaltungsakt eine bestimmte Nebenbestimmung beizufügen, und hebe es deswegen diese Nebenbestimmung auf, so könne darin nicht von vorneherein ein Verstoß gegen das Gewaltenteilungsprinzip oder eine Umgehung des in § 113 V VwGO niedergelegten kondemnatorischen Prinzips gesehen werden. Vielmehr nehme die Gerichtsbarkeit in einem solchen Falle lediglich diejenige Aufgabe wahr, die ihr im Rahmen der Gewaltenteilung zukomme und ihrem Wesen auch allein gemäß sei - nämlich die "reine (repressive) Rechtskontrolle der Verwaltung am Maßstab des geltenden Rechts".[703] In einer reformatorisch wirkenden Teilkassation sieht *Schneider* daher keinen Eingriff eines Gerichts in den Kernbereich der behördlichen Verwaltungstätigkeit.[704]

5. Ablehnung einer verwaltungsgerichtlichen Reformationsbefugnis nach § 113 I 1 VwGO

a.) *Der Wortlaut und die amtliche Begründung zu § 113 I 1 VwGO*

Unterzieht man *Schneiders* Standpunkt einer Analyse, so ist festzustellen, daß dieser von seinem gedanklichen Ansatz her nicht geeignet ist, eine gerichtliche Reformationsbefugnis im Rahmen des § 113 I 1 VwGO begründen zu können. *Schneiders* Versuch, die gleichen gesetzgeberischen bzw. prozeßökonomischen Gesichtspunkte, die für eine gerichtliche Änderungsbefugnis nach § 113 II VwGO sprechen, unmittelbar auch aus § 113 I 1 VwGO abzuleiten, muß schon deshalb als mißglückt angesehen

---

[701] *Schneider*, S. 160.
[702] *Schneider*, S. 160.
[703] So *Schneider* (S. 160 und S. 161) unter Bezugnahme auf *Kopp*, Verfassungsrecht und Verwaltungsverfahrensrecht, S. 240.
[704] Vgl. *Schneider*, S. 161 sowie S. 190.

werden, weil *Schneider* selbst - mit der herrschenden Meinung in Literatur und Rechtsprechung - die Auffassung vertritt, daß § 113 II VwGO eindeutig als Ausnahme zu § 113 I 1 VwGO konzipiert sei.[705] Folgt man einmal diesem Standpunkt, so kann als logische Konsequenz, besser gesagt im Rückschluß aus § 113 II VwGO, nur die Erkenntnis stehen, daß der Gesetzgeber den Gerichten eine über § 113 II VwGO hinausgehende Änderungsbefugnis nicht einräumen will, sondern § 113 II VwGO als eine abschließende Regelung ansieht.[706] Gerade diese logische Schlußfolgerung zieht *Schneider* allerdings nicht.

Als konsequent könnte man seine Sichtweise allenfalls noch dann bezeichnen, wenn man § 113 II VwGO nicht als eine Ausnahme zu § 113 I 1 VwGO begreifen, sondern darin lediglich die Klarstellung sehen könnte, daß eine Änderung des Verwaltungsaktes auch in den Fällen des § 113 II VwGO möglich sei.[707] Angesichts der heutigen Fassung, d. h. des eindeutig kassatorischen Tenors des § 113 I 1 VwGO ("...hebt das Gericht den Verwaltungsakt...auf") und der amtlichen Begründung zur VwGO, die *unmißverständlich* zu erkennen gibt, daß der Gesetzgeber § 113 II VwGO als eine Durchbrechung des Grundsatzes der kassatorischen Wirkung gerichtlicher Urteile versteht [708], ließe sich eine solche Konstruktion aber nicht aufrechterhalten.[709]

---

[705] So *Schneider*, S. 154 sowie u. a. *Kopp/Schenke*, VwGO, § 113 Rn. 149; *Redeker/von Oertzen*, VwGO, § 113 Rn. 8; *Söhn*, VerwArch. 60, 1969, 64 (77); *Bettermann*, in: FS für *Wacke*, 1972, 233 (237); *BVerwGE* 1, 163 (165).

[706] In diesem Sinne *Cöster*, S. 28; *Eyermann/Happ*, VwGO, § 42 Rn. 2; *Söhn*, VerwArch. 60, 1969, 64 f. (77); zum Verhältnis von § 113 I VwGO zu § 113 II VwGO, vgl. auch *Bettermann*, in: FS für *Wacke*, 1972, 233 (242).

[707] In diesem Sinne zum Beispiel *Weipert*, DÖV 1949, 68 f. (70), der bereits vor Geltung der VwGO im Hinblick auf § 79 I, II VVG die Auffassung vertrat, daß eine Änderung des Verwaltungsaktes neben § 79 I auch in den in § 79 II VVG genannten Fällen möglich sei; kritisch hierzu *Menger*, System des verwaltungsgerichtlichen Rechtsschutzes, 1954, S. 168 und *BVerwGE* 1, 163 (165).

[708] BT-Dr. 11/7030, S. 29 sowie bereits zuvor BT-Dr. III/5, S. 43 (Erläuterung zu § 114 II VwGO, jetzt § 113 II VwGO).

[709] Allgemein zu § 113 II VwGO, vgl. *Bosch/Schmidt*, § 21 II 1 (S. 119). Auch *Schenke* schließt zu Unrecht von der Reformationsbefugnis des § 113 II VwGO auf eine solche im Rahmen des § 113 I VwGO, vgl. ders., in: FS für *Roellecke*, 1997, 281 (289).

b.) Die Unterscheidung zwischen kassatorischer und reformatorischer Entscheidungsbefugnis

Vor allen Dingen läßt sich aus *Schneiders* Befund, daß im Wege einer teilweisen Aufhebung eines Verwaltungsakts ein "Mehr" an Freiheit erlangt werden kann, noch keine *Änderungsbefugnis* für die Verwaltungsgerichte aus § 113 I 1 VwGO ableiten.[710] Ein "Mehr" an Genehmigung kann einerseits auf einer Reformation, andererseits aber auch auf einer lediglich *reformatorisch wirkenden* Teilkassation eines Verwaltungsaktes beruhen. Beide gerichtliche Handlungsformen sind strikt voneinander abzugrenzen.

Schneiders Sichtweise, daß jede Teilaufhebung einer Nebenbestimmung immer zu einer Abänderung des Verwaltungsaktes führe und eine jede Teilkassation in diesem Bereich mit einer Reformation des Hauptverwaltungsaktes gleichzusetzen sei [711], kann nicht gefolgt werden. Sie ist in mehrfacher Hinsicht sachwidrig. Denn sie widerspricht nicht nur dem wahren Verhältnis von Teilkassation und Reformation eines Verwaltungsaktes bzw. der in diesem Zusammenhang zu treffenden Unterscheidung zwischen *kassatorischer* Entscheidungsbefugnis und *reformatorischer* Entscheidungsbefugnis der Verwaltungsgerichte, sondern sie wird vor allen Dingen auch den unterschiedlichen Verknüpfungsgraden, die die verschiedenen Nebenbestimmungen zum Hauptverwaltungsakt aufweisen, nicht gerecht.

Zur Begründung einer gerichtlichen *Reformationsbefugnis* im Rahmen des § 113 I 1 VwGO führt *Schneider* an, daß jede Teilaufhebung im Bereich der Nebenbestimmungen schon deshalb reformatorisch *wirke*, weil ein gerichtliches Teilkassationsurteil das später mögliche Verhalten einer Behörde sowohl im Umfang als auch in der Zulässigkeit präjudiziere, so daß eine an den Gründen des Aufhebungsurteils orientierte Neuentscheidung technisch überhaupt nicht möglich sei.[712] *Schneider* bezeichnet diese Art der Teilaufhebung als "reformatorisch wirkende Teilkassa-

---

[710] So aber *Schneider*, S. 100 und S. 101.
[711] So *Schneider* (S. 151; Fn. 123), der sich diesbezüglich auf *Ress* (S. 171) beruft. Bei dieser Bezugnahme übersieht *Schneider* offenbar, daß auch *Ress* Teilkassationen für möglich hält, die schlicht kassatorisch und nicht reformatorisch wirken können (vgl. *Ress*, S. 171; dort Fn. 278).
[712] Näher hierzu bereits oben S. 161 f.

tion", die seines Erachtens nicht gegen das reine kassatorische Prinzip des § 113 I 1 VwGO verstößt und auch keine Umgehung der kondemnatorischen Entscheidungsbefugnis darstelle.[713] Auf der Grundlage dieser Erkenntnisse gelangt *Schneider* sodann zu dem Ergebnis, daß die nur "reformatorisch wirkende Teilkassation" dem Gericht die Möglichkeit einräume, den Restverwaltungsakt positiv zu gestalten [714], d. h. eine Letztentscheidung in der Sache zu treffen [715] bzw. den Verwaltungsakt abzuändern.[716]

Dem kann nicht gefolgt werden. *Schneiders* Feststellungen geben letztlich keinen Aufschluß darüber, ob einem Gericht auch eine *unmittelbare* Reformationsbefugnis im Rahmen des § 113 I 1 VwGO zusteht. Denn der Umstand, daß sich die nachträglichen Reaktionsmöglichkeiten einer Behörde sowohl im Umfang als auch in der Zulässigkeit nach einem Teilkassationsurteil anders darstellen als zuvor, führt allein dazu, daß eine Teilkassation lediglich in ihrer *Wirkung* einer (echten) reformatorischen Entscheidung durch das Gericht gleich kommen kann. Die rechtliche Beschränkung nachträglicher Reaktionsmöglichkeiten einer Behörde führt aber nicht dazu, daß ein Gericht auch unmittelbar reformatorisch entscheidet.[717] Die Teilkassation unterscheidet sich von der Reformation durch die Zurückverweisung an die jeweilige Behörde, d. h. durch den sog. *Revolutiveffekt.*[718]

Reformatorisch entscheidet ein Gericht also dann, wenn es zum Beispiel anstatt den Streitgegenstand an die Behörde zurückzuverweisen *selbst* eine endgültige Entscheidung über den aufgehobenen Teil, etwa in Form einer neuen Nebenbestimmung, trifft.[719] In diesem Falle verwaltet ein

---

[713] *Schneider*, S. 161.
[714] *Schneider*, S. 151 a. E.
[715] Vgl. *Schneider*, S. 157 a. E.
[716] So ausdrücklich *Schneider*, S. 190.
[717] A. A. *Schneider* (S. 157 a. E.), der meint, bei einer reformatorisch wirkenden Teilaufhebung läge die Letztentscheidung beim Gericht.
[718] Vgl. hierzu *Bettermann*, in: FS für *Wacke*, 1972, 233 (241), der in diesem Zusammenhang von "Revolutionseffekt" spricht, was aber auf einen Druckfehler zurückzuführen sein dürfte.
[719] *Bettermann*, in: FS für *Wacke*, 1972, 233 (244, Fn. 18): "Die Selbstentscheidung ist die Alternative zur Zurückverweisung - wie die Reformation zur Kassation." Vgl. hierzu auch *Cöster*, S. 68: "Die reformatorische Entscheidung als *eine* Möglichkeit der Selbstentscheidung in der Sache steht im Gegensatz zur bloß kassatorischen Entscheidung."

Gericht *positiv* und überschreitet damit den zulässigen Inhalt eines Teilkassationsurteils nach § 113 I 1 VwGO. Denn es darf nicht übersehen werden, daß die Teilkassation stets nur *negative* Gestaltung [720] sein kann, da sie sich, wie die Gesamtaufhebung eines Verwaltungsaktes, stets nur im Rahmen des § 113 I 1 VwGO, d. h. im Rahmen einer Kassation bewegen darf. Beide Gestaltungsformen dürfen nicht dazu führen, daß ein Gericht selbst und abschließend über den Streitgegenstand judiziert und damit eine unmittelbar reformatorische bzw. meritorische Entscheidung [721] trifft. Anderenfalls fehlt es an dem für eine (Teil-)Kassation typischen *Revolutiveffekt*, und von einer *kassatorischen* Entscheidung kann keine Rede mehr sein.

Es gilt folglich zu unterscheiden: Kassation plus Reformation stehen im Gegensatz zur Kassation plus Revolvierung der Sache.[722] Hebt demnach ein Verwaltungsgericht eine rechtswidrige Nebenbestimmung (nur) ersatzlos auf, so nimmt es zumindest mit Blick auf die jeweilige Nebenbestimmung noch keine *positiv* gestaltenden Verwaltungsaufgaben wahr, sondern weist eine Behörde lediglich an, erneut über die aufgehobene Nebenbestimmung - entsprechend seiner im Teilkassationsurteil zum Ausdruck gebrachten Rechtsanschauung - zu entscheiden.[723]

Unter diesem Blickwinkel ist es auch nicht verwunderlich, daß *Schneider* eine Reformationsbefugnis der Gerichte gemäß § 113 I 1 VwGO bejaht. Denn es mag zwar richtig sein, daß die behördlichen Reaktionsmöglichkeiten nach einer Teilkassation gerade in Bezug auf den nachträglichen Erlaß von Nebenbestimmungen wegen der hier einschlägigen Besonderheiten der §§ 48, 49 VwVfG oder des § 36 VwVfG sowohl im Umfang als auch in der Zulässigkeit reduziert sind.[724] Die Reduzierung nachträglicher Reaktionsmöglichkeiten einer Behörde ist aber eine durchaus üb-

---

[720] Zu der strittigen Frage, ob bereits die Kassation ihrerseits als eine unmittelbar *negative* Gestaltung eine verwaltende Tätigkeit darstellt, vgl. *Ress*, S. 108-114 m. w. N.

[721] *Meritorisch* entscheidet die Verwaltungsgerichtsbarkeit dann, wenn das Verwaltungsgericht den angefochtenen Verwaltungsakt(-teil) nicht bloß beseitigt, sondern ihn durch ein die Sache selbst erledigendes Urteil ersetzt, vgl. *Merkl*, S. 391; *Cöster*, S. 76; *Ress*, S. 19. Die reformatorische Entscheidung bildet einen Unterfall der meritorischen Entscheidung, vgl. *Ress*, S. 19; *Cöster*, S. 78.

[722] Vgl. *Cöster*, S. 68; *Bettermann*, DVBl. 1961, 65 f. (65).

[723] Allgemein zur Bindung der Behörde an die Kassationsgründe bei einem Kassationsurteil, vgl. *Merkl*, S. 391 sowie ausführlich *Ress*, S. 120-123.

[724] Vgl. hierzu bereits die Ausführungen von *Schneider* oben auf S. 162 f.

liche Begleiterscheinung im Falle von (Teil-)Kassationsurteilen; sie gibt noch keinen Aufschluß darüber, ob ein Gericht kassatorisch oder reformatorisch entschieden hat. Dies zeigt sich in einem Vergleich mit einer Vollanfechtung.

Hebt beispielsweise das Gericht im Wege einer Vollanfechtung den gesamten Verwaltungsakt auf, ist eine Behörde an die von dem Gericht im Urteil vorgetragenen Kassationsgründe gebunden und darf bei unveränderter Sach- und Rechtslage nicht noch einmal so entscheiden, wie sie es bereits im angefochtenen und kassierten Bescheid getan hat (sog. Verwaltungsakt-Wiederholungsverbot).[725] Den nachträglichen Reaktionsmöglichkeiten einer Behörde werden also auch im Falle einer Gesamtanfechtung, wenngleich weniger stark und nicht unmittelbar durch die Gesetzeslage, wohl aber durch die materielle Rechtskraft des bereits bestehenden Kassationsurteils, sowohl im Umfang als auch in der Zulässigkeit Grenzen gesetzt.[726]

Gleichwohl kann nicht von einer reformatorischen Entscheidung des Gerichtes gesprochen werden. Die Veränderung oder Einschränkung des nachträglichen Handlungsspielraumes einer Behörde führt in diesem Falle nämlich nicht dazu, daß das Gericht die Sache selbst zumindest in den Gründen meritorisch erledigt.[727] Schließlich muß die Verwaltungsbehörde bei Erlaß eines Ersatzbescheid noch auf mögliche Änderungen der Sach- und Rechtslage seit der Kassation Bedacht nehmen.[728] Tut die Behörde dies allerdings nicht, sondern erläßt sie bei unveränderter Sach- und Rechtslage einen wesensgleichen Verwaltungsakt, wird das Gericht auch diesen Verwaltungsakt auf erneute Anfechtungsklage desselben Klägers hin allein schon als Folge der materiellen Rechtskraft des vorangegangenen Anfechtungsurteils ohne erneute Sachprüfung aufheben.[729]

---

[725] *BVerwGE* 91, 256 (258 f.); ausführlich zum sog. Verwaltungsakt-Wiederholungsverbot, *Detterbeck*, NVwZ 1994, 35 ff.; zur Bindung der Verwaltungsbehörde an die Kassationsgründe, vgl. auch *Ress*, S. 121.

[726] Vgl. in diesem Zusammenhang auch *Ress* (S. 124), der in der behördlichen Bindung an die Kassationsgründe ein "meritorisches Element" einer Kassationsentscheidung sieht.

[727] Vgl. hierzu auch *Ress*, S. 121.

[728] *Ress*, S. 121.

[729] *Detterbeck*, Streitgegenstand und Entscheidungswirkung im Öffentlichen Recht, 1995, S. 158 sowie *ders.*, NVwZ 1994, 35 (38). Zu Recht weist *Detterbeck* [NVwZ

Das soeben Gesagte gilt im übertragenen Sinne auch für den Bereich der Teilkassation von Nebenbestimmungen. Der Umstand, daß sich die behördlichen Reaktionsmöglichkeiten nach der Teilkassation wegen der hier einschlägigen Besonderheiten der §§ 48, 49 VwVfG sowie des § 36 VwVfG in rechtlicher Hinsicht schwieriger gestalten als vor der gerichtlichen Teilaufhebung, ist für die Beantwortung der Frage, ob ein Gericht in diesen Fällen reformatorisch oder nur kassatorisch entscheidet, ohne Belang. Entscheidend ist vielmehr, ob die Behörde weiterhin die Möglichkeit hat, eine originäre Entscheidung in der Sache zu treffen. Letzteres ist bei der Teilkassation von Nebenbestimmungen nur dann denkbar, wenn das Gericht an die Behörde zurückverweist, ohne dabei selbst eine unmittelbare Entscheidung in der Sache zu treffen. Ein Grund für diese notwendige Zurückverweisung an die Behörde liegt dabei insbesondere in der prozessualen Ausgestaltung der echten Teilanfechtungsklage.[730]

Ein Gericht darf im Rahmen der echten Teilanfechtungsklage zur Beurteilung der Rechtswidrigkeit einer angefochtenen Nebenbestimmung zwar durchaus den gesamten Verwaltungsakt als sog. "Anfechtungsgegenstand"[731] bzw. als "Objekt des prozessualen Anspruchs"[732] in seine rechtliche Prüfung miteinbeziehen, weil häufig nur auf diese Weise abschließend (kassatorisch) über eine Nebenbestimmung entschieden werden kann.[733] Ein Gericht darf aber im Rahmen einer echten Teilanfechtungsklage kein Urteil über die verbleibende Restregelung fällen. Sofern die Klage statthaft ist, hat das Gericht vielmehr allein über die

---

1994, 35 (37)] in diesem Zusammenhang darauf hin, daß die Behörde in diesen Fällen die materielle Rechtskraft des ergangenen Kassationsurteils auch nicht dadurch umgehen kann, daß sie einen inhaltlich nur geringfügig veränderten Verwaltungsakt erläßt. Denn die Behörde stellt mit einem inhaltlich (nur) im wesentlichen gleichen Verwaltungsakt im Ergebnis den status quo ante her.

[730] Zur prozessualen Ausgestaltung einer echten Teilanfechtungsklage im Unterschied zu einer Gesamtanfechtung oder unechten Teilanfechtungsklage, vgl. bereits oben S. 134 f. und S. 150 f.

[731] Zum Begriff des Anfechtungsgegenstandes vgl. *Schneider*, S. 112 (dort Fn. 90) sowie *Bettermann*, DVBl. 1953, 163 (163).

[732] Vgl. *Stiefel*, NJW 1954, 1788 (1790).

[733] Die Zulässigkeit einer Nebenbestimmung nach § 36 VwVfG hängt häufig von unterschiedlichen Voraussetzungen ab, je nachdem, ob es sich bei der Hauptregelung um eine Ermessensentscheidung oder um einen gebundenen Verwaltungsakt handelt, vgl. *Schneider*, S. 112. Vgl. hierzu auch allgemein: *Ress*, S. 124.

Rechtsbehauptung des Klägers, der jeweilige Zusatz sei rechtswidrig und verletze ihn in seinen Rechten, zu befinden. Ausschlaggebend für die Bestimmung des Streitgegenstandes ist schließlich allein der klägerische Antrag, wie er sich nach Auslegung des zugrundeliegenden Lebenssachverhalts darstellt.[734] Begehrt ein Kläger mit seinem Antrag also allein die Aufhebung eines Teils eines Verwaltungsaktes, so ist das Verwaltungsgericht wegen § 88 VwGO an dieses Klagebegehren gebunden. Eine der Rechtskraft fähige Gerichtsentscheidung darf daher auch nur im Hinblick auf diesen begrenzten Streitgegenstand ergehen.[735]

Mit anderen Worten heißt das, daß die materielle Rechtskraft eines solchen Teilkassationsurteils sich nicht darauf erstreckt, daß der Kläger einen Anspruch auf die Genehmigung ohne Verwaltungsaktzusatz hat, sondern lediglich darauf, daß der Kläger einen Teilaufhebungsanspruch besitzt.[736] Da der Gesamtverwaltungsakt nicht selbst Gegenstand des Verfahrens war, sondern "nur zur Entscheidung über den begrenzten Streitgegenstand herangezogen" wurde [737], darf auch aus einer implizit geäußerten Rechtsauffassung des Gerichts, daß der Kläger im betreffenden Fall einen Anspruch auf die Vergünstigung ohne Nebenbestimmung habe, nicht die Schlußfolgerung gezogen werden, das Gericht habe nun endgültig über die gesamte Verwaltungssache entschieden, so daß die Behörde keine Möglichkeit mehr habe, eine Letztentscheidung zu treffen. Dies wäre selbst dann nicht der Fall, wenn die inzidente Feststellung des Gerichtes hinsichtlich der Gesamtregelung von der sog. erweiterten Rechtskraftwirkung erfaßt wäre, weil sie zum Beispiel einen der tragen-

---

[734] Zum umstrittenen Begriff des Streitgegenstandes der Anfechtungsklage vgl. *Störmer*, DVBl. 1996, 81 (88 und Fn. 78) sowie umfassend *Detterbeck*, Streitgegenstand und Entscheidungswirkung im Öffentlichen Recht, 1995, S. 68 f. (allgemein) sowie S. 153 f. zur Anfechtungsklage. Danach ist Streitgegenstand der prozessuale Anspruch, der sich an Gericht und Beklagten wendet, in personeller Hinsicht durch die Parteien bestimmt wird und sich aus den Komponenten Antrag und Lebenssachverhalt zusammensetzt.

[735] Vgl. hierzu auch *Störmer*, DVBl. 1996, 81 (88; dort Fn. 77).

[736] Allgemein zum Inhalt eines kassatorischen Urteils, vgl. *Ress*, S. 102 und *Detterbeck*, Streitgegenstand und Entscheidungswirkung im Öffentlichen Recht, 1995, S. 164 und S. 165.

[737] Insofern zutreffend *Schneider*, S. 112. Den Restverwaltungsakt ebenfalls nicht zum Streitgegenstand rechnend: *Cöster*, S. 52 f. (57); *Hufen* VerwProzR, § 14 Rn. 66; *Laubinger*, VerwArch. 73, 1982, 345 f. (364); *Störmer*, DVBl. 1996, 81 (89); a. A. *Schenke*, JuS 1983, 182 (188); *Schachel*, S. 168; *Meyer/Borgs*, VwVfG, § 36 Rn. 43.

den Aufhebungsgründe darstellt. Erlassen wird auch in dieser Konstellation nur ein negatorisch wirkendes (Teil-)Kassationsurteil [738], das die Behörde zwar insofern rechtlich (§ 121 VwGO) bindet, als sie bei unveränderter Sach- und Rechtslage dem Restverwaltungsakt nicht nochmals dieselbe Nebenbestimmung hinzufügen darf, das der Behörde aber nicht sämtliche Entscheidungsmöglichkeiten nimmt. So hat die Behörde beispielsweise auch nach Erlaß eines solchen (Teil-)Kassationsurteils und bei einer Veränderung der Sach- und Rechtslage durchaus die Möglichkeit, den Restverwaltungsakt gemäß den §§ 48 f. VwVfG aufzuheben oder abzuändern.

Selbst für den Fall, daß die Behörde nach einem (Teil-)Kassationsurteil aus rechtlichen Gründen keine nachträglichen Reaktionsmöglichkeiten mehr besitzt, kann nicht von einer unmittelbar reformatorischen Entscheidung des Gerichtes gesprochen werden. Zwar ähnelt die gerichtliche Teilkassation in diesen Fällen in ihrer *Wirkung* einer Reformation des Verwaltungsaktes, weil sie zumindest im Ergebnis zu einem Restverwaltungsakt führt, der bereits vor der Zurückverweisung an die Behörde bestand. Die Teilkassation ist aber auch in diesem Falle nicht mit der Reformation eines Verwaltungsaktes identisch.[739] Schließlich erledigt das Gericht - mangels unmittelbarer Reformationsbefugnis - die Sache nicht selbst, sondern verweist die Sache an die Behörde zurück. Ergibt sich nach dieser Zurückverweisung, daß die behördlichen Handlungsmöglichkeiten nach der Teilkassation ausgeschlossen sind, bedeutet dies nur, daß eine Korrektur des Verwaltungsaktes durch die Behörde aus rechtlichen Gründen nicht mehr möglich ist, nicht aber, daß deshalb auch eine originäre Entscheidung der Behörde über die Verwaltungssache obsolet ist oder eine behördliche Endkontrolle der Verwaltungssache nicht stattfindet.

Daß die Behörde aus rechtlichen Gründen in solchen Fällen letztendlich den Restverwaltungsakt in der Gestalt zu akzeptieren hat, die er bereits durch die gerichtliche (allein negativ wirkende) Teilkassation erfahren hat, bedeutet also nicht, daß das Gericht reformatorisch entscheidet und der Behörde seine Entscheidung aufdrängt. Solange das Gericht im

---

[738] Dieses Urteil stellt kein Prozeß-, Zwischen- oder Teilurteil dar, sondern ist ein Sach- bzw. Vollurteil, das den begrenzten Anfechtungsantrag des Klägers endgültig bescheidet, vgl. hierzu auch *Cöster*, S. 51.
[739] Zur Abgrenzung der Teilkassation von der Reformation vgl. *Bettermann*, in: FS für *Wacke*, 1972, S. 233 (242); *Söhn*, VerwArch. 60, 1969, 64 (77).

Außenverhältnis zum Bürger nicht selbst verwaltet, sondern die Verwaltungssache an die Behörde zurückverweist, ohne daß eine Veränderung am Restverwaltungsakt eintritt, bleibt es bei einer kassatorischen Entscheidung. Die fehlenden Reaktionsmöglichkeiten der Behörde sind in einem solchen Falle also lediglich Ausdruck dessen, daß die Rechtsordnung die nicht vorhandenen Reaktionsmöglichkeiten der Behörde billigt.

Deutlich wird dies zum Beispiel auch in dem Fall, daß die behördliche Entscheidung mit der im (Teil-)Kassationsurteil zum Ausdruck gebrachten Rechtsauffassung des Gerichts kongruent ist [740], weil beispielsweise auch die Behörde zu der Ansicht gelangt, der Kläger habe einen Anspruch auf die Genehmigung ohne Nebenbestimmung. Auch in diesem Falle handelt es sich nicht um eine reformatorische, sondern um eine ausschließlich kassatorische Entscheidung.[741] Denn entscheidend ist auch hier, daß der Behörde die Möglichkeit zum "Reden" bzw. zur Letztentscheidung gegeben wird und das Gericht durch die Teilkassation der Behörde nicht die originäre Entscheidungsbefugnis über die Verwaltungssache nimmt. Bleibt die Behörde nach einer Teilkassation einer Nebenbestimmung nach außen hin passiv und beläßt es bei dem vom Gericht inzident bestätigten Verwaltungsakt, bedeutet dies im Ergebnis nur, daß sie ihr "letztes Wort" über die Verwaltungssache durch "selbstauferlegtes Schweigen" [742] bzw. konkludent ausübt. Solange also das Gericht keiner Entscheidung über die Verwaltungssache vorgreift, sondern nur eine auf den Verwaltungs*aktzusatz* bezogene kassatorische Entscheidung trifft, entscheidet es nicht selbst in der *Verwaltungssache* [743], wenngleich eine solche Konstellation rein äußerlich den Eindruck einer reformatorischen Entscheidung erweckt.

Gerade im Falle der soeben skizzierten Feststellung eines Anspruchs des Klägers auf die uneingeschränkte Genehmigung sowohl durch das Gericht als auch durch die Behörde mag sich der Eindruck aufdrängen,

---

[740] *Bettermann* bezeichnet diesen Fall als "unechte oder reformatorische Teilkassation", vgl. *ders.*, in: FS für *Wacke*, 1972, 233 (242).
[741] Zum Verhältnis der Kassation zur Reformation vgl. auch *Söhn*, VerwArch. 60, 1969, 64 (77).
[742] *Cöster*, S. 73.
[743] Vgl. *Bettermann*, in: FS für *Wacke*, 1972, 233 (244); *Cöster*, S. 70: "Die Kassation ist eine nur auf den Verwaltungsakt bezogene Entscheidung, die Reformation eine auch auf die Verwaltungssache bezogene Entscheidung."

daß eine dem Gerichtsurteil nachfolgende und inhaltsgleiche behördliche Entscheidung einen unnötigen Formalismus darstelle, weil die Behörde an Recht und Gesetz gebunden sei und sich daher ohnehin an die in einem Urteil getroffenen Feststellungen halten werde. Die Zurückverweisung der Sache an die zuständige Behörde läßt sich allerdings in diesen Fällen nicht vermeiden. Erst recht können keine prozeßökonomischen Gesichtspunkte einen Verzicht auf die Zurückverweisung der Verwaltungssache an die Behörde und damit die Annahme einer unmittelbaren Änderungsbefugnis der Gerichte gemäß § 113 I 1 VwGO rechtfertigen.[744]

Der Gesetzgeber hat den Gerichten im Rahmen des § 113 I 1 VwGO nur eine kassatorische, nicht aber eine reformatorische Entscheidungsbefugnis eingeräumt.[745] Dies auch mit gutem Grund, denn nicht in allen Fällen braucht das Gericht eine inzidente Feststellung über die Gestaltung des gesamten Verwaltungsaktes zu treffen, um einen Teilaufhebungsanspruch des Klägers begründen zu können. Die Letztentscheidung in der Verwaltungssache muß einer Verwaltungsbehörde daher auch schon deshalb vorbehalten bleiben, weil die im (Teil-)Kassationsurteil zum Ausdruck gebrachten Gründe sehr häufig nur einen kleinen Ausschnitt der gesamten Verwaltungssache erfassen und somit in der Regel viele rechtliche Fragen für eine selbständige Entscheidung der Behörde offen bleiben.[746]

Die von *Schneider* als "reformatorisch wirkend" bezeichnete Teilkassation und die von ihm durchgeführten Untersuchungen hinsichtlich eines möglichen Verstoßes gegen das kassatorische Prinzip von Anfechtungsklagen tragen daher letztlich nichts zur Klärung der Frage bei, ob das Gericht gemäß § 113 I 1 VwGO auch unmittelbar reformatorisch entscheiden darf. Denn *Schneider* untersucht letztlich nur denjenigen Bereich der Teilkassation, der sich ohnehin im kassatorischen Rahmen des § 113 I 1 VwGO bewegt, nämlich die Aufhebung der angefochtenen

---

[744] So aber *Schneider*, vgl. hierzu die Ausführungen oben auf S. 163 f.
[745] Zum eindeutigen Wortlaut des § 113 I 1 VwGO vgl. bereits oben S. 166. Die kassatorische Entscheidungsbefugnis ist bereits ihrerseits ein Zugeständnis, da ein Richter gegenüber der Verwaltung negativ gestaltend tätig werden darf, vgl. hierzu *Ress*, S. 124.
[746] So ist es durchaus denkbar, daß trotz der gerichtlichen Teilkassation einer Nebenbestimmung eine andere, weniger belastende Nebenbestimmung in Betracht kommen kann.

Nebenbestimmung. Mit Blick allein auf die teilkassierte Nebenbestimmung bleibt es bei einer negativen Gestaltung durch das Gericht, die das reine kassatorische Prinzip des § 113 I 1 VwGO nicht zu durchbrechen vermag.[747] Die einseitige Betrachtungsweise *Schneiders* erstaunt um so mehr, als er einerseits die Ansicht vertritt, daß eine Teilkassation niemals zu einer positiven Gestaltung durch das Gericht führen dürfe [748], andererseits aber zugleich konstatiert, daß durch eine reformatorisch wirkende Teilkassation *stets* eine positive Gestaltung im Hinblick auf den übrigbleibenden Teil eintrete.[749]

c.) *Verstoß gegen das Gewaltenteilungsprinzip und Umgehung der kondemnatorischen Entscheidungsbefugnis der Gerichte nach § 113 V VwGO*

Schneiders Bejahung einer unmittelbaren verwaltungsgerichtlichen Reformationsbefugnis im Rahmen des § 113 I S. 1 VwGO läßt sich im übrigen nicht mit dem in Art. 20 II S. 2 GG verankerten Gewaltenteilungsprinzip [750] vereinbaren und führt zu einer nicht hinnehmbaren Umgehung der in § 113 V VwGO niedergelegten gerichtlichen kondemnatorischen Entscheidungsbefugnis. Der Grund für *Schneiders* konträre These ist darin zu finden, daß dieser - wie bereits oben ausgeführt - den Schwerpunkt seiner Untersuchungen allein auf die von einem Gericht aufgehobene Nebenbestimmung legt. Mit Blick auf die von einem Gericht kassierte Nebenbestimmung ist es aber nicht verwunderlich, daß *Schneider* einen Verstoß gegen das im Grundgesetz verankerte Gewaltenteilungsprinzip oder eine Umgehung der kondemnatorischen Entscheidungsbefugnis der Gerichte nach § 113 V VwGO verneint. Allein von diesem Standpunkt aus gesehen wird nämlich die Richtigkeit seiner Auffassung nicht nur durch das von ihm angeführte und insofern zutreffen-

---

[747] A. A. *Schneider*, S. 100.
[748] *Schneider*, S. 155.
[749] *Schneider*, S. 151 a. E.
[750] Auf eine Teilung der Gewalten nimmt das Grundgesetz neben Art. 20 II S. 2 GG explizit auch in Art. 1 III GG und Art. 20 III GG, die allesamt nach Art. 79 III GG nicht abänderbar sind, Bezug. Vgl. auch *Ress*, S. 245 und S. 246.

de Argument der reinen repressiven Rechtskontrolle [751], sondern vor allen Dingen auch dadurch bestätigt, daß sich ein Gericht mit einem solchen Teilkassationsurteil noch im Rahmen seiner kassatorischen Entscheidungsbefugnis hält.[752]
Schneider selbst räumt ein, daß die hier zu untersuchende Teilaufhebung hinsichtlich des kassierten Verwaltungsaktzusatzes eine *nur negative* bzw. *mittelbar positive*, niemals aber auch eine *unmittelbar positive* Gestaltung sein kann. Denn eine (Teil-)Aufhebungsbefugnis nach § 113 I 1 VwGO - im Gegensatz zu einer Reformationsbefugnis nach § 113 II VwGO - ermöglicht einem Gericht nie eine Ersetzung des aufgehobenen Teils durch einen anderen.[753] Trifft ein Gericht keine endgültige Selbstentscheidung über die kassierte Nebenbestimmung, dann ist eine reformatorische Entscheidung und damit ein Eingriff in den Kernbereich der Verwaltung - zumindest von diesem Standpunkt aus gesehen - von vornherein auszuschließen.
Die reformatorische Entscheidung ist ein Unterfall der meritorischen Entscheidung. Beide Entscheidungsformen stehen den Gerichten nur in Ausnahmefällen zu [754] und setzen voraus, daß ein Gericht *selbst*, d. h. unmittelbar und endgültig über den Streitgegenstand entscheidet. Wenn aber ein Gericht wie hier sein Urteil über eine aufgehobene Nebenbestimmung nicht als eine endgültige Entscheidung verstanden wissen will, sondern lediglich den betreffenden Zusatz *ersatzlos* aufhebt, so daß die Verwaltungsbehörde erneut die Möglichkeit hat, eine originäre Entscheidung in der Verwaltungssache zu treffen, so entscheidet das Gericht allenfalls *mittelbar* reformatorisch oder *mittelbar* meritorisch [755] und

---

[751] So *Schneider*, S. 160 sowie *Ress*, S. 249, der es im Falle der nachträglichen Rechtskontrolle eines Gerichtes nur für eine Frage der Zweckmäßigkeit hält, ob das Gericht kassatorisch bzw. kondemnatorisch oder gleich meritorisch entscheiden *sollte*.

[752] Vgl. die oben gemachten Ausführungen auf S. 167 f.

[753] Dies erkennt auch *Schneider*, S. 155 m. w. N.

[754] So zum Beispiel im Falle des § 113 II VwGO.

[755] Im Rahmen der mittelbar meritorischen Entscheidung darf das Gericht die Verwaltungsbehörde nur anweisen, wie diese in der Sache zu entscheiden hat, vgl. *Ress*, S. 153. Den Gegensatz hierzu bildet die *unmittelbar* meritorisch wirkende Entscheidung, bei der das Gericht an Stelle der Behörde selbst in der Sache entscheidet, d. h., den Verwaltungsakt bzw. einen Teil davon selbst erläßt, ohne an die Behörde zurückzuverweisen, vgl. hierzu *Ress*, S. 153 a. E. sowie *Bettermann*, in: FS für *Wacke*, 1972, 233 (244).

hält sich noch im Rahmen der ihm vom Gesetzgeber eingeräumten *mittelbaren* Sachentscheidungsbefugnis.[756] Eine mit der kassatorischen Funktion der (Teil-)Anfechtungsklage nicht mehr vereinbare unmittelbare Selbstentscheidung seitens des Gerichtes oder gar ein Eingriff in den Kernbereich der Verwaltung scheidet unter diesem Gesichtspunkt in der Tat aus, zumal auch der Umstand, daß das Spektrum der behördlichen Reaktionsmöglichkeiten nach einer Teilkassation geschmälert ist, hieran nichts zu ändern vermag.[757]

Auch eine Umgehung der kondemnatorischen Entscheidungsbefugnis nach § 113 V VwGO kommt bei einer allein auf den aufgehobenen Verwaltungsaktzusatz beschränkten Sichtweise nicht in Betracht. Eine nur *mittelbar* reformatorisch bzw. meritorisch wirkende Teilkassation, welche zu keiner endgültigen Entscheidung in der Verwaltungssache durch das Gericht führt, kommt zumindest in ihrer Wirkung einer kondemnatorischen Entscheidungsbefugnis der Gerichte nach § 113 V VwGO gleich. Zwar besteht ein Unterschied zwischen der kondemnatorischen und der kassatorischen Entscheidung insofern, als sich bei letzterer die Bindung der Verwaltungsbehörden an die im Urteil angeführten Gründe zumeist nur auf Ausschnitte der Verwaltungssache bezieht. Denn ein Gericht muß bei der gerichtlichen Überprüfung eines *angefochtenen* Bescheides in der Regel nicht die ganze Verwaltungssache rechtlich entscheiden, wohingegen im Rahmen einer kondemnatorischen Entscheidung sich die Bindungswirkung auf die ganze Verwaltungssache erstreckt.[758] Diese unterschiedliche Reichweite der Bindungswirkung ändert allerdings nichts daran, daß ein Gericht auch im Falle einer kondemnatorischen Entscheidung die Behörde lediglich anweist, wie sie zu entscheiden hat. In beiden Fällen verwaltet also das Gericht nicht selbst,

---

[756] Vgl. *Ress*, S. 133: "Der deutsche Gesetzgeber wollte den Verwaltungsgerichten nur eine *mittelbare* Sachentscheidungsbefugnis einräumen, weil die Verwaltungsgerichte nicht verwalten sollen." Zur historischen Begründung dieses Zieles und der noch vor Geltung der VwGO abweichenden Rechtslage vgl. auch *Schneider*, S. 158 und *Menger*, S. 168 m. w. N.

[757] Hierzu bereits ausführlich oben S. 167 f.

[758] Nach *BVerwG*, NJW 1983, 407 und NVwZ 1996, 66 erstreckt sich die materielle Rechtskraft eines klagestattgebenden Bescheidungsurteils auf die gerichtliche Rechtsauffassung, an die die Behörde gemäß § 113 V 2 VwGO bei erneuter Verbescheidung des Klägers gebunden ist; dazu auch *Detterbeck*, Streitgegenstand und Entscheidungswirkungen im Öffentlichen Recht, S. 224.

sondern entscheidet nur mittelbar meritorisch.[759] Insofern wird also von der Vorgabe des Gesetzgebers, den Verwaltungsgerichten lediglich eine *mittelbare Sachentscheidungsbefugnis* einzuräumen [760], nicht abgewichen.

aa.) *Konditional in die Hauptregelung eingebundene Verwaltungsaktzusätze (Befristung, Bedingung, Widerrufsvorbehalt, Inhaltsbestimmung)*

Eine ganz andere Sichtweise der Dinge ergibt sich allerdings, wenn man das Augenmerk auf die nach einer Teilkassation eines Verwaltungsaktzusatzes verbleibende Hauptregelung lenkt. Bei oberflächlicher Betrachtungsweise scheint hinsichtlich der verbleibenden Hauptregelung zunächst gar keine Änderung einzutreten. Schließlich hebt das Gericht nur den angefochtenen und rechtswidrigen Verwaltungsaktzusatz auf und erläßt ein nur *mittelbar* reformatorisch wirkendes Teilkassationsurteil.[761] Zieht man allerdings die bereits im ersten Teil dieser Arbeit gefundenen Ergebnisse hinsichtlich der inhaltlichen Verknüpfung von Verwaltungsaktzusätzen zur jeweiligen Hauptregelung heran, so ist festzustellen, daß ein Gericht mit der Aufhebung bestimmter Verwaltungsaktzusätze eine *unmittelbar* positive und damit *unzulässige*, weil nur den Behörden vorbehaltene Veränderung an einer Hauptregelung vornimmt. Dies jedenfalls dann, wenn ein Gericht einen Verwaltungsaktzusatz aufhebt, der eine konditionale Struktur zur Hauptregelung aufweist.

Konditional eingebundene Verwaltungsaktzusätze (wie zum Beispiel die Befristung, die Bedingung, der Widerrufsvorbehalt und die Inhaltsbestimmung) zeichnen sich dadurch aus, daß sie die Hauptregelung inhaltlich *einschränken* und zu dieser im Verhältnis einer *wechselseitigen Akzes-*

---

[759] Vgl. *Ress*, S. 133, der zutreffenderweise darauf hinweist, daß eine kondemnatorische Entscheidungsbefugnis einer mittelbar meritorischen Entscheidungsbefugnis gleichkommt, da auch sie letzten Endes zu keiner endgültigen Erledigung der Verwaltungssache führt.

[760] Vgl. *Ress*, S. 133; zur historischen Begründung dieses Zieles und der noch vor Geltung der VwGO abweichenden Rechtslage vgl. *Schneider*, S. 158 und *Menger*, S. 168 m. w. N.

[761] So zumindest mit Blick allein auf den aufgehobenen (konditional eingebundenen) Verwaltungsaktzusatz; vgl. bereits oben S. 178 f.

sorietät stehen.⁷⁶² Entreißt ein Gericht einer solchen Verbindung durch Teilkassation einen Regelungsbestandteil, hat dies aus logischer Sicht - gerade wegen der wechselseitigen Akzessorietät - bereits die Veränderung der nicht angefochtenen und aufgehobenen Restregelung zur Folge. Denn schon rein denkgesetzlich läßt sich die Struktur einer konditionalen Verknüpfung, die sich abstrakt bzw. grammatikalisch in einem Wenn-Dann-Satz ausdrücken läßt, nicht derart aufspalten, daß die eine Regelung ohne die andere Regelung Bestand haben kann.⁷⁶³ Hebt das Gericht einen dieser Bestandteile auf, entsteht ein Torso, d. h. ein aus logischer Sicht nicht existenzfähiger Entscheidungsrest.

Im Falle der Teilkassation konditionaler Verknüpfung ist nun folgende Besonderheit zu beachten. Aufgrund der prozessualen Ausgestaltung einer echten Teilanfechtungsklage ⁷⁶⁴ und der einschlägigen Verfahrensvorschriften über die Nichtigkeit bzw. Wirksamkeit von Verwaltungsakten ist die verbleibende Restregelung - entgegen der soeben beschriebenen konditionalen Rechtsnatur und der damit verbundenen wechselseitigen Akzessorietät - gleichwohl als rechtlich existent zu behandeln. Die Restregelung wird zunächst zusammen mit dem später kassierten Verwaltungsaktzusatz als eine *Einheit* von der Behörde erlassen. Gemäß § 43 I 1 VwVfG erlangt damit nicht nur der Verwaltungsaktzusatz, sondern auch die Hauptregelung ihre äußere Wirksamkeit.⁷⁶⁵ Diese äußere Wirksamkeit der Restregelung geht durch die spätere gerichtliche Teilkassation eines konditional eingebundenen Verwaltungsaktzusatzes nicht verloren. Nach § 43 II VwVfG ⁷⁶⁶ behält ein Verwaltungsakt seine Wirksamkeit, solange und *soweit* er nicht zurückgenommen, widerrufen, *anderweitig aufgehoben* wird oder sich durch Zeitablauf oder auf andere Weise erledigt. Unter einer anderweitigen Aufhebung im Sinne des § 43 II VwVfG ist zwar auch die gerichtliche Teilaufhebung zu verstehen ⁷⁶⁷;

---

⁷⁶² Vgl. oben S. 6. f., S. 11-28 und S. 59 f.
⁷⁶³ Vgl. oben S. 6. f., S. 11-28 und S. 59 f.
⁷⁶⁴ Ausführlich hierzu oben S. 134 f. und S. 150 f.
⁷⁶⁵ § 43 I VwVfG betrifft die *äußere* Wirksamkeit des Verwaltungsaktes, vgl. *Remmert*, VerwArch. 88, 1997, 112 (128; dort Fn. 75 m. w. N.).
⁷⁶⁶ Im Gegensatz zu § 43 I VwVfG betrifft § 43 II VwVfG sowohl die innere als auch die äußere Wirksamkeit von Verwaltungsakten, vgl. *Kopp*, VwVfG, § 43 Rn. 16 und *Remmert*, VerwArch. 88, 1997, 112 (128; dort Fn. 77).
⁷⁶⁷ Vgl. hierzu *Sachs*, in: Stelkens/Bonk/Sachs, VwVfG, § 43 Rn. 189; *Kopp/Ramsauer*, VwVfG, § 43 Rn. 40.

aufgehoben wird im Wege einer echten Teilanfechtungsklage allerdings nur der angefochtene Verwaltungsaktzusatz. Nur er kann auch gemäß § 43 II VwVfG seine Wirksamkeit verlieren. Die Hauptregelung gehört hingegen nicht zum Streitgegenstand (§ 88 VwGO), da sie im Rahmen einer echten Teilanfechtungsklage allenfalls als Anfechtungsgegenstand für die Beurteilung der Rechtmäßigkeit des angefochtenen Verwaltungsaktzusatzes herangezogen werden kann.[768]
Ihre Wirksamkeit verliert die Restregelung auch nicht nach § 43 III VwVfG. Die Unwirksamkeit nach § 43 III VwVfG setzt Nichtigkeit des Verwaltungsaktes voraus. Nichtigkeitsgründe nach § 44 II VwVfG liegen nicht vor. Es könnte eine Nichtigkeit nach Maßgabe des § 44 I VwVfG in Betracht gezogen werden.[769] Nichtigkeit nach § 44 I VwVfG setzt voraus, daß der Verwaltungsakt an einem schwerwiegenden Fehler leidet und dieser Fehler für einen Durchschnittsbetrachter bzw. einen verständigen Bürger offenkundig ist (sog. Evidenztheorie).[770]
Schon das Vorliegen eines besonders schwerwiegenden Fehlers erscheint im Hinblick auf die verbleibende Regelung nach der Teilkassation eines konditional eingebundenen Verwaltungsaktzusatzes fraglich. Ein besonders schwerwiegender Fehler liegt dann vor, wenn es mit der geltenden Rechtsordnung und den ihr zugrunde liegenden Wertvorstellungen der Gemeinschaft nicht zu vereinbaren ist, daß ein Verwaltungsakt die mit ihm intendierten Rechtswirkungen hat.[771] Mit der isolierten Aufhebung eines konditional eingebundenen Verwaltungsaktzusatzes verliert die Hauptregelung einen sie inhaltlich einschränkenden Regelungsbestandteil.[772] Mit Verlust dieses Regelungsbestandteils entsteht aber nicht - wie vielfach angenommen - ipso iure eine nunmehr inhaltlich unbedingte bzw. eine zeitlich uneingeschränkt geltende Hauptregelung.[773] Vielmehr weist die verbleibende Regelung eine unvollständige

---

[768] Vgl. bereits oben S. 171 und S. 172. Ebenfalls für eine teilweise Anfechtung: BVerwG, DVBl. 1966, 691 (691); OVG Lüneburg, NJW 1968, 125 (125); *Sachs*, in: Stelkens/Bonk/Sachs, VwVfG, § 43 Rn. 181.

[769] Zum Prüfungsaufbau der Nichtigkeit eines Verwaltungsaktes vgl. *Detterbeck*, Allg. VerwR, Rn. 618.

[770] *Detterbeck*, Allg. VerwR, Rn. 616 sowie *Kopp/Ramsauer*, VwVfG, § 44 Rn. 7.

[771] Ausführlich hierzu: *Kopp/Ramsauer*, VwVfG, § 44 Rn. 8.

[772] Zur Rechtsnatur konditionaler Verwaltungsaktzusätze vgl. oben S. 6 f., S. 11 f. und S. 59 f.

[773] So *Laubinger*, WiVerw. 1982, 117 (130); *ders.*, VerwArch. 73, 1982, 345 (363; dort

Regelung hinsichtlich der Reichweite ihrer inneren Wirksamkeit auf, da die ehemals bestehende konditionale Verknüpfung, die eine Geltung der Hauptregelung nur bei Geltung des Verwaltungsaktzusatzes vorsah, mit der Teilkassation eines solchen Zusatzes untergegangen ist. Abstrakt lautet die Hauptregelung nach der gerichtlichen Teilkassation eines konditional eingebundenen Verwaltungsaktzusatzes nicht mehr: "Wenn der Verwaltungsaktzusatz A gilt, dann gilt die Hauptregelung B", sondern schlicht: "Dann gilt die Hauptregelung B". Es entsteht eine Hauptregelung ohne konditional eingebundene Bedingung, Befristung, Widerrufsvorbehalt oder Inhaltsbestimmung - eine Hauptregelung also, die entgegen ihrer ursprünglich nur bedingten Geltung nunmehr keine (potentiell) einschränkende Regelung ihrer zeitlichen Geltungsdauer beinhaltet. Denn gerade diese einschränkende Zusatzregelung wurde mit der Teilkassation des Verwaltungsaktzusatzes und der damit verbundenen Aufhebung der konditionalen Verknüpfung durch das Gericht zerstört.

Der im Schrifttum vertretenen Auffassung, daß die isolierte Aufhebung einer konditional eingebundenen Befristung, einer Bedingung oder eines Widerrufsvorbehaltes durch das Verwaltungsgericht nicht die innere Wirksamkeit der Restregelung berühre, sondern daß die durch die Teilkassation entstandene Regelungslücke automatisch über die Vorschriften der inneren Wirksamkeit von Verwaltungsakten (§ 43 VwVfG) geschlossen werde [774], kann nicht gefolgt werden. Diese Rechtsansicht übersieht nicht nur die wechselseitige Akzessorietät konditionaler Verknüpfungen, sondern sie beruht auch auf einer Überbewertung des Aussagegehalts des § 43 VwVfG. Hinsichtlich des Eintritts der inneren Wirksamkeit trifft § 43 I VwVfG überhaupt keine Aussage.[775] Zum zeitlichen

---

Fn. 55); vgl. auch *Schenke*, VerwProzR, Rn. 297, der meint, der Kläger komme nach der Teilaufhebung einer Nebenbestimmung sofort in den Besitz einer *uneingeschränkten* Begünstigung. Zu Recht weist *Remmert* in diesem Zusammenhang darauf hin, daß alle diejenigen Autoren, die für eine Teilanfechtung konditionaler Verknüpfungen plädieren, von dieser Rechtsansicht ausgehen müssen, vgl. *dies.*, VerwArch. 88, 1997, 112 (128; dort Fn. 70).

[774] Vgl. hierzu *Laubinger*, WiVerw. 1982, 117 (130); *ders.*, VerwArch. 73, 1982, 345 (363; dort Fn. 55). *Laubinger* geht in diesen Beiträgen ohne nähere Begründung davon aus, daß die verursachte Regelungslücke *automatisch* durch die Vorschriften und Grundsätze über die innere Wirksamkeit von Verwaltungsakten geschlosssen werde.

[775] § 43 I VwVfG betrifft nur die äußere Wirksamkeit des Verwaltungsaktes; vgl.

Ende der in einer Hauptregelung intendierten Rechtsfolgen trifft § 43 II VwVfG nur insofern eine Aussage, als bei Vorliegen der dort genannten (hier nicht einschlägigen) Voraussetzungen [776] die innere und äußere Wirksamkeit des Verwaltungsaktes verloren geht.[777] Eine Aussage über die Geltungsdauer der Restregelung für den Fall, daß ein Gericht einen konditional eingebundenen Verwaltungsaktzusatz wie zum Beispiel eine Befristung oder eine Bedingung aufhebt, enthält § 43 VwVfG hingegen nicht. Aus § 43 VwVfG kann daher auch nicht auf einen zeitlich uneingeschränkten Fortbestand der Restregelung geschlossen werden.[778]

Ebensowenig läßt sich ein *allgemeingültiger* Rechtsgedanke dergestalt konstruieren, daß die Rechtsordnung in diesen Fällen die entstandene Regelungslücke automatisch schließt, indem sie zum Beispiel in diesen Fällen die uneingeschränkte Geltung des Restverwaltungsaktes anordnet.[779] Zwar enthalten Gesetze gelegentlich Aussagen zur Geltungsdauer der Regelungswirkung eines auf ihrer Grundlage ergehenden Verwaltungsaktes.[780] Einem Verwaltungsakt muß jedoch bereits *selbst*, entweder aufgrund seines Rechtsquellencharakters [781] oder aber - für den Fall, daß man einen solchen Rechtsquellencharakter negiert - aufgrund seiner Individualisierungs- und Konkretisierungsfunktion [782] im Wege der Auslegung zu entnehmen sein, wieweit sein Regelungsgehalt in zeitlicher Hinsicht reicht.[783] Schließlich enthalten gesetzliche Bestimmungen

---

Remmert, VerwArch. 88, 1997, 112 (128); *Erichsen*, in: *Erichsen/Ehlers*, Allg. VerwR, § 13 Rn. 1.

[776] Die gerichtliche Teilaufhebung stellt zwar eine anderweitige Aufhebung im Sinne des § 43 II VwVfG dar, der vom Gericht nicht aufgehobene Teil behält jedoch auch bei der isolierten Aufhebung eines konditional eingebundenen Verwaltungsaktzusatzes seine Wirksamkeit, vgl. bereits oben S. 180 und S. 181.

[777] § 43 II VwVfG erfaßt sowohl die innere als auch die äußere Wirksamkeit von Verwaltungsakten, vgl. *Kopp/Ramsauer*, VwVfG, § 43 Rn. 40 und *Remmert*, VerwArch. 88, 1997, 112 (128; dort Fn. 77).

[778] So aber *Laubinger*, WiVerw. 1982, 117 (130). Wie hier: *Remmert*, VerwArch. 88, 1997, 112 (129).

[779] Vgl. hierzu auch die Ausführungen von *Remmert*, VerwArch. 88, 1997, 112 (129).

[780] Vgl. das Beispiel bei *Remmert*, VerwArch. 88, 1997, 112 (129).

[781] Als Rechtsquelle wird der Verwaltungsakt explizit von *Meyer/Borgs*, VwVfG, § 35 Rn. 5 bezeichnet.

[782] Vgl. hierzu *Erichsen*, in: *Erichsen/Ehlers*, Allg. VerwR, § 12 Rn. 24.

[783] *Remmert*, VerwArch. 88, 1997, 112 (129).

keine unmittelbaren Aussagen zum Regelungsinhalt und Regelungsumfang eines Verwaltungsaktes, so daß ihnen letztlich auch keine "lückenfüllende Ersatzfunktion" zukommen kann.[784] Die nach einer Teilkassation von konditional eingebundenen Verwaltungsaktzusätzen verbleibende Regelung bleibt daher - im Hinblick auf ihre Geltungsdauer - inhaltlich als nicht hinreichend bestimmt zurück. Diese Unbestimmtheit wird man schwerlich bereits als einen besonders schwerwiegenden Fehler im Sinne des § 44 I VwVfG bezeichnen können, da es mit Blick auf die geltende Rechtsordnung und den ihr zugrunde liegenden Wertvorstellungen der Gemeinschaft zumindest nicht gänzlich unerträglich erscheint, wenn eine solche unbestimmte Restregelung fortbesteht, zumal die Behörde die Möglichkeit hat, diesen Fehler nachträglich zu heilen.[785] Selbst wenn man aber einen besonders schwerwiegenden Fehler bejaht, scheidet eine Nichtigkeit nach § 44 I VwVfG aus.[786] Die aufgrund der wechselseitigen Akzessorietät aus logischer Sicht nicht existenzfähige Torso-Hauptregelung ist für einen Druchschnittsbetrachter nicht ohne weiteres erkennbar [787], so daß es an der für die Annahme einer Nichtigkeit nach § 44 I VwVfG erforderlichen Offenkundigkeit des Fehlers mangelt.[788] Im Ergebnis ist die Restregelung - wie dies auch sonst der Regelfall bei inhaltlicher Unbestimmtheit ist - wegen Verstoßes gegen den Bestimmtheitsgrundsatz nach § 37 I VwVfG (lediglich) als rechtswidrig und daher aufhebbar zu bezeichnen.[789]

---

[784] *Remmert*, VerwArch. 88, 1997, 112 (129).
[785] Zu denken ist hier an eine Rücknahme oder an einen Widerruf gemäß §§ 48, 49 VwVfG.
[786] A. A. *Pietzcker*, NVwZ 1995, 15 (19), der Nichtigkeit gemäß § 44 I VwVfG für den Fall annimmt, daß eine Vergünstigung nach der Aufhebung einer Auflage in sich widersprüchlich, sinnlos oder unverständlich ist. Auch er schränkt allerdings seine Aussage dahingehend ein, daß dies nur selten der Fall sein wird.
[787] Besonders deutlich wird die fehlende Offenkundigkeit im Sinne des § 44 I VwVfG daran, daß selbst Rechtskundige dem Trugschluß erliegen, daß die entstandene Regelungslücke innerhalb der Restregelung nach den Vorschriften und Grundsätzen über die innere Wirksamkeit von Verwaltungsakten (§ 43 VwVfG) geschlossen wird, vgl. zum Beispiel *Laubinger*, VerwArch. 73, 1982, 345 (362).
[788] Allgemein zur Prüfung der Offenkundigkeit im Sinne des § 44 I VwVfG vgl. *Kopp/Ramsauer*, VwVfG, § 44 Rn. 7; *Knack/Henneke*, VwVfG, § 37 Rn. 19.
[789] *Knack/Henneke*, VwVfG, § 37 Rn. 19.

Schließlich läßt sich die Wirksamkeit der Restregelung nach der Teilkassation eines konditional eingebundenen Verwaltungsaktzusatzes auch nicht unter Hinweis auf § 44 IV VwVfG leugnen. Die Vorschrift des § 44 IV VwVfG über die Teilnichtigkeit von Verwaltungsakten findet in den hier in Rede stehenden Konstellationen überhaupt keine Anwendung.
Selbst wenn der Restverwaltungsakt entgegen den obigen Ausführungen nichtig sein sollte, darf ein Gericht die Nichtigkeit der Restregelung nicht zum Beispiel mit der Begründung, daß die Restregelung ihrer logischen Existenzfähigkeit entbehre, feststellen. Denn dies wäre ein Verstoß gegen die Dispositionsmaxime (§ 88 VwGO). Im Rahmen einer echten Teilanfechtungsklage wird ein Gericht nur angerufen, darüber zu entscheiden, ob der angefochtene Verwaltungsaktzusatz rechtswidrig ist und den Kläger in seinen Rechten verletzt, d. h., ob der Kläger einen Teilaufhebungsanspruch besitzt.[790] An dieses Klagebegehren ist das Gericht gebunden. Schon aus prozessualen Gründen darf also ein Gericht die Nichtigkeit der verbleibenden Restregelung nicht feststellen, da § 88 VwGO insofern Vorrang vor § 44 IV VwVfG genießt.[791]
In Erwägung gezogen werden kann allenfalls eine Feststellung der (Teil-)Nichtigkeit der Restregelung durch die Behörde *selbst* nach § 44 IV und V VwVfG.[792] Im Gegensatz zu einem Gericht ist die Behörde nicht an die im Klageantrag zum Ausdruck gebrachte Festlegung des Streitgegenstandes gebunden, da die Vorschrift des § 88 VwGO allein das Gericht bindet. Der behördlichen Feststellung steht auch keine Entscheidung des Gerichtes entgegen, da das Gericht im Rahmen der echten Teilanfechtungsklage bislang nur über den rechtswidrigen Verwaltungsaktzusatz, nicht aber auch über die Restregelung entschieden hat.[793]

---

[790] Zum Streitgegenstand und zur prozessualen Ausgestaltung einer echten Teilanfechtungsklage vgl. bereits oben S. 171 und S. 172 f. sowie S. 150 f.

[791] Insofern zutreffend *Cöster*, S. 51 (dort Fn. 154) und S. 52; a. A. *Redeker/von Oertzen*, VwGO, § 113 Rn. 5.

[792] Gemäß § 44 V VwVfG kann eine Behörde die Nichtigkeit *jederzeit* von Amts wegen feststellen; wegen der Stellung dieser Bestimmung am Ende des § 44 VwVfG gilt dies auch für die (Teil-)Nichtigkeit nach § 44 IV VwVfG. Vgl. hierzu auch *Cöster*, S. 55 (dort Fn. 165). Die Feststellung der Nichtigkeit ist ein (feststellender) Verwaltungsakt, vgl. *Detterbeck*, Allg. VerwR, Rn. 620 und *Sachs*, in: Stelkens/Bonk/Sachs, VwVfG, § 44 Rn. 205.

[793] Allgemein hierzu, vgl. *Cöster*, S. 55.

Voraussetzung für die behördliche Nichtigkeitsfeststellung nach gerichtlicher Teilkassation eines konditional eingebundenen und rechtswidrigen Verwaltungsaktzusatzes ist allerdings, daß ein nichtiger Teil auch zur Nichtigkeit des restlichen Verwaltungsaktes führt.[794] Es muß also ein nichtiger Teil eines Verwaltungsaktes vorliegen, der einen vom Nichtigkeitsgrund nicht betroffenen Teil des Verwaltungsaktes erfaßt. Nach der Teilkassation konditionaler Verwaltungsaktzusätze ist die Restregelung für sich betrachtet trotz ihrer aus logischer Sicht nicht gegebenen Existenzfähigkeit noch nicht als ein nichtiger, sondern als ein, wegen ihrer inhaltlichen Unbestimmtheit, lediglich rechtswidriger und aufhebbarer Regelungsteil anzusehen.[795] Dieser wirksame Regelungsteil kann von § 44 IV VwVfG überhaupt nur dann erfaßt werden [796], wenn ein nichtiger Teil des Verwaltungsaktes vorliegt, der auch die Nichtigkeit der Restregelung bewirkt. Als nichtiger Teil könnte der vom Gericht aufgrund seiner Rechtswidrigkeit aufgehobene konditional eingebundene Verwaltungsaktzusatz in Betracht gezogen werden, wenn man - wie vereinzelt im Schrifttum der Fall - die Auffassung vertritt, daß die teilweise Nichtigkeit im Sinne des § 44 IV VwVfG mit der teilweisen "Vernichtetheit", d. h. mit der Aufhebung eines rechtswidrigen Teils durch das Gericht, gleichgesetzt werden kann.[797]

Diese Rechtsauffassung ist jedoch abzulehnen. Sie übersieht § 43 II VwVfG.[798] Nach dieser Vorschrift ist die Restregelung, solange und soweit sie nicht durch gerichtliches Urteil aufgehoben wird, als wirksam zu behandeln.[799] Vernichtung durch einen Gerichtsentscheid darf also nicht mit Nichtigkeit im Sinne von § 44 IV VwVfG gleichgesetzt werden. Mangels Vorliegens eines nichtigen Regelungsteils kann bzw. darf sich eine Behörde daher auch nicht auf die Nichtigkeit der Restregelung gemäß § 44 IV VwVfG berufen.

Die prozessuale und verfahrensrechtliche Besonderheit bei der gerichtlichen Aufhebung eines konditional eingebundenen Verwaltungsaktzu-

---

[794] *Sachs*, in: *Stelkens/Bonk/Sachs*, VwVfG, § 44 Rn. 194.
[795] Die Merkmale des § 44 I VwVfG liegen nicht vor; vgl. hierzu bereits oben S. 184 f.
[796] § 44 IV VwVfG ist gegenüber § 44 I die speziellere Vorschrift.
[797] So *Cöster*, S. 54, der zwischen Vernichtung und "Vernichtetheit" unterscheidet.
[798] Ebenso *Sachs*, in: *Stelkens/Bonk/Sachs*, VwVfG, § 44 Rn. 202.
[799] Näher hierzu bereits oben S. 181 und *Sachs*, in: *Stelkens/Bonk/Sachs*, VwVfG, § 44 Rn. 202; im Ergebnis ebenso *Laubinger*, VerwArch. 73, 1982, 345 (364); *Schenke*, WiVerw. 1982, 142 (155).

satzes liegt also darin, daß unmittelbar durch richterliche Tätigkeit die ursprüngliche Hauptregelung in eine bereits aus logischer Sicht nicht existenzfähige Hauptregelung umgewandelt wird. Mangels Nichtigkeit im Außenverhältnis muß diese Hauptregelung gleichwohl, bis zu ihrer Rücknahme oder ihrem Widerruf durch die zuständige Behörde, als wirksam behandelt werden.

Außerdem weist die Hauptregelung nach der Teilkassation nun zwar nicht mehr einen rechtswidrigen und konditional eingebundenen Verwaltungsaktzusatz auf, dafür aber eine rechtswidrige Regelungslücke hinsichtlich ihrer zeitlichen Geltungsdauer. Durch die gerichtliche Teilkassation entsteht ein Verwaltungsakt anderer Qualität, d. h. der ehemals rechtswidrige Verwaltungsakt wird seitens des Gerichtes durch einen rechtswidrigen Verwaltungsakt anderer Art ersetzt. Die gerichtliche Teilkassation konditionaler Verknüpfungen ist damit ein Vorgang, der zu einem unzulässigen Eingriff in den Kernbereich der Verwaltung und damit zu einem Verstoß gegen den *Grundsatz der Gewaltenteilung* führt. Die (Um-)Gestaltung eines durch Verwaltungsakt bereits geregelten Rechtsverhältnisses zwischen Behörde und Bürger ist kraft Gewaltenteilung grundsätzlich nur den Behörden selbst vorbehalten.[800] Gerichte dürfen in Anfechtungssachen grundsätzlich nur gegenüber den Behörden gestaltend tätig werden und dies auch nur, sofern sie sich im Rahmen ihrer negativen bzw. mittelbar positiven Entscheidungsbefugnis halten.[801] Nur in diesem Falle kann davon gesprochen werden, daß sich die Gerichtsbarkeit im Rahmen der ihr nach dem Grundgesetz generell übertragenen rein repressiven Rechtskontrollkompetenz bewegt.

Bricht ein Gericht eine konditionale Verknüpfung im Wege einer Teilkassation auf, nimmt es nicht mehr nur eine negative bzw. mittelbar positive Gestaltungsbefugnis gegenüber der Behörde wahr, sondern verwaltet im Verhältnis zum Bürger unmittelbar positiv. Ein Vorgang, der den Gerichten nur in Ausnahmefällen, d. h. bei Vorliegen einer gesetzlichen Reformationsbefugnis gestattet ist.[802]

Die Verletzung des Gewaltenteilungsprinzips hängt nicht davon ab, ob das Gericht unter Umständen seine Entscheidung gar nicht als eine end-

---

[800] Ausführlicher hierzu sogleich unten auf S. 188 f.
[801] Zum Grundsatz der nur mittelbaren Sachentscheidungsbefugnis der Gerichte vgl. bereits oben S. 179 (dort inbesondere Fn. 760).
[802] Vgl. z. B. § 113 II VwGO.

gültige Entscheidung verstanden wissen will, weil es hinsichtlich des aufgehobenen Verwaltungsaktzusatzes nur mittelbar meritorisch entscheidet und eigentlich gar nicht beabsichtigt, mit seiner Teilkassation eine positive Gestaltung im Hinblick auf die Restregelung vorzunehmen. Aufgrund der oben aufgezeigten prozessualen und verfahrensrechtlichen Vorschriften ist die Wirksamkeit der Restregelung selbst dann zu bejahen, wenn sich ein Gericht seiner positiven Gestaltung hinsichtlich der Restregelung überhaupt nicht bewußt ist. Auch der Umstand, daß sich für eine Behörde aufgrund der gerichtlichen Zurückverweisung nochmals die Möglichkeit bietet, über den kassierten Verwaltungsaktzusatz und damit zumindest indirekt auch über die verbleibende Restregelung zu entscheiden bzw. die entstandene Regelungslücke wieder zu schließen [803], vermag einen Verstoß gegen das Gewaltenteilungsprinzip nicht abzuwenden.

Art. 20 II S. 2 GG verankert den Grundsatz der Gewaltenteilung verfassungsrechtlich. Der Grundsatz der Gewaltenteilung besagt, daß Organen der Gesetzgebung, der vollziehenden Gewalt und der Rechtsprechung grundsätzlich keine Aufgaben zugewiesen werden dürfen, die wesensgemäß dem Bereich einer anderen Gewalt angehören.[804] Zwar sind gewisse Überschneidungen der Aufgabenbereiche mit dem Grundsatz der Gewaltenteilung noch vereinbar, unstrittig ist aber, daß keine der Gewalten durch Aufgabenverlagerung auf eine der beiden anderen Gewalten ausgehöhlt werden darf.[805] Aufgaben, die ihrem Wesen nach zum Kernbereich einer der drei Gewalten Gesetzgebung, vollziehende Gewalt oder Rechtsprechung gehören, müssen also auch von dieser wahrgenommen werden und dürfen nicht einer der beiden anderen Gewalten überlassen werden.[806]

Der Erlaß von Verwaltungsakten gehört unstreitig zum Kernbereich der vollziehenden Gewalt.[807] In Anfechtungssachen wird dieser Kernbe-

---

[803] Eine Heilung der entstandenen Regelungslücke ist bei unselbständigen Nebenbestimmungen nur unter den Voraussetzungen der §§ 48, 49 VwVfG denkbar, da der nachträgliche Erlaß von Befristungen, Bedingungen und Widerrufsvorbehalten als selbständige Verwaltungsakte nicht möglich ist. Insofern zutreffend *Schneider*, S. 153.
[804] *Kopp*, Verfassungsrecht und Verwaltungsverfahrensrecht, S. 234 f. (234) m. w. N.
[805] BVerfGE 4, 346; 9, 216 und 279; 22, 111.
[806] *Kopp*, Verfassungsrecht und Verwaltungsverfahrensrecht, S. 234 f. (235).
[807] *Kopp*, Verfassungsrecht und Verwaltungsverfahrensrecht, S. 234 f. (235).

reich durch das in § 113 I 1 VwGO enthaltene kassatorische Prinzip geschützt. Dieses sieht vor, daß den Gerichten der Erlaß oder die Verurteilung einer Behörde zum Erlaß eines anderen Verwaltungsaktes an Stelle des aufgehobenen in Anfechtungssachen verwehrt ist.[808] Dieser allgemeine Grundsatz gilt für jede Form der Anfechtungsklage und damit insbesondere auch für die echte Teilanfechtungsklage. Führt demnach die Teilkassation eines konditional eingebundenen Verwaltungsaktzusatzes im Außenverhältnis zu einem wirksamen Verwaltungsakt, der in dieser Form nie von einer Behörde erlassen wurde [809], greift das Gericht unweigerlich in den Kern des hoheitlichen Tätigkeitsbereiches einer Behörde ein. Von einer hinnehmbaren Überschneidung der Aufgabenbereiche kann nicht mehr gesprochen werden. Es fehlt zum einen an einer gesetzlichen Ermächtigung für ein solches gerichtliches Handeln, und zum anderen vermag auch nicht eine nochmalige Entscheidungsmöglichkeit der Behörde über den aufgehobenen Verwaltungsaktzusatz einen solchen Eingriff in den Kernbereich der Verwaltung zu kompensieren.

Deutlich wird dies vor allen Dingen in zeitlicher Hinsicht. Der in Art. 20 II S. 2 GG verankerte Grundsatz der Gewaltenteilung verbietet es den Gerichten grundsätzlich, an Stelle oder zeitlich vor der Verwaltung tätig zu werden.[810] Nur wenn eine Behörde von ihrem Betätigungsrecht bereits Gebrauch gemacht hat, ist ein Eingriff in den hoheitlichen Tätigkeitsbereich der Behörde durch die Gerichte zulässig.[811] Denn nur in diesem Falle ist ein Verwaltungsgericht überhaupt in der Lage, seiner ihm nach dem Gewaltenteilungsprinzip zugedachten Aufgabe, d. h. der nachträglichen Rechtskontrolle der Verwaltung am Maßstab des geltenden Rechts, nachzukommen.

Wie gezeigt, kann eine solche repressive Rechtskontrolle allerdings nur mit Blick auf einen konditional aufgehobenen Verwaltungsaktzusatz angenommen werden [812], nicht aber mit Blick auf die verbleibende Hauptregelung. Mit der gerichtlichen Teilkassation einer konditional einge-

---

808 *Kopp*, VwGO, § 113 Rn. 65; *Schneider*, S. 150; *Redeker/von Oertzen*, VwGO, § 113 Rn. 8.
809 Ursprünglich erließ die Behörde eine Hauptregelung, deren Wirksamkeit an eine konditional eingebundenen Neben- oder Inhaltsbestimmung gebunden war.
810 *Kopp*, Verfassungsrecht und Verwaltungsverfahrensrecht, S. 234 f. (249).
811 Dem stimmt auch *Schneider* zu. Vgl. ders., S. 160.
812 Vgl. oben S. 176 f.

bundenen Neben- oder Inhaltsbestimmung wird der Behörde ein Verwaltungsakt aufgedrängt, den sie so nicht erlassen hat, da sie sich bisher abschließend nur hinsichtlich einer Regelung *mit* konditional eingebundenem Verwaltungsaktzusatz geäußert hat. Mit der Aufhebung eines konditional eingebundenen Verwaltungsaktzusatzes entscheidet ein Gericht also an Stelle der Behörde und wird daher zeitlich vor der Verwaltung tätig.

Die den Verwaltungsakt umgestaltende Teilkassation stellt damit eine Verletzung der *originären Prüfungs- und Entscheidungspflicht* der Verwaltung dar, die ein wesentlicher Ausdruck des Gewaltenteilungsprinzips ist.[813] Weder die Möglichkeit einer behördlichen Stellungnahme im Prozeß [814] noch nachträgliche Reaktionsmöglichkeiten der Behörde vermögen hieran etwas zu verändern. Zum Kernbereich der Verwaltung gehört nicht nur, daß die Verwaltung selbst die Gesetze vollzieht, sondern auch, daß sie die primäre Verantwortung für die Rechtmäßigkeit und die innere Richtigkeit der von ihr in diesem Bereich zu treffenden Entscheidungen trägt.[815] Die primäre Verantwortung für die Rechtmäßigkeit und innere Richtigkeit ihrer Entscheidungen kann eine Behörde jedoch nicht mehr tragen, wenn ihr nur im Prozeß rechtliches Gehör geschenkt wird oder ihr erst nachträglich die Möglichkeit eingeräumt wird, auf die durch die gerichtliche Teilkassation umgestaltete Hauptregelung einzuwirken. Die primäre Verantwortung hinsichtlich der verbleibenden Hauptregelung, die nach der Teilkassation eine rechtswidrige Regelungslücke aufweist, liegt in diesem Falle vielmehr bei dem Gericht, die den konditional eingebundenen Verwaltungsaktzusatz aufhebt.

Diesem Verstoß gegen das Gewaltenteilungsprinzip kann auch nicht mit dem Argument begegnet werden, es handle sich dabei noch um eine verfassungsgemäße Überschneidung in den Randbereichen der Aufgabenverteilung von Judikative und Exekutive.[816] Selbst in Fällen, in denen das Gericht inzident feststellt, daß der Kläger einen Anspruch auf die uneingeschränkte Genehmigung hat, darf es nicht selbst die endgültige Entscheidung in Form eines umgestalteten Verwaltungsaktes treffen, so

---

813 *Kopp*, Verfassungsrecht und Verwaltungsverfahrensrecht, S. 234 f. (250).
814 *Kopp*, Verfassungsrecht und Verwaltungsverfahrensrecht, S. 234 f. (250; dort Fn. 693).
815 *Kopp*, Verfassungsrecht und Verwaltungsverfahrensrecht, S. 234 f. (234).
816 Allgemein zur Abgrenzung der Staatsgewalten: *Ipsen*, Staatsorganisationsrecht, Rn. 741 f.

wünschenswert eine solche Befugnis in manchen Fällen auch unter prozeßökonomischen Gesichtspunkten sein mag, weil sich zum Beispiel die rechtmäßig handelnde Behörde ohnehin nach den im Urteil vorgetragenen Gründen richten wird oder weil sie ihrerseits zu der Ansicht gelangt, der Kläger habe einen Anspruch auf die uneingeschränkte Vergünstigung. Die nochmalige Entscheidung der Behörde stellt auch in diesem Falle keinen unnötigen Formalismus dar.[817] Würde man den Gerichten entgegen dem Wortlaut des § 113 I 1 VwGO [818] eine originäre Entscheidungs- bzw. Änderungsbefugnis einräumen, müßte das Gericht eine abschließende Entscheidung auch hinsichtlich der Restregelung treffen, obwohl das Gericht im Rahmen einer echten Teilanfechtungsklage zu einer solchen Entscheidung gar nicht berechtigt ist, weil die Restregelung nur zur Beurteilung der Rechtswidrigkeit des angefochtenen Verwaltungsaktzusatzes herangezogen wird, nicht aber selbst Streitgegenstand einer echten Teilanfechtungsklage ist.[819]

Im Rahmen der Begründetheit einer echten Teilanfechtungsklage müßte also ein Gericht über die Hauptregelung eine Entscheidung treffen, obgleich diese überhaupt nicht rechtshängig geworden ist.[820] Außerdem würde die Verpflichtungsklage (vgl. § 113 V VwGO) leerlaufen, da der Kläger direkt vom Gericht im Wege einer (Teil-)Anfechtungsklage den gewünschten Verwaltungsakt erlangen könnte. Für den Fall, daß das Gericht nicht die vom Kläger erwünschte Vergünstigung bewirkt, würde die Annahme einer solchen unmittelbaren Reformationsbefugnis im Rahmen des § 113 I 1 VwGO sogar dazu führen, daß dem Kläger sein ihm nach dem Grundsatz der Gewaltenteilung und nach Art. 19 IV GG zukommender Rechtsschutz genommen würde, da es dann keine andere Gewalt mehr gäbe, an die er sich wenden könnte.[821] Die Bejahung einer

---

[817] Im Ergebnis ebenso *Sieckmann*, DÖV 1998, 525 (533).
[818] Zur Auslegung des § 113 I VwGO in Abgrenzung zu § 113 II VwGO, vgl. oben S. 165 f.
[819] Vgl. hierzu oben S. 171 und S. 172.
[820] Ähnlich *Sieckmann*, DÖV 1998, 525 (534).
[821] *Kopp*, Verfassungsrecht und Verwaltungsverfahrensrecht, S. 234 f. (237). Würde man Rechtsschutz auch gegen Akte der Rechtsprechung gewähren, so bedeutete dies die Garantie eines unendlichen Instanzenzuges (vgl. hierzu *Ipsen*, Staatsorganisationsrecht, Rn. 798). Zu Recht vertritt das Bundesverfassungsgericht daher die Auffassung, daß Art. 19 IV GG "Schutz durch den Richter, nicht gegen den Richter" gewährt, vgl. hierzu *BVerfGE* 15, 275 (280); 65, 76 (90).

Reformationsbefugnis im Rahmen des § 113 I 1 VwGO würde also das ganze System der gegenseitigen Hemmung und Kontrolle der Gewalten, welches das Wesen und die Bedeutung des Grundsatzes der Gewaltenteilung ausmacht, auf den Kopf stellen.

bb.) *Konjunktiv mit der Hauptregelung verbundene Verwaltungsaktzusätze (Auflage, Auflagenvorbehalt)*

Anders ist hingegen die Teilkassation konjunktiv verbundener Verwaltungsaktzusätze zu beurteilen. Konjunktive Verwaltungsaktzusätze, wie zum Beispiel die Auflage und der Auflagenvorbehalt, zeichnen sich durch ihre nur *einseitige* Akzessorietät zur Hauptregelung aus.[822] Selbst wenn der konjunktiv verbundene Verwaltungsaktzusatz im Rahmen einer einheitlichen Ermessensentscheidung ergeht oder der Sicherung der gesetzlichen Voraussetzungen der Hauptregelung dient, wird hierdurch keine wechselseitige Akzessorietät begründet.[823] Die Hauptregelung existiert vielmehr durchweg unabhängig von einer mit ihr konjunktiv verbundenen Nebenbestimmung. Inhaltlich schränkt eine solche Nebenbestimmung die Hauptregelung nicht ein, sondern ergänzt sie lediglich um eine zusätzliche Regelung, die allein ihrerseits vom Bestand der Hauptregelung abhängt.[824] Hebt das Gericht demnach im Rahmen einer echten Teilanfechtungsklage eine konjunktiv mit der Hauptregelung verbundene Nebenbestimmung auf, so hat dies zwar den Untergang der Nebenbestimmung, nicht aber auch den der Hauptregelung zur Folge. Letztere existiert fort und dies sogar in unveränderter Form.[825]

Die im Schrifttum vertretene Auffassung, daß die Teilkassation einer dem Verwaltungsakt beigefügten Auflage zu einer Veränderung des verbleibenden Verwaltungsaktes führe[826], übersieht, daß der Verwaltungsakt von Anfang an seine volle, d. h. seine *uneingeschränkte* Geltung

---

[822] Vgl. oben S. 29 f. und S. 54 f.
[823] Vgl. oben S. 29 f. und S. 54 f.
[824] Hierzu oben S. 29 f. und S. 54 f.
[825] Auch *Sieckmann*, DÖV 1998, 525 (532), vertritt die Ansicht, daß der Inhalt der Hauptregelung nach der Teilkassation einer Auflage nicht verändert werde.
[826] Vgl. z. B. *Schneider*, S. 103. In diesem Sinne auch *Schenke*, VerwProzR, Rn. 297a.

beansprucht, unabhängig davon, ob die Auflage erfüllt wird oder ob die Auflage im Wege einer Teilkassation untergeht. Eine Veränderung der Hauptregelung ergibt sich allenfalls bei einer Gesamtbetrachtung auf einer Metaebene und dies auch nur in quantitativer Hinsicht, weil nach der Teilkassation nicht mehr beide der konjunktiv miteinander verbundenen Regelungen existent sind, sondern nur noch eine. Unmittelbar ändert sich die Hauptregelung aber nicht. Sie bleibt aus qualitativer Sicht eine uneingeschränkt geltende Hauptregelung. Schließlich schränkt die konjunktiv mit der Hauptregelung verbundene Nebenbestimmung die Hauptregelung nicht ein, so daß auch die Teilkassation eines solchen Zusatzes keine unmittelbare Veränderung der Hauptregelung bewirken kann.[827]

Aus diesem Grunde weist die Hauptregelung nach der Teilkassation auch keine rechtswidrige Regelungslücke auf, die nachträglich seitens einer Behörde geschlossen werden müßte. Vielmehr ist wegen der konjunktiven Verbindung die Hauptregelung auch ohne eine Auflage oder einen Auflagenvorbehalt als ein in sich schlüssiger Verwaltungsakt zu qualifizieren, auch wenn ein Gericht im Wege einer echten Teilanfechtungsklage keine endgültige Entscheidung über die nicht angefochtene Hauptregelung trifft.

Weil die Hauptregelung in diesen Fällen durch die gerichtliche Teilkassation nicht verändert wird, kann auch nicht die Rede davon sein, daß der Behörde durch die gerichtliche Teilkassation einer Auflage oder eines Auflagenvorbehaltes ein Verwaltungsakt aufgedrängt werde, den sie so nicht habe erlassen wollen. Die Vernichtung eines konjunktiv eingebundenen Verwaltungsaktzusatzes im Wege der Teilkassation mit gleichzeitiger Zurückverweisung dieses Streitgegenstandes führt nicht dazu, daß das Gericht unmittelbar reformatorisch über die Hauptregelung mitentscheidet. Die Teilkassation bewegt sich vielmehr im zulässigen, rein kassatorischen Rahmen von (Teil-)Anfechtungsklagen, da das Gericht *ausschließlich* mittelbar meritorisch über den aufgehobenen Zusatz entscheidet. Ein Verstoß gegen das Gewaltenteilungsprinzip, insbesondere eine Verletzung der originären Prüfungs- und Entscheidungsbefugnis der Verwaltung, kann in diesen Fällen daher von vornherein ausgeschlossen werden.

---

[827] Vgl. oben S. 6 f., S. 29 f. sowie S. 54 f.

d.) Verstoß gegen das Rechtsstaatsprinzip

aa.) Konditional eingebundene Verwaltungsaktzusätze

Wie oben aufgezeigt, führt die Teilkassation rechtswidrig konditional eingebundener Verwaltungaktzusätze nicht nur zu einem Verstoß gegen den Grundsatz der Gewaltenteilung, sondern auch dazu, daß ein neuer rechtswidriger Zustand durch das Gericht hergestellt wird.[828] Denn die verbleibende Hauptregelung ist inhaltlich als zu unbestimmt und daher als eine rechtswidrige und aufhebbare Restregelung anzusehen.[829] Da nach Art. 20 III GG die Rechtsprechung an "Gesetz und Recht" gebunden ist [830], könnte in der Herstellung eines anderweitig rechtswidrigen Zustandes zugleich auch ein Verstoß gegen das in Art. 20 III GG verfassungsrechtlich verankerte Rechtsstaatsprinzip erblickt werden.[831] Man könnte argumentieren, daß es den Gerichten untersagt sei, einen neuen rechtswidrigen Zustand herbeizuführen.[832] Dieser auf den ersten Blick naheliegenden Schlußfolgerung läßt sich allerdings auch eine Reihe von Argumenten entgegensetzen.

So kann die Annahme der *Herbeiführung* eines rechtswidrigen Zustandes durch die Judikative schon deshalb in Zweifel gezogen werden, weil die Hauptregelung bereits von Anfang an, d. h. vor der Teilkassation eines Verwaltungsaktzusatzes rechtswidrig war, denn schließlich haftete ihr von vornherein ein rechtswidriger Verwaltungsaktzusatz an.[833] Letztlich ist dieser Einwand aber nicht stichhaltig. Die Tatsache, daß die Rechtswidrigkeit der Restregelung nach einer Teilkassation konditio-

---

[828] Vgl. oben S. 184 und S. 187.

[829] Vgl. auch S. 184.

[830] Allgemein hierzu *Ipsen*, Staatsorganisationsrecht, Rn. 763.

[831] Als normative Grundlage für das Rechtsstaatsprinzip wird neben Art. 20 III GG auch Art. 28 I GG genannt; vgl. ausführlich hierzu *Sachs*, in: *Sachs*, GG, Art. 20 Rn. 110 f.

[832] Im Schrifttum wird das Merkmal der Rechtswidrigkeit der Restregelung vielfach im Rahmen der Begründetheit einer Teilanfechtungsklage diskutiert. Vgl. zum Beispiel *Schenke*, JuS 1983, 182 (185); *Erichsen*, VerwArch. 66, 1975, 299 (310); *Lange*, AöR 102, 1977, 337 (350) sowie bereits oben die angeführten Grundpositionen in der Literatur unter D. II. und III. (S. 105 f. und S. 107 f.).

[833] So *Störmer*, DVBl. 1996, 81 (88), der diese Aussage allerdings in Zusammenhang mit konjunktiven Verknüpfungen (Auflage, Auflagenvorbehalt) trifft.

naler Verbindungen durch das Gericht herbeigeführt wird, wird dadurch belegt, daß die Rechtswidrigkeit der Hauptregelung nicht mehr auf einem von der Behörde rechtswidrig beigefügten und konditional eingebundenen Verwaltungsaktzusatz, sondern auf der nach Kassation dieses Zusatzes resultierenden inhaltlichen Unbestimmtheit beruht.[834]
Ein Verstoß gegen das Rechtsstaatsprinzip könnte allerdings mit der Begründung abgelehnt werden, daß das Gericht über den rechtlichen Zustand des verbleibenden Verwaltungsaktes überhaupt nicht zu befinden habe, weil es im Rahmen einer echten Teilanfechtungsklage nur über den angefochtenen Zusatz, nicht aber auch über die Restregelung zu entscheiden habe.[835] Stellt man auf diesen Gesichtspunkt ab, ließe sich argumentieren, daß es allein Sache der Behörden sei, einen nach der Teilkassation entstandenen rechtswidrigen Zustand zu beseitigen.[836] Diese Argumentation beruht freilich auf der Prämisse, daß sich das Gericht in diesen Fällen allein auf die entscheidungserheblichen Vorschriften, die zur rechtlichen Beurteilung des Verwaltungsaktzusatzes heranzuziehen sind, berufen und sich auf diese Weise von einer Bindungswirkung nach Art. 20 III GG hinsichtlich der Restregelung befreien könne.[837]
Dies ist allerdings nicht der Fall. Nach Art. 20 III GG ist die Judikative nicht nur an das "Gesetz", d. h. hier an die einschlägigen Rechtsvorschriften, sondern darüber hinaus auch an das "Recht" gebunden. Die Nennung der beiden Einzelbegriffe "Gesetz und Recht" in Art. 20 III GG beruht darauf, daß Gesetz und Recht nicht immer gleichzusetzen sind, sondern gelegentlich auch auseinanderfallen können.[838] Der Begriff

---

[834] Vgl. oben S. 184.

[835] Zum Streitgegenstand einer echten Teilanfechtungsklage vgl. oben S. 171 und S. 172.

[836] Im Schrifttum wird in diesem Zusammenhang vielfach auf die nachträglichen Reaktionsmöglichkeiten einer Behörde nach §§ 48, 49 VwVfG verwiesen, vgl. z. B. die Grundposition unter D. I. - IV oben auf S. 102 f.

[837] Vgl. hierzu die Argumentation von *Störmer*, DVBl. 1996, 81 (88), der diese Auffassung jedoch im Zusammenhang mit der Teilanfechtung konjunktiver Verknüpfungen vertritt.

[838] Der Begriff des Rechts in seiner Gegenüberstellung zum Gesetz ist allerdings nicht unstrittig. Für eine Differenzierung *Wernicke*, Kommentar zum Bonner Grundgesetz, Art. 20, S. 10; *Helmut Schulze-Fielitz*, in: H. Dreier, Grundgesetz-Kommentar, Bd. 2, 1998, Art. 20 Rn. 85; BVerfGE 34, 269 (286 f.); *Stern*, Staatsrecht I, S. 798 f.; a. A. *Jarass*, in: *Jarass/Pieroth*, GG, Art. 20 Rn. 38, der dem Hinweis auf das "Recht" in Art. 20 III GG eine lediglich tautologische Bedeutung beimißt.

"Recht" zielt auf überpositive Gerechtigkeitsvorstellungen [839] bzw. auf die grundlegenden Wertentscheidungen des Verfassungsgebers ab, die ein Gericht auch über die konkrete Gesetzesanwendung hinaus binden.[840] Folge der Unterscheidung zwischen Recht und Gesetz ist deshalb zwar keine Ermächtigung zu einer gesetzesunabhängigen Rechtsanwendung, wohl aber die Pflicht der Gerichte, in nicht unproblematischen Fällen das einschlägige positive Recht im Lichte der Grundprinzipien der Verfassung auszulegen.[841]

Gerade eine solche verfassungskonforme Auslegung ist hier von Nöten. Würde man die Rechtmäßigkeit des gerichtlichen Handelns allein an den vom Gericht zur Begründung der Rechtswidrigkeit des Verwaltungsaktzusatzes herangezogenen Rechtsvorschriften messen, könnte sich das Gericht seiner verfassungsrechtlichen Pflicht, das Gesetz und das Recht zu beachten, unter Berufung auf Normen, die im Rang unter der Verfassung stehen, teilweise entledigen. Der Umstand, daß die gerichtliche Teilkassation konditional eingebundener Verwaltungsaktzusätze zu einem rechtswidrigen Hauptverwaltungsakt führt, was per se bereits einen Verfassungsverstoß, insbesondere gegen den Grundsatz der Gewaltenteilung bedeutet [842], würde unberücksichtigt bleiben. Die Bindung der Gerichte nicht nur an das Gesetz, sondern auch an den Vorrang der Verfassung [843] verbietet es daher einem Gericht, sich dem Rechtsstaatsprinzip in diesen Fällen mit der Begründung zu entziehen, die durch seine Entscheidung bewirkte Rechtswidrigkeit der Hauptregelung sei nicht Streitgegenstand des Verfahrens. Die Teilkassation konditional eingebundener Verwaltungsaktzusätze stellt daher auch einen Verstoß gegen das Rechtsstaatsprinzip dar.

---

[839] *Helmut Schulze-Fielitz*, in: *H. Dreier*, Grundgesetzkommentar, Bd. 2, 1998, Art. 20 Rn. 85.

[840] Die Bindung an "Gesetz und Recht" bedeutet, daß alle Rechtsprechungsorgane ihren Entscheidungen die Normen der verfassungsgemäßen Rechtsordnung zugrunde zu legen haben, vgl. *Karl-Peter Sommermann*, in: *v. Mangoldt/Klein/Starck*, GG II, Art. 20 Rn. 275.

[841] Allgemein hierzu *Helmut Schulze-Fielitz*, in: *H. Dreier*, Grundgesetzkommentar, Bd. 2, 1998, Art. 20 Rn. 85; zur Doppelbindung der Verwaltung grundlegend *Horn*, Die grundrechtsunmittelbare Verwaltung, 1999.

[842] Vgl. oben S. 176 f.

[843] Der Vorrang der Verfassung gilt für alle Akte staatlichen Handelns, vgl. *Helmut Schulze-Fielitz*, in: *H. Dreier*, Grundgesetz-Kommentar, Bd. 2, 1998, Art. 20 Rn. 75.

bb.) *Konjunktiv mit der Hauptregelung verbundene Verwaltungsaktzusätze*

Anders ist die Rechtslage bei konjunktiven Verknüpfungen zu beurteilen. Ein Verstoß gegen das Rechtsstaatsprinzip scheidet bei der Aufhebung von Auflagen und Auflagenvorbehalten aus logischen Gesichtspunkten aus. Konjunktiv mit der Hauptregelung verbundene Verwaltungsaktzusätze stehen in einer nur einseitigen, nicht auch in einer wechselseitigen Akzessorietät zur Hauptregelung. Die Hauptregelung wird durch eine konjunktive Verknüpfung inhaltlich nicht eingeschränkt, sondern exisitiert abstrakt gesehen völlig unabhängig von ihr.[844] Da die Hauptregelung mithin unabhängig von einer Auflage oder einem Auflagenvorbehalt existiert, kann die Rechtswidrigkeit einer Auflage oder eines Auflagenvorbehaltes nur diese selbst, nicht aber auch die Hauptregelung betreffen.[845] Gleiches gilt für die umgekehrte Konstellation. Ist die Hauptregelung rechtswidrig, betrifft dies nicht die Rechtmäßigkeit eines mit ihr konjunktiv verbundenen Verwaltungsaktzusatzes.[846]

Vergegenwärtigt man sich diese Unabhängigkeit, leuchtet es auch ein, warum ein Verstoß gegen das Rechtsstaatsprinzip in diesen Fällen abgelehnt werden muß. Die gerichtliche Teilkassation eines mit der Hauptregelung konjunktiv und rechtswidrig verbundenen Verwaltungsaktzusatzes kann nicht die Rechtswidrigkeit der Hauptregelung bewirken. Die gerichtliche Teilkassation tangiert die Hauptregelung inhaltlich überhaupt nicht [847], denn im Vergleich zu unselbständigen Nebenbestimmungen handelt es sich nicht um zeitliche Inhaltsbestimmungen der Hauptregelung.[848] Die Rechtswidrigkeit der Hauptregelung - sofern eine solche überhaupt besteht - kann vielmehr nur auf Gründen beruhen, die bereits bei Erlaß der Hauptregelung existieren; sie kann nicht auf der gerichtlichen Teilkassation beruhen.

---

[844] Zur konjunktiven Struktur des Auflagenvorbehaltes und der Auflage vgl. oben S. 23 f. und S. 29 f.
[845] Vgl. hierzu auch *Sieckmann*, DÖV 1998, 525 (532; dort Fn. 74).
[846] *Sieckmann*, DÖV 1998, 525 (532).
[847] Die Teilaufhebung eines konjunktiv mit der Hauptregelung verbundenen Verwaltungsaktzusatzes führt zu keiner Modifikation der Restregelung, vgl. oben S. 192 f.
[848] Vgl. hierzu bereits die Ausführungen oben auf S. 6 f.

e.) *Zwischenergebnis*

Eine gerichtliche Reformationsbefugnis, wie sie insbesondere von *Schneider* vertreten wird [849], muß im Rahmen einer echten Teilanfechtungsklage abgelehnt werden. Bereits der Gesetzeswortlaut des § 113 I 1 VwGO schließt eine solche Reformationsbefugnis aus. Eine gerichtliche Teilkassation bedingt zwar nicht schon deshalb eine Reformation der Restregelung, weil durch die Teilkassation von Nebenbestimmungen die behördlichen Reaktionsmöglichkeiten verändert werden. Eine unzulässige reformatorische Entscheidung im Rahmen einer echten Teilanfechtungsklage durch das Gericht ist aber dann anzunehmen, wenn das Gericht selbst eine Entscheidung trifft, die die originäre Prüfungs- und Entscheidungspflicht der Behörden und damit den Grundsatz der Gewaltenteilung verletzt. Eine solche Verletzung ist im Falle einer Teilkassation konditional eingebundener Verwaltungsaktzusätze anzunehmen. Zwar entscheidet das Gericht in diesen Fällen kassatorisch bzw. mittelbar meritorisch über den angefochtenen Verwaltungsaktzusatz. Unmittelbar bewirkt es aber auch eine Veränderung der verbleibenden Hauptregelung, die ihrerseits nicht als nichtig, sondern als wirksam zu behandeln ist, und greift damit in unzulässiger Weise in den Kernbereich behördlicher Entscheidungskompetenz ein. Da die veränderte Hauptregelung darüber hinaus durch die gerichtliche Teilkassation rechtswidrig wird, verstößt das Gericht mit der Aufhebung konditional eingebundener Verwaltungsaktzusätze auch gegen das Rechtsstaatsprinzip.

Anders verhält es sich im Falle der Teilkassation konjunktiver Verbindungen. Hebt das Gericht einen mit der Hauptregelung konjunktiv verbundenen Verwaltungsaktzusatz auf, wird die originäre Prüfungs- und Entscheidungskompetenz der Behörde nicht tangiert. Denn nach der Teilkassation bleibt keine veränderte Hauptregelung zurück. Der Behörde wird deshalb auch kein Verwaltungsakt aufgedrängt. Da die Hauptregelung nach der Teilkassation keine durch das Gericht geschaffene rechtswidrige Regelungslücke aufweist, verstößt das Gericht in diesen Fällen auch nicht gegen das Rechtsstaatsprinzip. Vielmehr bewegt es sich innerhalb seiner teilkassatorischen Kompetenz im Rahmen von (Teil-)Anfechtungsklagen.

---

[849] Im Ergebnis ebenso *Schenke*, in: FS für *Roellecke*, 1997, 281 (289).

6. Konsequenzen für die Definition der prozessualen Teilbarkeit

Da den Gerichten im Rahmen einer echten Teilanfechtungsklage keine Reformationsbefugnis zusteht, kann und darf es letztlich nur solche Verwaltungsaktzusätze aufheben, die zu keiner Veränderung der Hauptregelung führen. *Prozessuale* Teilbarkeit im Rahmen einer echten Teilanfechtungsklage bedeutet daher, daß das Gericht nur Verwaltungsaktzusätze aufheben darf, die in einer konjunktiven Verbindung zur Hauptregelung stehen. Hebt das Gericht im Wege einer echten Teilanfechtungsklage einen solchen Zusatz auf, tritt - im Gegensatz zu konditionalen Verbindungen - keine Veränderung an der Hauptregelung ein, und Verstöße gegen das kassatorische Prinzip von Anfechtungsklagen, gegen den Grundsatz der Gewaltenteilung sowie gegen das Rechtsstaatsprinzip sind nicht zu besorgen.

Um der logischen bzw. prozessualen Teilbarkeit von Auflagen und Auflagenvorbehalten auch in terminologischer Hinsicht Rechnung zu tragen, bietet sich der Begriff "Teil" eines Verwaltungsaktes an. Konditional eingebundene Verwaltungsaktzusätze lassen sich hingegen als "Bestandteil" eines Verwaltungsaktes bezeichnen, um ihrer konditionalen Verknüpfung mit der Hauptregelung Ausdruck zu verleihen. Für die Bejahung oder Verneinung einer prozessualen Teilbarkeit von Verwaltungsaktzusätzen sind derartige terminologische Unterscheidungen letztlich aber nicht ausschlaggebend und haben - wie gezeigt - teilweise auch mehr zur Verwirrung beigetragen als zu einer sachdienlichen Aufklärung.[850] Entscheidend ist allein, ob der jeweilige im Rahmen einer echten Teilanfechtungsklage angefochtene Verwaltungsaktzusatz eine konjunktive oder aber eine konditionale Verknüpfung zum Hauptverwaltungsakt aufweist.

---

[850] Vgl. hierzu die Ausführungen oben auf S. 153 und S. 154.

7. Interpretation des Klagebegehrens unter dem Gesichtspunkt der Effektivität des Rechtsschutzes

a.) *Das Klagebegehren bei konditionalen Verbindungen*

Wie bereits oben festgestellt, wird im Schrifttum überwiegend die Auffassung vertreten wird, daß man das Begehren des Klägers beim Vorgehen gegen Verwaltungsaktzusätze sowohl als Teilkassationsbegehren als auch als Verpflichtungsbegehren interpretieren könne.[851] Zur Begründung dieser These wird darauf abgestellt, daß der Kläger ein "Mehr" nicht nur über eine Verpflichtungsklage, sondern auch über eine Teilanfechtungsklage erlangen könne.[852] Ebenso wurde dargelegt, daß man im Schrifttum trotz einer doppelten Interpretationsmöglichkeit einem Teilanfechtungsbegehren mehrheitlich den Vorrang vor einem Verpflichtungsbegehren einräumt, da man die Teilanfechtungsklage als die effizientere und daher als die speziellere Klageart ansieht.[853] Ein Vergleich von Teilanfechtungsklage und Verpflichtungsklage hat allerdings ergeben, daß die Rechtsschutzgründe, die für die Favorisierung der Teilanfechtungsklage angeführt werden, nicht in allen Fällen stichhaltig sind.[854] Es wurde daher die Frage aufgeworfen, ob es überhaupt richtig ist, das klägerische Begehren, das sich unspezifisch mit der Erlangung einer uneingeschränkten Genehmigung umschreiben läßt, vorrangig als ein Teilkassationsbegehren zu interpretieren.

Nach den bisherigen Untersuchungen muß diese Frage für konditional eingebundene Verwaltungsaktzusätze verneint werden.[855] Für den Fall, daß ein Kläger in den Genuß einer Begünstigung ohne konditional eingebundenen Verwaltungsaktzusatz gelangen will, aber nicht weiß, welchen Rechtsbehelf er für die Erlangung dieses Ziels bei Gericht

---

[851] Vgl. S. 117 f.
[852] Vgl. S. 116 f.
[853] Vgl. zum Beispiel *Schenke*, JuS 1983, 182 (187), der die Auffassung vertritt, daß die Teilanfechtungsklage als die effizientere und daher speziellere Rechtsschutzform die Verpflichtungsklage verdränge. Vgl. auch oben S. 118 f.
[854] Vgl. S. 122 f.
[855] Die in diesem Zusammenhang ebenfalls aufgeworfene Frage, ob eine Umdeutung eines Teilkassationsbegehrens in ein Verpflichtungsbegehren möglich ist (vgl. hierzu die Ausführungen oben auf S. 131 f.), stellt sich daher überhaupt nicht mehr.

einlegen muß, wird er sich notgedrungen schlicht darauf berufen, daß er einen Anspruch auf die uneingeschränkte Begünstigung hat. In solchen Zweifelsfällen ist das Gericht bei der Auslegung der Prozeßerklärung bzw. der Ermittlung des wirklichen Klagebegehrens gehalten, dem in Art. 19 IV GG enthaltenen Gebot des effektiven Rechtsschutzes Rechnung zu tragen.[856] Dieser Pflicht genügt das Gericht dadurch, indem es diejenige Auslegung der Prozeßerklärung wählt, die dem zulässigen Rechtsbehelf bzw. dem zulässigen Rechtsschutzbegehren entspricht.[857] Da das Gericht Gesetz und Recht, insbesondere seine Entscheidungskompetenzen kennt [858], wird es die unspezifische Prozeßerklärung als ein Verpflichtungsbegehren, das auf den Erlaß eines uneingeschränkten Verwaltungsaktes gerichtet ist, interpretieren, nicht aber als ein Teilkassationsbegehren.

Aufgrund seiner fehlenden Reformationsbefugnis ist ein Gericht im Rahmen einer echten Teilanfechtungsklage nicht berechtigt, eine auf uneingeschränkte Geltung angelegte Hauptregelung zu bewirken. Die gerichtliche Teilkassation kann in diesen Fällen lediglich zu einer unbestimmten und daher rechtswidrigen Restregelung führen, da diese nach der Teilkassation überhaupt keine zeitliche Regelung hinsichtlich ihrer Geltungsdauer mehr aufweist.[859] Dies verdeutlicht auch, daß der Kläger in diesen Fällen mit der Teilanfechtung tatsächlich nicht ein "Mehr", sondern eine *gerichtliche Veränderung* der Hauptregelung begehrt, die das Gericht aber nicht vornehmen darf, weil es sonst in verfassungswidriger Weise in den Kernbereich der Verwaltungstätigkeit eingreifen sowie das Rechtsstaatsprinzip und das kassatorische Prinzip von Anfechtungsklagen mißachten würde.

Eine doppelte Interpretation des Klagebegehrens scheidet in diesen Fällen daher aus. Vielmehr gebietet es hier bereits das Gebot der Effektivität des Rechtsschutzes (Art. 19 IV GG), das wirkliche Klagebegehren allein als ein solches auszulegen, das auf den Erlaß einer uneingschränkten Hauptregelung gerichtet ist. Die Durchsetzung materieller Rechtsan-

---

[856] Der von den Gerichten gewährte Schutz muß wirksam sein, vgl. *Ipsen*, Staatsorganisationsrecht, Rn. 807.
[857] Vgl. *Kuntze*, in: Bader, VwGO, § 88 Rn. 4; *Kopp/Schenke*, VwGO, § 88 Rn. 3; BVerwG, NJW 1991, 508 (509 und 510).
[858] Es gilt der allgemeine Rechtsgrundsatz "iura novit curia"; näher hierzu *Köbler*, Juristisches Wörterbuch, S. 222.
[859] Vgl. hierzu oben S. 181 f.

sprüche auf Erlaß bestimmter Verwaltungsakte kann in diesen Fällen nicht über eine Teilanfechtungsklage, sondern nur über eine Verpflichtungsklage erreicht werden.[860] Begehrt der Kläger allerdings ausdrücklich die Teilkassation konditional eingebundener Verwaltungsaktzusätze, bleibt dem Gericht nichts anderes übrig, als eine solche Klage als *unzulässig* abzuweisen.[861]

b.) Das Klagebegehren bei konjunktiven Verbindungen

Bei konjunktiven Verknüpfungen hingegen ist das Ziel des Klägers, nämlich die Erlangung einer Genehmigung ohne Auflage oder Auflagenvorbehalt, über eine Teilanfechtungsklage erreichbar. Ein Gericht hält sich im Falle der Aufhebung eines konjunktiv mit der Hauptregelung verbundenen Zusatzes im Rahmen seiner kassatorischen Entscheidungsbefugnis.[862] Außerdem bleibt nach der Teilkassation ein Verwaltungsakt zurück, der den Vorstellungen des Klägers entspricht. Nach der Teilkassation gilt die Hauptregelung in zeitlicher Hinsicht uneingeschränkt fort und ist - vorausgesetzt, daß sie nicht bei ihrem Erlaß durch die Behörde an einem Fehler leidet - als rechtmäßig anzusehen.[863]

Da der Kläger bereits vor der Teilkassation im Besitz einer uneingeschränkten Genehmigung war, begehrt er im Rahmen einer echten Teilanfechtungsklage weder eine gerichtliche Veränderung der bereits erteilten Hauptregelung noch ein "Mehr" bzw. eine uneingeschränkte Genehmigung, sondern schlicht die (Teil-)Aufhebung einer Auflage oder eines Auflagenvorbehaltes, die konjunktiv mit der Hauptreglung verbunden sind. Daneben hat der Kläger auch die Möglichkeit, eine Verpflichtungsklage zu erheben, wenn ihm dies im Einzelfall zweckmäßiger erscheint, weil er zum Beispiel auch mit der Hauptregelung nicht einverstanden ist und er eine komplette Neuentscheidung begehrt. Nur in diesen Konstel-

---

[860] Vgl. hierzu auch *Sieckmann*, DÖV 1998, 525 (534).
[861] Näher hierzu unten S. 210 f.; § 88 VwGO legitimiert das Gericht nicht, den Wesensgehalt der Auslegung zu überschreiten und an die Stelle dessen, was ein Kläger erklärtermaßen will, das zu setzen, was er - nach Meinung des Gerichts - zur Verwirklichung seines Begehrens wollen sollte; vgl. *Kopp/Schenke*, VwGO, § 88 Rn. 3.
[862] Vgl. S. 192 f.
[863] Vgl. S. 197 f.

lationen ist also eine doppelte Interpretation des Klagebegehrens möglich. Bei der Ermittlung des "wirklichen Klagebegehrens" hat das Gericht diesen Umstand zu berücksichtigen und den Kläger im Rahmen seiner Aufklärungspflicht auf diese Möglichkeiten und die damit verbundenen Vor- und Nachteile hinzuweisen.

c.) *Ergebnis*

Als Ergebnis bleibt daher festzuhalten, daß eine doppelte Interpretation des Klagebegehrens nur in Betracht gezogen werden kann, wenn sich der Kläger gegen *konjunktiv* mit der Hauptregelung verbundene Verwaltungsaktzusätze (Auflagen, Auflagenvorbehalte) wehrt. Im Falle *konditional* eingebundener Verwaltungsaktzusätze (Befristungen, Bedingungen, Widerrufsvorbehalten, Inhaltsbestimmungen) kommt hingegen nur eine einfache Interpretation des Klagebegehrens in Betracht, da der Kläger ein *aliud* nicht über eine echte Teilanfechtungsklage, wohl aber über eine Verpflichtungsklage erlangen kann.

F. Weitere Fragen der Statthaftigkeit einer echten Teilanfechtungsklage gegen konjunktiv verbundene Verwaltungsaktzusätze

I. Kein Erfordernis eines insgesamt belastenden Verwaltungsaktes

Neben der prozessualen Teilbarkeit des Verwaltungsaktes wird im Schrifttum für die Statthaftigkeit einer Teilanfechtungsklage gegen Verwaltungsaktzusätze vereinzelt auch gefordert, daß als Ausgangspunkt überhaupt die Situation der Anfechtungsklage gegeben sein müsse.[864] Nur wenn ein Kläger entsprechend der Vorgabe des § 42 I VwGO an sich die Aufhebung eines Verwaltungsaktes begehre, könne er - innerhalb dieses Rahmens - den eigentlichen Gegenstand des Verfahrens weiter einschränken.[865] Diese Voraussetzung sei dann erfüllt, wenn sich der Kläger gegen einen insgesamt belastenden Verwaltungsakt wende, nicht aber auch dann, wenn ein Verwaltungsakt sich aus einer Begünstigung und einer belastenden Nebenbestimmung zusammensetze.[866]

Diese Auffassung ist abzulehnen. Ihr ist entgegenzuhalten, daß es nach dem Wortlaut des § 42 VwGO keine Rechtsschutzformvoraussetzung ist, daß der Kläger einen ihn belastenden Verwaltungsakt insgesamt anficht.[867] Da die Ausgestaltung des Rechtswegs zu den Gerichten allein dem Gesetzgeber obliegt[868], würde die Annahme einer solchen zusätzlichen Zulässigkeitsvoraussetzung außerdem eine verfassungswidrige Beschränkung des Rechtsweges de lege lata zu den Gerichten bedeuten.

---

[864] So *Störmer*, DVBl. 1996, 81 (85).
[865] *Störmer*, DVBl. 1996, 81 (85).
[866] Vgl. *Störmer*, DVBl. 1996, 81 (86), der sich dabei auf Bedingungen und Befristungen bezieht.
[867] Ebenso *Remmert*, VerwArch. 88, 1997, 112 (135; dort Fn. 99). Vgl. auch *Brüning*, NVwZ 2002, 1081 (1082).
[868] Zur Notwendigkeit der gesetzlichen Ausgestaltung des Rechtsweges im Sinne des Art. 19 IV GG vgl. zum Beispiel *BVerfGE* 60, 253 (268 f.) sowie *BVerfGE* 78, 88 (99).

II. Verlagerung der prozessualen Problematik in die Begründetheit der echten Teilanfechtungsklage

Die im Schrifttum vertretene Auffassung, die im Grundsatz die Statthaftigkeit einer Teilanfechtungsklage zunächst bejaht, aber nach der Begründetheitsprüfung einer Teilanfechtungsklage diesen Grundsatz wieder einschränkt, wenn zum Beispiel eine einheitliche Ermessensentscheidung vorliegt oder die Restregelung rechtswidrig oder sinnlos ist [869], ist ebenfalls abzulehnen. Die Annahme eines primären Teilkassationsbegehrens und die Verlagerung der Rechtsschutzproblematik in die Begründetheitsprüfung einer Teilanfechtungsklage verbunden mit einer nachträglichen Korrektur der prozessualen Teilbarkeitsdefinition widersprechen nicht nur der hier vertretenen und vorrangig anzuwendenden Teilbarkeitsdefinition.[870] Sie führen auch zu einem systemwidrigen Prüfungsaufbau [871], der mit erheblichen Nachteilen für den Kläger verbunden sein kann.[872]

III. Teilanfechtung und aufschiebende Wirkung nach § 80 I VwGO

Gelegentlich wird gegen die Statthaftigkeit einer echten Teilanfechtungsklage eingewandt, daß die aufschiebende Wirkung einer solchen Klage allein die Nebenbestimmung erfasse (§ 80 I VwGO). Der Kläger könne dann für die Dauer des Prozesses in den Genuß einer uneingeschränkten Begünstigung kommen, obwohl er unter Umständen überhaupt keinen Anspruch auf deren Teilaufhebung habe.[873]
Nach der hier vertretenen Auffassung zum Streitgegenstand einer echten Teilanfechtungsklage [874] kann dieser Auffassung zwar insofern zugestimmt werden, als sich die aufschiebende Wirkung in der Tat nur auf

---

[869] Vgl. die oben dargelegte Grundposition unter D. II. (S. 105 f.).
[870] Teilbar sind nur konjunktiv mit der Hauptregelung verbundene Verwaltungsaktzusätze, vgl. oben S. 199.
[871] Ebenso *Bosch/Schmidt*, § 24 II 1. b. (S. 128).
[872] Ausführlich hierzu sogleich unten S. 210 f.
[873] Vgl. zum Beispiel *Stadie*, DVBl. 1991, 613 (615); *Fehn*, DÖV 1988, 202 (210).
[874] Vgl. oben S. 171 und S. 172.

den angefochtenen Teil bezieht [875], nicht jedoch insofern, als hieraus ein Argument gegen die Statthaftigkeit einer echten Teilanfechtungsklage gegen konjunktiv mit der Hauptregelung verbundene Verwaltungsaktzusätze abgeleitet wird. Nach der hier vertretenen Position ist eine echte Teilanfechtungsklage nur gegen konjunktiv mit der Hauptregelung verbundene Verwaltungsaktzusätze statthaft. Ficht der Kläger im Wege einer echten Teilanfechtungsklage eine Auflage oder einen Auflagenvorbehalt an, so sind diese Zusätze zwar während der Dauer des Prozesses von der aufschiebenden Wirkung nach § 80 I VwGO erfaßt. Der Kläger "durchkreuzt" für die Dauer des Prozesses aber nicht die von der Behörde gewollte Verbindung mit solchen zusätzlichen Belastungen.[876] Er kann in diesem Falle von keiner weiterreichend Hauptregelung Gebrauch machen als bereits vor Erhebung einer Teilanfechtungsklage. Die Hauptregelung wurde von Anfang an von der Behörde uneingeschränkt erteilt. Dies deshalb, weil Auflagen und Auflagenvorbehalte die Hauptregelung inhaltlich nicht einschränken, sondern diese lediglich ergänzen.[877] Eine Verbindung zwischen einer Hauptregelung und einer Auflage bzw. einem Auflagenvorbehalt besteht nur insoweit, als die Wirksamkeit solcher Zusätze von der Wirksamkeit der Hauptregelung abhängt; die Hauptregelung ihrerseits existiert hingegen unabhängig von diesen Verwaltungsaktzusätzen und wird mit ihrer Erteilung in vollem Umfang wirksam.[878]

Anders würde es sich freilich verhalten, ließe man die Teilanfechtungsklage auch gegenüber konditional eingebundenen Verwaltungsaktzusätzen zu. Ein böswilliger Kläger könnte insofern von einem rechtswidrigen Regelungstorso Gebrauch machen. Da die Teilanfechtung solcher Verbindungen nach der hier vertretenen Ansicht aber ohnehin als unstatthaft anzusehen ist, stellt sich das Problem des § 80 I VwGO in diesem Zusammenhang nicht. § 80 I VwGO kann in diesen Fällen daher allenfalls als ein weiteres Argument gegen die gesonderte Anfechtbarkeit konditional eingebundener Verwaltungsaktzusätze angeführt werden.

---

[875] A. A. *Schenke*, JuS 1983, 182 (188). Wie hier *Pietzcker*, NVwZ 1995, 15 (19); *Stadie*, DVBl. 1991, 613 (615; dort Fn. 19). Zum Begriff "Teil" eines Verwaltungsaktes vgl. oben S. 199.
[876] So auch *Pietzcker*, NVwZ 1995, 15 (19).
[877] Vgl. S. 29 f. und S. 54 f.
[878] Vgl. auch S. 6 f.

IV. Anforderungen an die Klagebefugnis gemäß § 42 II VwGO

Vereinzelt wird im Schrifttum die (Teil-)Anfechtung von Inhalts- und Nebenbestimmungen im Rahmen der Klagebefugnis nach § 42 II VwGO thematisiert.[879] Klagebefugt ist man nach dieser Auffassung dann, wenn die Möglichkeit eines Aufhebungsanspruchs gegen den jeweiligen Verwaltungsaktzusatz besteht.[880] Obwohl diese Ansicht zu richtigen Ergebnissen gelangt [881], wird man ihr aus prüfungstechnischen Gesichtspunkten nicht folgen können.[882] Auf die Klagebefugnis ist erst nach Feststellung des einschlägigen Klagebegehrens bzw. der einschlägigen Klageart einzugehen. Dies beruht nicht zuletzt darauf, daß die Klagebefugnis von der einschlägigen Verfahrensart abhängt. Die Anforderungen an die Klagebefugnis sind nicht immer gleich, sondern variieren von Klageart zu Klageart.

Die Ermittlung der richtigen Klageart stellt zwar auf der Grundlage der verwaltungsgerichtlichen Generalklausel des § 40 I VwGO und mit Blick auf die Rechtsschutzgarantie des Art. 19 IV GG keine prinzipielle Zulässigkeitsvoraussetzung dar, sie ist aber unabdingbar, um die einzelnen Sachentscheidungsvoraussetzungen bestimmen zu können.[883] So ist der Kläger beispielsweise im Rahmen einer echten Teilanfechtungsklage dann klagebefugt, wenn er geltend machen kann, daß die Möglichkeit eines (Teil-)Aufhebungsanspruches besteht.[884] Im Rahmen einer Verpflichtungsklage ist die Klagebefugnis hingegen dann anzunehmen,

---

[879] *Remmert*, VerwArch. 88, 1997, 112 (136).
[880] *Remmert*, VerwArch. 88, 1997, 112 (114 und 135).
[881] *Remmert*, VerwArch. 88, 1997, 112 (135) erklärt die Teilanfechtungsklage gegenüber Bedingungen und Befristungen für unstatthaft, gegenüber Auflagen für statthaft. Denn nur gegen Auflagen seien Aufhebungsansprüche möglich.
[882] Auch *Schenke*, in: FS für *Roellecke*, 1997, 281 (287), lehnt eine Thematisierung des Rechtsschutzes im Rahmen des § 42 II VwGO ab. Er ist der Ansicht, daß es für die Klagebefugnis nach § 42 II VwGO bereits genüge, wenn der Kläger geltend machen könne, durch einen angefochtenen Teil eines Verwaltungsaktes in seinen Rechten verletzt zu sein. Er übersieht dabei, daß "Teil" eines Verwaltungsaktes von vornherein nur konjunktiv miteinander verbundene Regelungen sein können.
[883] Vgl. hierzu auch *Schenke*, VerwProzR, Rn. 64.
[884] *Remmert*, VerwArch. 88, 1997, 112 (135).

wenn die Möglichkeit besteht, daß der Kläger einen Anspruch auf Erlaß des begehrten Verwaltungsaktes hat.[885]
Prüfungstechnisch empfiehlt es sich daher, die Problematik des Rechtsschutzes gegen Inhalts- und Nebenbestimmungen bei der Frage nach der statthaften Klageart bzw. der richtigen Interpretation des Klagebegehrens zu erörtern, weil auf diese Weise bereits im Vorfeld festgestellt werden kann, welche Ansprüche der Kläger überhaupt geltend macht und auf welche Klagebefugnis im Rahmen des § 42 II VwGO daher näher einzugehen ist.

---

[885] Insofern zutreffend *Remmert*, VerwArch. 88, 1997, 112 (136).

G. Fragen der Begründetheit einer echten Teilanfechtungsklage gemäß §§ 42 I 1. Alt., 113 I 1 VwGO

I. Einheitliche Ermessensentscheidung, Rechtswidrigkeit und Sinnlosigkeit der Restregelung

Nach dem hier vorgeschlagenen Lösungsweg ist eine echte Teilanfechtungsklage nur gegen konjunktiv mit der Hauptregelung verbundene Verwaltungsaktzusätze (Auflage und Auflagenvorbehalt) statthaft. Begründet ist eine solche echte Teilanfechtungsklage, wenn der angefochtene Verwaltungsaktzusatz rechtswidrig ist und den Kläger in seinen Rechten verletzt. Weitere Anforderungen sind an die Begründetheit einer echten Teilanfechtungsklage nicht zu stellen. Diskutierte materielle Teilbarkeitskriterien wie zum Beispiel das Vorliegen einer einheitlichen Ermessensentscheidung, die Rechtswidrigkeit oder Sinnlosigkeit der Restregelung finden keine Grundlage in der VwGO [886] und haben dementsprechend auf der Begründetheitsebene nichts zu suchen. Außerdem sind solche Kriterien bei der Teilaufhebung konjunktiv mit der Hauptregelung verbundener Verwaltungsaktzusätze ohnehin ohne Belang. Die Teilaufhebung konjunktiver Verbindungen kann weder die Rechtswidrigkeit oder die Sinnlosigkeit der Restregelung bewirken noch die Ermessensprärogative der Verwaltung tangieren.[887]

Im übrigen werden sämtliche der vorgetragenen Bedenken gegen eine gerichtliche Teilaufhebung nach dem hier vorgeschlagenen Lösungsweg bereits im Rahmen der *Statthaftigkeit* einer echten Teilanfechtungsklage absorbiert.[888] Dort finden diese Bedenken ihre Berücksichtigung in Zusammenhang mit der Frage nach der prozessualen Teilbarkeit konditionaler Verknüpfungen. So verbirgt sich beispielsweise hinter dem Kriterium einer einheitlichen Ermessensentscheidung der Grundsatz der Gewaltenteilung bzw. das Problem, ob der Behörde durch die gerichtliche Teilkassation ein Verwaltungsakt aufgedrängt wird. Wie oben festgestellt, ist dies bei der Teilkassation konditionaler Verknüpfungen stets

---

[886] In diesem Sinne *Störmer*, DVBl. 1996, 81 (88); *Sieckmann*, DÖV 1998, 525 (534).
[887] Vgl. hierzu die Ausführungen oben S. 29 f., S. 54 f., S. 192 f. und S. 197 f.
[888] Dazu, daß die Frage der Zulässigkeit der gerichtlichen Teilaufhebung eine Frage der Statthaftigkeit ist, vgl. unten S. 210 f.

der Fall, unabhängig davon, ob eine Ermessensentscheidung oder eine gebundene Entscheidung vorliegt.[889] Hinter den Kriterien des sinnvollerweise Bestehenbleibenkönnens bzw. der Rechtswidrigkeit der Restregelung verbirgt sich hingegen der Verstoß gegen das Rechtsstaatsprinzip.[890]

II. Keine Verlagerung der Rechtsschutzthematik in die Begründetheitsprüfung einer echten Teilanfechtungsklage

Das soeben Gesagte verdeutlicht, daß die Zulässigkeit einer echten Teilanfechtungsklage von der Rechtmäßigkeit einer gerichtlichen Teilaufhebung abhängig ist. Diese Frage gehört jedoch nicht in die Begründetheitsprüfung einer echten Teilanfechtungsklage.[891] Es geht hier noch nicht darum, ob der Kläger aufgrund der materiellen Rechtslage einen Anspruch auf die Hauptregelung ohne Verwaltungsaktzusatz hat [892], sondern zunächst darum, ob das Gericht in der Sache überhaupt entscheiden darf. Ein Antrag auf gerichtliche Entscheidung kann nicht begründet oder unbegründet sein, sondern nur zulässig oder unzulässig.[893] Ob die erstrebte Gerichtsentscheidung gesetzlich zulässig ist, ist selbst dann noch eine Frage der Statthaftigkeit, wenn zu ihrer Begründung auf mögliche materiell-rechtliche Folgen, wie zum Beispiel die Rechtswidrigkeit der Restregelung, abgestellt wird. Ob solche Folgen eintreten oder nicht, läßt sich bereits abstrakt im Rahmen der Statthaftigkeit einer Teilanfechtungsklage, d. h. bei der Auslegung des wirklichen Klagebegehrens bzw. der Ermittlung der statthaften Klageart, abschließend beantworten.

Ausschlaggebend, ob die gerichtliche Teilkassation zu einem in materieller Hinsicht (un-)tragbaren Ergebnis führt, ist dabei allein die von der

---

[889] Vgl. oben S. 179 f.
[890] Vgl. oben S. 194 f.
[891] *Cöster*, S. 28.
[892] Vgl. in diesem Zusammenhang auch *Schenke*, WiVerw. 1982, 142 (158), der zu Unrecht meint, daß die Verlagerung der Rechtsschutzfragen in die Zulässigkeit einer Teilanfechtungsklage dazu führe, daß bereits in der Zulässigkeit der Klage über den materiellen (Teilaufhebungs-)Anspruch des Klägers befunden werde.
[893] Es gilt hier zwischen Prozeßantrag und Sachantrag zu unterscheiden. Allgemein hierzu auch *Bettermann*, in: FS für *Bötticher*, 1969, 13 (26).

Behörde gewählte Handlungsform. Die Behörde hat es selbst in der Hand, mit der Wahl einer konditionalen oder konjunktiven Verbindung über die logische Abtrennbarkeit und damit über die selbständige Anfechtbarkeit eines Verwaltungsaktzusatzes zu entscheiden.[894] Wählt sie eine konjunktive Verbindung, ist die gerichtliche Teilaufhebung zulässig, und das Gericht darf auch in der Sache entscheiden. Wählt sie eine konditionale Verknüpfung, ist eine gerichtliche Teilaufhebung unzulässig und eine Teilanfechtungsklage als unstatthaft anzusehen. Das Gericht hat sich also - vergleichbar der Prüfung der Verwaltungsakteigenschaft des Verwaltungshandelns bei einer von einem Kläger beabsichtigten Gesamtanfechtung - bereits im Rahmen der Statthaftigkeit nach der gewählten *Handlungsform* der Behörde zu richten.

Die Unterscheidung zwischen Teil und Bestandteil eines Verwaltungsaktes, d. h. die Unterscheidung zwischen konditionalen und konjunktiven Verbindungen führt damit zu einer Differenzierung nach der Art des jeweiligen Verwaltungsaktzusatzes im Rahmen der Statthaftigkeit einer echten Teilanfechtungsklage. Dies zeigt auch, daß die Differenzierung nach der Art der jeweiligen Nebenbestimmung sich noch nicht unmittelbar auf die Frage bezieht, ob der Kläger einen Anspruch auf isolierte Teilaufhebung eines Verwaltungsaktzusatzes besitzt [895], weil dieser von der Behörde rechtswidrigerweise der Hauptregelung beigefügt wurde, sondern primär darauf, ob durch die Teilaufhebung des rechtswidrigen Zusatzes nicht ein anderer, neuer rechtswidriger Zustand durch richterliche Tätigkeit geschaffen wird. Diese Frage ist bereits als Vorfrage im Rahmen der Statthaftigkeit der Klageart abzuhandeln. Erst im Rahmen der Begründetheit stellt sich die weitere Frage, ob der Kläger auch einen Anspruch auf isolierte Aufhebung eines konjunktiv mit der Hauptregelung verbundenen Verwaltungsaktzusatzes besitzt.

Im übrigen würde die Verlagerung der Frage des gerichtlichen Dürfens in die Begründetheitsprüfung einer Teilanfechtungsklage auch zu einem seltsamen Ergebnis führen. In Fällen konditionaler Verbindungen müßte das Gericht feststellen, daß es gar nicht in der Sache entscheiden darf, weil es sonst gegen tragende Verfassungsprinzipien verstoßen würde. Dies wäre ein Widerspruch in sich, denn mit dieser Feststellung würde eine (wenngleich auch klageabweisende) Sachentscheidung des Gerich-

---

[894] Ebenso *Sieckmann*, DÖV 1998, 525 (534).
[895] So aber *Schenke*, in: FS für *Roellecke*, 1997, 281 (287).

tes getroffen. Dieses Ergebnis läßt sich nur dadurch vermeiden, daß man die Rechtsschutzfragen der isolierten Anfechtung von Inhalts- und Nebenbestimmungen bereits im Rahmen der Statthaftigkeit einer Teilanfechtungsklage thematisiert. Denn in der Sache selbst ist noch nicht entschieden, solange ein Gericht nicht über die Begründetheit, sondern nur über die Zulässigkeit der Klage geurteilt hat. Außerdem läßt sich auf diese Weise die häufig in weiten Teilen der Literatur zumeist stillschweigend praktizierte nachträgliche Korrektur des Klagebegehrens bzw. der durch nichts zu rechtfertigende Rückschluß von der Begründetheit auf die Zulässigkeit einer Teilanfechtungsklage vermeiden.[896]

Gegen eine Verlagerung in die Begründetheitsprüfung spricht schließlich vor allen Dingen auch der Grundsatz der Effektivität des Rechtsschutzes (Art. 19 IV GG). Die Verlagerung sämtlicher Rechtsschutzfragen in die Begründetheitsprüfung bei gleichzeitiger Zulassung und Favorisierung einer Teilanfechtungsklage würde dazu führen, daß man auch konditional eingebundene Verwaltungsaktzusätze zunächst als anfechtbare "Teile" eines Verwaltungsaktes interpretieren müßte, obwohl sie es tatsächlich nicht sind.[897] Erst im Rahmen der Begründetheitsprüfung ließe sich feststellen, daß der Kläger, weil die gerichtliche Teilaufhebung gesetzlich verboten ist, keinen Anspruch auf die gerichtliche Teilaufhebung solcher Zusätze haben kann. Den rechtsunkundigen Bürger hätte man also in diesen Fällen völlig umsonst zunächst auf die Teilanfechtungsklage verwiesen, so daß er unnötiger Weise die Kosten für diese Klage zu tragen hätte.[898] Da außerdem bis zum Erlaß eines klageabweisenden Sachurteils in der Regel ein Zeitraum von einem Monat überschritten sein wird, würde man dem rechtsschutzsuchenden Kläger zudem möglicherweise die Klagemöglichkeit über die erfolgversprechendere Verpflichtungsklage abschneiden, da auch bei dieser Klageart die Frist des § 74 VwGO zu beachten ist.[899] Dies wäre letztlich ein Ergebnis, das den Grundsatz der Effektivität des Rechtsschutzes in sein Gegenteil verkehren würde; ein Ergebnis aber, daß sich bei einer vorzeitigen Festlegung des wirklichen Klagebegehrens im Rahmen einer

---

[896] Hierzu bereits oben S. 145 f.
[897] Zum Begriff "Teil" eines Verwaltungsaktes vgl. oben S. 199.
[898] Die Verfahrenskosten lassen sich nicht über eine in der Anfechtungsklage als Minus enthaltenen Feststellungsklage (analog § 113 I 4 VwGO) kompensieren, vgl. hierzu bereits oben S. 123 f.; a. A. *Schenke*, JuS 1983, 182 (186).
[899] Vgl. hierzu oben S. 125 f.

Zulässigkeitsprüfung vermeiden läßt. Weil ein Kläger bei konditional eingebundenen Verwaltungsaktzusätzen sein Klageziel nie über eine echte Teilanfechtungsklage erreichen kann, muß die Teilanfechtungsklage konsequenterweise von Anfang an als unstatthaft angesehen werden.[900]

Nur ergänzend sei an dieser Stelle erwähnt, daß die Verneinung einer Teilanfechtungsmöglichkeit gegenüber konditional eingebundenen Verwaltungsaktzusätzen auch keine unzulässige Einschränkung der Dispositionsmaxime bedeutet. Solange die Rechtsordnung einen Rechtsbehelf im konkreten Fall nicht zur Verfügung stellt, kann auch der Dispositionsgrundsatz nicht tangiert sein. Vor allen Dingen ist es nicht gerechtfertigt, die Dispositionsbefugnis bzw. die Teilanfechtungsmöglichkeiten eines Klägers mit dem Argument auszudehnen, sein materielles Recht auf Erlaß eines bestimmten Verwaltungsaktes werde durch die Beifügung eines konditional eingebundenen und rechtswidrigen Verwaltungsaktzusatzes beeinträchtigt. Die Anfechtungsklage ist kein Instrument, dem Kläger dabei behilflich zu sein, seine materiellen Rechtsansprüche auf *Erlaß* bestimmter Verwaltungsakte vor Gericht durchzusetzen.[901] Hierfür steht dem Kläger die Verpflichtungsklage zur Verfügung.

---

[900] Unter der Prämisse, daß eine Teilanfechtungsklage nie Erfolg haben kann, wird dieses Ergebnis zum Teil auch von den Gegnern einer Zulässigkeitsprüfung als konsequent bezeichnet, vgl. *Schenke*, WiVerw. 1982, 142 (158).
[901] Vgl. hierzu auch die Ausführungen von *Sieckmann*, DÖV 1998, 525 (534).

H. Zur Anfechtbarkeit von Auflagen und Auflagenvorbehalten aufgrund ihrer Verwaltungsaktqualität sowie zur Anfechtbarkeit nachträglich beigefügter Verwaltungsaktzusätze

I. Zur Anfechtbarkeit von Auflagen und Auflagenvorbehalten aufgrund ihrer Verwaltungsaktqualität

Bereits oben wurde festgestellt, daß Auflagen und Auflagenvorbehalte trotz ihrer einseitigen Akzessorietät und ihrer Zweckgebundentheit als Verwaltungsakte zu qualifizieren sind.[902] Aus diesem Befund läßt sich ohne weiteres die Statthaftigkeit einer Anfechtungsklage gegen solche selbständige Verwaltungsaktzusätze ableiten. Denn der Betroffene begehrt jeweils die Aufhebung eines Verwaltungsaktes gemäß § 42 I VwGO. Teilweise wird im Schrifttum diese Form der Anfechtungsklage in prozessualer Hinsicht nicht als eine Teilanfechtungsklage verstanden.[903] Vielmehr gehe es in diesen Fällen um die Anfechtung einer selbständigen Anordnung [904]; es werde nicht ein Teil des Verwaltungsaktes, sondern die Auflage insgesamt angefochten.[905]

Nach der hier vorgeschlagenen Teilbarkeitsdefinition [906] kann diesem prozessualem Verständnis aus terminologischer Sicht jedoch nicht gefolgt werden. Bereits oben wurde festgestellt, daß Auflagen und Auflagenvorbehalte zwar nicht als konditional eingebundene Bestandteile, wohl aber als konjunktiv verbundene *Teile* des Hauptverwaltungsaktes zu interpretieren sind.[907] Um dem Umstand Rechnung zu tragen, daß der Kläger in diesen Fällen einen akzessorischen Verwaltungsakt (also eine Auflage oder einen Auflagenvorbehalt) anficht, der mit dem Hauptverwaltungsakt in einer lediglich einseitigen Verbindung steht, ist weiterhin vom prozessualen Verständnis einer echten Teilanfechtungsklage auszugehen. Die Annahme, daß es sich bei Auflagen und Auflagenvor-

---

[902] Vgl. oben S. 45 f. und S. 57 f.
[903] Vgl. *Störmer*, NWVBl. 1996, 169 (174); *Eyermann/Happ*, VwGO, § 42 Rn. 47.
[904] So *Eyermann/Happ*, VwGO, § 42 Rn. 47.
[905] In diesem Sinne *Störmer*, NWVBl. 1996, 169 (174).
[906] Vgl. oben S. 199.
[907] Vgl. oben S. 199.

behalten um sog. akzessorische Verwaltungsakte handelt, steht diesem prozessualen Verständnis nicht entgegen.[908]

II. Zur Anfechtbarkeit nachträglich beigefügter Verwaltungsaktzusätze

Werden Inhalts- oder Nebenbestimmungen nachträglich einem Verwaltungsakt beigefügt, so kann Rechtsschutz nach unbestrittener Rechtsauffassung[909] in Form einer Anfechtungsklage gewährt werden. Dies deshalb, weil mit der nachträglichen Beifügung eine neue, als Verwaltungsakt zu qualifizierende selbständige Belastung vorliegt.[910] Die Verwaltungsaktqualität solcher Maßnahmen erlaubt keine Rückschlüsse auf den Rechtsschutz gegen Verwaltungsaktzusätze, die dem Verwaltungsakt von Anfang an beigefügt sind.[911]

---

[908] Vgl. hierzu auch *Götz*, Allg. VerwR, S. 154 und S. 155, der ebenfalls die Auflage als Verwaltungsakt *und* als Teil eines Hauptverwaltungsaktes qualifiziert.
[909] Vgl. zum Beispiel *Axer*, Jura 2001, 748 (752); *Pietzcker*, in: *Schoch/Schmidt-Aßmann/Pietzner*, VwGO, § 42 Abs. 1 Rn. 120; *Kopp/Schenke*, § 42 Rn. 22.
[910] *Axer*, Jura 2001, 748 (752).
[911] So aber *Schenke*, VerwProzR, Rn. 295 und Rn. 297a.

I. Zusammenfassung und Endergebnisse

I. Einordnung von Verwaltungsaktzusätzen

Verwaltungsaktzusätze sind vorrangig an Hand ihrer unterschiedlichen rechtlichen Struktur voneinander abzugrenzen und auf dieser Grundlage in verschiedene Gruppen einzuordnen.[912]
Eine Gruppe bilden die sog. *unselbständigen* Nebenbestimmungen gemäß § 36 II Nr. 1-3 VwVfG. Die Befristung, die Bedingung und der Widerrufsvorbehalt zeichnen sich vor allen Dingen dadurch aus, daß ihnen eine *konditionale* Rechtsstruktur zugrunde liegt, die sich abstrakt in einem Wenn-Dann-Satz ausdrücken läßt. Dieser logischen Struktur entspricht es nicht nur, daß eine solche Nebenbestimmungsart von der Existenz der Hauptregelung abhängt (sog. einseitige Akzessorietät), sondern auch, daß die jeweilige Hauptregelung von dieser Nebenbestimmungsart abhängt (sog. wechselseitige Akzessorietät).[913] Faktisch handelt es sich bei dieser Art von Nebenbestimmung um eine *zeitliche Inhaltsbestimmung* der Hauptregelung.[914] Sichtbar wird dies vor allen Dingen daran, daß die Beifügung dieser Nebenbestimmungstypen zwingend mit (teil-)revozierenden oder aufschiebenden Rechtsfolgen hinsichtlich der zeitlichen Geltungsdauer des Hauptverwaltungsaktes verbunden ist. Dies gilt insbesondere auch für den Widerrufsvorbehalt, unabhängig davon, ob ein behördlicher Widerruf erfolgt oder nicht. Denn die durch einen Widerrufsvorbehalt in einer Hauptregelung angelegte Widerrufsmöglichkeit steht - anders als zum Beispiel die Widerrufsmöglichkeit bei Nichterfüllung einer Auflage nach § 49 II 1 Nr. 2 VwVfG - nicht zur Disposition des Verwaltungsaktadressaten.[915] Solchen konditionalen Verknüpfungen liegt demnach stets ein Alles-oder-Nichts-Prinzip zugrunde, welches bewirkt, daß auch die jeweilige Hauptregelung in zeitlicher Hinsicht nicht mehr ihre uneingeschränkte Geltung beanspruchen

---

[912] Neben der *logischen Abtrennbarkeit* gibt es allerdings eine Reihe weiterer spezifischer Unterschiede und Eigenarten vgl. hierzu bereits ausführlich oben S. 6 f. und S. 11 f.
[913] Ausführlich hierzu bereits oben S. 6 f. sowie S. 11 f.
[914] So auch *Remmert*, VerwArch. 88, 1997, 112 (127). Vgl. auch bereits oben S. 6.
[915] Näher hierzu oben S. 19 f.

kann, sondern abhängig von der Geltung der beigefügten Nebenbestimmung ist. Aus diesem Grunde ist es auch gerechtfertigt, diese Nebenbestimmungsarten als "Einschränkungen" der Hauptregelung zu begreifen. Wegen der gängigen Terminologie, die der Gesetzgeber in § 36 VwVfG verwendet, ist es gerechtfertigt, diese Verwaltungsaktzusätze noch als Nebenbestimmungen zu bezeichnen.[916]
Aufgrund ihrer konditionalen Struktur können die Befristung, die Bedingung und der Widerrufsvorbehalt keine selbständigen Regelungen im Sinne des § 35 S. 1 VwVfG darstellen. Eine Verwaltungsaktqualität dieser Nebenbestimmungsarten ist daher von vornherein auszuschließen. Vielmehr sind diese Nebenbestimmungstypen als *unselbständige Bestandteile*, genauer gesagt als konditional eingebundene (zeitliche) Inhaltsbestimmungen der Hauptregelung zu qualifizieren. Anderes gilt nur dann, wenn sie nachträglich einem Verwaltungsakt beigefügt werden. Denn die nachträgliche Beifügung einer unselbständigen Nebenbestimmung (Befristung, Bedingung oder Widerrufsvorbehalt) stellt eine als Verwaltungsakt zu qualifizierende selbständige Belastung dar.[917]
Eine diesen *unselbständigen* Nebenbestimmungen sehr artverwandte Gruppe von Verwaltungsaktzusätzen bilden die sog. *Inhaltsbestimmungen* einer Hauptregelung.[918] Der Hauptunterschied zu der zuvor dargestellten Gruppe der unselbständigen Nebenbestimmungen ist darin zu sehen, daß Inhaltsbestimmungen den Regelungsgegenstand nicht zeitlich, sondern *räumlich* und *inhaltlich* (*qualitativ* und *quantitativ*) definieren und damit den Gegenstand und Umfang der Hauptregelung bestimmen.[919] Inhaltsbestimmungen legen also fest, was erlaubt und was verboten ist.[920] Die Gemeinsamkeit von Inhaltsbestimmungen und unselbständigen Nebenbestimmungen liegt hingegen darin, daß auch den sog. *Inhaltsbestimmungen* eine konditional-rechtliche Struktur zu eigen ist, die sich ebenfalls abstrakt in einem Wenn-Dann-Satz ausdrücken läßt. Aufgrund dieser konditionalen Verknüpfung existiert also auch hier ein wechselseitiges Abhängigkeitsverhältnis zwischen Haupt-

---

[916] Ähnlich *P. Stelkens/U. Stelkens*, in: *Stelkens/Bonk/Sachs*, VwVfG, § 36 Rn. 5. Vgl. hierzu auch bereits oben S. 6.
[917] Vgl. bereits oben S. 215 sowie *Axer*, Jura 2001, 748 (752).
[918] Ausführlich vgl. oben S. 59 f.
[919] Vgl. hierzu bereits oben S. 65 f. sowie *Fluck*, DVBl. 1992, 862 f. (862).
[920] Zutreffend *Fluck*, DVBl. 1992, 862 (862); vgl. hierzu auch bereits die Ausführungen oben auf S. 65.

regelung und Inhaltsbestimmung (wechselseitige Akzessorietät). Aus diesem Grunde wird eine Hauptregelung durch die Beifügung einer Inhaltsbestimmung inhaltlich auch modifiziert und eingeschränkt. Wegen ihrer konditionalen Struktur können auch diese Verwaltungsaktzusätze nicht als Verwaltungsakte im Sinne des § 35 S. 1 VwVfG qualifiziert werden. Auch sie bleiben *unselbständige Bestandteile* der Hauptregelung. Nur für den Fall, daß sie nachträglich der Hauptregelung beigefügt werden, kann eine Verwaltungsaktqualität bejaht werden.

Zu den Inhaltsbestimmungen sind im übrigen auch die sog. *modifizierenden Auflagen* und die sog. *modifizierten Gewährungen* bzw. *Genehmigungen* zu zählen. Bei letzteren Verwaltungsaktzusätzen handelt es sich ohnehin lediglich um eine andere Terminologie für die den sog. Inhaltsbestimmungen zugundeliegenden Fallgestaltungen.[921] Der sog. *modifizierenden Auflage* - als einer überflüssigen Rechtsfigur - ist hingegen ihre rechtliche Existenzberechtigung abzusprechen. Ihr kann nur noch rechtsgeschichtliche Bedeutung beigemessen werden.[922]

Die dritte Gruppe von Verwaltungsaktzusätzen hat mit den zwei zuvor genannten Gruppen wenig gemeinsam und ist daher von diesen strikt abzugrenzen. Sie läßt sich in den *selbständigen* Nebenbestimmungen gemäß § 36 II Nr. 4-5 VwVfG ausmachen.[923] Die Auflage und der Auflagenvorbehalt zeichnen sich vor allen Dingen dadurch aus, daß ihnen eine *konjunktive* Gedankenstruktur zugrunde liegt, die sich aus grammatikalischer Sicht durch die Konjunktion bzw. das Bindewort "und" darstellen läßt. Abstrakt lautet diese Gedankenstruktur: Es gilt die Hauptregelung, *und* es gilt die selbständige Nebenbestimmung. Im Gegensatz zu konditional eingebundenen Verwaltungsaktzusätzen (unselbständige Nebenbestimmungen und Inhaltsbestimmungen) zielen konjunktiv mit der Hauptregelung verbundene Zusätze nicht auf eine Einschränkung, sondern zunächst nur auf eine *Ergänzung* der Hauptregelung ab. Deutlich wird dies vor allen Dingen daran, daß konjunktive Verknüpfungen keinen aufschiebenden oder (teil-)revozierenden Einfluß auf die zeitliche Geltungsdauer der Hauptregelung haben. Denn selbst im Falle ihrer Nichtbeachtung gilt die Hauptregelung uneingeschränkt fort. Selbstän-

---

[921] Ausführlich hierzu oben S. 65 f.
[922] Vgl. oben S. 65 f.
[923] Vgl. oben S. 6 f., 29 f. und 54 f.

digen Nebenbestimmungen liegt demnach kein Alles-oder-Nichts-Prinzip zugrunde. Vielmehr entspricht es ihrer Rechtsnatur, daß sie (nur) eine *einseitige*, nicht aber auch eine wechselseitige Akzessorietät zur Hauptregelung begründen, mithin also die jeweilige Hauptregelung trotz der Beifügung selbständiger Nebenbestimmungen - abstrakt betrachtet - losgelöst von diesen existiert.[924]
Dieser konjunktiven Struktur entspricht es, daß Auflagen und Auflagenvorbehalte als *selbständige Teile* der Hauptregelung zu qualifizieren sind, unabhängig davon, daß sie ihrerseits stets von der Existenz einer Hauptregelung abhängen (einseitige Akzessorietät). Außerdem sind Auflagen und Auflagenvorbehalte als selbstständige Regelungen, d. h. als *akzessorische Verwaltungsakte* im Sinne des § 35 S. 1 VwVfG zu qualifizieren.[925] Weitere Formen von Verwaltungsaktzusätzen in Form von (un-)selbständigen Nebenbestimmungen oder Inhaltsbestimmungen sind kaum vorstellbar. Denn obwohl es keinen exklusiven Katalog öffentlich-rechtlicher Handlungsformen gibt, lassen sich die in der Praxis gewählten Verwaltungsaktzusätze regelmäßig den in § 36 II Nr. 1-5 VwVfG genannten Nebenbestimmungstypen oder aber den sog. Inhaltsbestimmungen zuordnen.[926]

II. Konsequenzen für den Rechtsschutz

Die hier gefundenen Ergebnisse zur Rechtsnatur und vor allen Dingen zur logischen Struktur von Inhalts- und Nebenbestimmungen wirken sich unmittelbar auf den Rechtsschutz gegen die unterschiedlichen Verwaltungsaktzusätze aus. Es ist festzustellen, daß die im Schrifttum vermehrt vorzufindende Rückkehr zur ehemaligen differenzierten Betrachtungsweise nach der Art des jeweiligen Verwaltungsaktzusatzes zu begrüßen ist.[927] Denn eine (Teil-)Anfechtungsklage ist in der Tat nur gegen die Auflage und den Auflagenvorbehalt, d. h. gegen *konjunktiv* mit der Hauptregelung verbundene Verwaltungsaktzusätze statthaft. Eine

---
[924] Die Argumente, die in der Literatur gegen eine einseitige Akzessorietät konjunktiver Verknüpfungen ins Feld geführt werden, vermögen allesamt nicht zu überzeugen. Vgl. hierzu im einzelnen oben S. 6 f. und insbesondere S. 36 f.
[925] Vgl. S. 45 f. und S. 57 f.
[926] Vgl. auch S. 10.
[927] Vgl. zum Beispiel *Axer*, Jura 2001, 748 (752) sowie oben S. 102 f.

gerichtliche Teilkassation konjunktiv mit der Hauptregelung verbundener Verwaltungsaktzusätze bedeutet keinen Verstoß gegen das Rechtsstaatsprinzip [928] und das Gewaltenteilungsprinzip [929]. Außerdem entsteht im Falle der gerichtlichen Teilkassation konjunktiver Verwaltungsaktzusätze kein Regelungstorso, sondern es verbleibt ein in sich schlüssiger Verwaltungsakt zurück.[930] Im übrigen läßt sich die Anfechtbarkeit von Auflagen und Auflagenvorbehalten auch bereits aus ihrer *Verwaltungsaktqualität* ableiten.[931]

Die (Teil-)Anfechtungsklage auch gegen *konditional* eingebundene Verwaltungsaktzusätze (Befristung, Bedingung, Widerrufsvorbehalt und Inhaltsbestimmung) ist hingegen unstatthaft. Würde das Gericht eine konditionale Verknüpfung im Wege einer echten (Teil-)Anfechtungsklage aufheben, nähme es - unter Umständen unbewußt - eine Veränderung an der Hauptregelung vor. Denn aufgrund der prozessualen Ausgestaltung einer (echten) Teilanfechtungsklage [932] und der einschlägigen Verfahrensvorschriften über die Nichtigkeit (§ 44 VwVfG) bzw. die Wirksamkeit (§ 43 VwVfG) von Verwaltungsakten [933] würde das Gericht zeitlich vor der Verwaltung tätig werden und einen neuen und rechtswidrigen Regelungstorso schaffen.[934] Mangels Reformationsbefugnis im Rahmen des § 113 I 1 VwGO würde das Gericht damit gegen den Grundsatz der Gewaltenteilung [935] sowie gegen das im Grundgesetz verankerte Rechtsstaatsprinzip verstoßen.[936]

---

[928] Vgl. S. 197 f.
[929] Vgl. S. 192 f.
[930] Vgl. S. 192.
[931] Näher hierzu S. 214 f.
[932] Ausführlich hierzu oben S. 134 f. und S. 150 f.
[933] Vgl. S. 180 f.
[934] Aus diesem Grunde vermag daher auch der in der Literatur vorzufindende Hinweis, eine Orientierung des Rechtsschutzes an Hand der *logischen Teilbarkeit* sei mit der gesetzgeberischen Wertung des § 44 IV VwVfG unvereinbar (so *Kopp/ Schenke*, VwGO, § 42 Rn. 22), nicht zu überzeugen. Denn § 44 IV VwVfG ist in diesen Fällen überhaupt nicht anwendbar; zur Begründung vgl. bereits oben S. 165 f; a. A. *Schenke*, der § 44 IV VwVfG *analog* auf rechtswidrig-aufhebbare Verwaltungsakte anwendet, weil seines Erachtens nur ein *gradueller Unterschied* zwischen rechtswidrig-nichtigen und rechtswidrig-aufhebbaren Verwaltungsakten bestehe; vgl. *ders.*, JuS 1983, 182 (184).
[935] Ausführlich oben S. 176 f.
[936] Vgl. S. 194 f.

Gegen konditional eingebundene Verwaltungsaktzusätze kann sich der Kläger daher mit einer Verpflichtungsklage, nicht aber mit einer (Teil-)-Anfechtungsklage wehren. Das in Art. 19 IV GG verankerte Gebot der Effektivität des Rechtsschutzes gebietet es in diesen Fällen, das Begehren des Klägers - sofern er seinen Klageantrag offen formuliert hat, weil er sich im Unklaren darüber ist, welchen Rechtsbehelf er einlegen soll - ausschließlich als ein Verpflichtungsbegehren zu interpretieren. Anderes gilt freilich dann, wenn der Kläger ausdrücklich die Teilkassation eines konditional eingebundenen Verwaltungsaktzusatzes begehrt. In diesem Falle bleibt dem Gericht keine andere Wahl, als die erhobene (Teil-)Anfechtungsklage als unzulässig abzuweisen. Schließlich darf das Gericht nicht den Wesensgehalt der Antragsauslegung (§ 88 VwGO) überschreiten und an die Stelle dessen, was der Kläger erklärtermaßen will, das setzen, was er - nach Meinung des Gerichts - zur Verwirklichung seines Begehrens wollen sollte.[937]

Die gefundenen Ergebnisse dokumentieren im übrigen, daß eine Verlagerung der Rechtsschutzfragen in die Begründetheitsprüfung einer (Teil-)Anfechtungsklage bzw. eine Verankerung der Rechtsschutzfragen im materiellen Recht nicht gerechtfertigt ist.[938] Im Gegenteil - eine Verlagerung der Rechtsschutzfragen in die Begründetheitsprüfung widerspricht nicht nur dem System der Verwaltungsgerichtsordnung, sondern kann auch zu erheblichen Nachteilen für den rechtsschutzsuchenden Kläger führen.[939] Außerdem geht es in diesem Zusammenhang vorrangig um die Frage, ob die vom Kläger begehrte Gerichtsentscheidung gesetzlich zulässig ist. Diese Frage läßt sich abstrakt allein an Hand der *logischen Teilbarkeit* zwischen einem Verwaltungsakt und einem ihm beigefügten Verwaltungsaktzusatz, d. h. auf der Grundlage der oben gefundenen *prozessualen* Teilbarkeitsdefinition beantworten.[940]

Begründet ist eine echte Teilanfechtungsklage, wenn der angefochtene Verwaltungsaktzusatz rechtswidrig ist und den Kläger in seinen Rechten verletzt. Weitere Anforderungen an die Begründetheit einer echten Teilanfechtungsklage sind nicht zu stellen. Insbesondere finden materielle Teilbarkeitskriterien, wie zum Beispiel die Rechtswidrigkeit der verblei-

---

[937] *Kopp/Schenke*, VwGO, § 88 Rn. 3 sowie bereits oben S. 202.
[938] Vgl. oben S. 210 f.
[939] Vgl. S. 122 f.
[940] Zur Teilbarkeitsdefinition vgl. oben S. 199.

benden Restregelung oder das Vorliegen einer einheitlichen Ermessensentscheidung, keine Grundlage im Gesetz und sind daher abzulehnen. Schließlich ist die Anwendung solcher materieller Teilbarkeitskriterien auch deshalb abzulehnen, weil die mit diesen Kriterien eingebrachten Bedenken gegen eine gerichtliche Teilaufhebung - nach dem hier vorgeschlagenen Lösungsweg - schon im Rahmen der Statthaftigkeit einer echten Teilanfechtungsklage ihre Berücksichtigung finden.[941]

III. Vergleich mit der höchstrichterlichen Rechtsprechung

Der hier vorgeschlagene Lösungsweg zum Rechtsschutz gegen Verwaltungsaktzusätze steht - zumindest vom Ergebnis aus betrachtet - weitestgehend in Einklang mit der derzeitigen höchstrichterlichen Rechtsprechung.[942] Wie hier vorgeschlagen, lehnen bisher auch die verschiedenen Senate des Bundesverwaltungsgerichtes die Anfechtbarkeit von *unselbständigen* Nebenbestimmungen eines Verwaltungsaktes ab.[943] Gleiches gilt für die sog. Inhaltsbestimmungen.[944] Zu diesen muß auch die überflüssige Rechtsfigur der modifizierenden Auflage gezählt werden.[945]

Mit der eingeführten *Offenkundigkeitsprüfung* im Rahmen der Statthaftigkeit einer Teilanfechtungsklage geben die Senate des Bundesverwaltungsgerichts darüber hinaus auch zu erkennen, daß sie weiterhin an einer Überprüfung der Statthaftigkeit der erhobenen (Teil-)Anfechtungsklage festhalten und die im Zusammenhang mit der (Teil-)Anfechtung von Verwaltungsaktzusätzen auftretenden Sachfragen nicht ausschließlich in der Begründetheit einer solchen (Teil-)Anfechtungsklage thematisieren wollen.[946] Für eine Spezifizierung der vom Bundesverwaltungs-

---

[941] Ausführlich hierzu S. 209 f.
[942] Zum aktuellen Stand der höchstrichterlichen Rechtsprechung vgl. oben S. 94 f.
[943] Eine abweichende höchstrichterliche Rechtsprechung läßt sich aus *BVerwGE* 60, 269 f. nicht ableiten. Zu diesem Urteil vgl. oben S. 95 f.
[944] Vgl. *BVerwGE* 69, 37 (1. Leitsatz und 39); *BVerwGE* 90, (45 und 48) sowie bereits oben S. 90 f.
[945] Das Bundesverwaltungsgericht hält allerdings an der Begrifflichkeit der modifizierenden Auflage fest; vgl. oben S. 93; a. A. *Maurer*, Allg. VerwR, § 12 Rn. 16.
[946] Ob es zu einer isolierten Aufhebung einer im Streit befindlichen Nebenbestimmung kommen darf, ist eine Frage der Begründetheit und nicht der Zulässigkeit des Anfechtungsbegehrens, "sofern nicht eine isolierte Aufhebbarkeit *offenkundig*

gericht durchgeführten Offenkundigkeitsprüfung fehlen bislang jedoch allgemeingültige Orientierungshilfen bzw. Anhaltspunkte. Als gesichert kann bislang nur die Erkenntnis angesehen werden, daß das Bundesverwaltungsgericht - wie oben dargelegt - eine Aufhebbarkeit von Auflagen und Auflagenvorbehalten nicht von vornherein ausschließt.[947] Die hier vorgeschlagene prozessuale Teilbarkeitsdefinition, die auf einer Unterscheidung zwischen konjunktiven und konditionalen Verknüpfungen aufbaut, liefert diese bislang fehlenden Kriterien. Denn die auf der Grundlage juristisch-logischer Gesichtspunkte aufbauende Teilbarkeitsdefinition kann schon im Vorfeld die Frage beantworten, wann eine Teilaufhebung von Verwaltungsaktzusätzen offenkundig ausscheiden muß.

Die Anwendung dieser prozessualen Teilbarkeitsdefinition führt außerdem zu einer Vereinfachung der Begründetheitsprüfung einer erhobenen echten (Teil-)Anfechtungsklage. Denn bei Anwendung der oben erwähnten prozessualen Teilbarkeitsdefintion [948] wird das vom Bundesverwaltungsgericht entwickelte materielle Teilbarkeitskriterium, d. h. die Überprüfung der Rechtswidrigkeit der Restregelung, bereits auf prozessualer Ebene absorbiert und infolgedessen entbehrlich.[949]

---

von vornherein ausscheidet." vgl. z. B. *BVerwG*, NVwZ 2001, 429 (429). Näher zur Offenkundigkeitsprüfung bereits oben S. 100.
[947] Vgl. oben S. 100 sowie *BVerwG*, NVwZ 2001, 429 (429).
[948] Vgl. S.199.
[949] Zu diesem Kriterium vgl. S. 84 f.

Anhang

Anhang I

Chronologischer Überblick über die einzelnen Entwicklungsphasen

Differenzierung nach **Art der Nebenbestimmung** Anfechtbarkeit von Auflagen (+); unselbständige Nebenbestimmungen (-)	BVerwGE 24, 129 f. BVerwGE 29, 261 f. BVerwGE 36, 145 f. BVerwGE 41, 178 f. BVerwG, DÖV 1974, 563 f.
Modifizierende Auflage als *Ausnahmeregelung* vom Grundsatz der selbständigen Auflagenanfechtung	BVerwG, DÖV 1974, 380 f.
Keine isolierte Anfechtung bei Vorliegen einer **einheitlichen Ermessensentscheidung** => Differenzierung nach Art des Hauptverwaltungsaktes	BVerwGE 55, 135 f. BVerwGE 56, 254 f.
"Krankenhausbedarfsplan"-Entscheidung **BVerwGE 60, 269 ff. (278)** => zur Anfechtbarkeit *belastender* Nebenbestimmungen	BVerwGE 60, 269 f.
Rückkehr zum Grundsatz der isolierten Auflagenanfechtung => *analoge* Anwendung des § 49 II Nr. 2 VwVfG bei Vorliegen einer einheitlichen Ermessensentscheidung	BVerwGE 65, 139 f.
Die **Offenkundigkeitsprüfung** und die **Rechtmäßigkeit der verbleibenden Restregelung** als materielle Voraussetzung der isolierten *Aufhebbarkeit* rechtswidriger Nebenbestimmungen	BVerwG, NVwZ 1984, 366 f. BVerwGE 81, 185 f. BVerwG, GewArch 1996, 22 f. BVerwG, NVwZ 2001, 429 f.
Keine isolierte Anfechtbarkeit von sog. **Inhaltsbestimmungen** => Rechtsschutz nur über Verpflichtungsklage	BVerwGE 69, 37 f. BVerwGE 90, 42 f.

Anhang II

Zusammenstellung wichtiger Entscheidungen des Bundesverwaltungsgerichtes

1. **BVerwGE 24, 129 f. (133); Urteil des 4. Senats vom 17. 05. 1966**
   Untrennbarer Zusammenhang zwischen Nebenbestimmung und VA schließt isolierte Anfechtung und Aufhebung der Nebenbestimmung aus.

2. **BVerwGE 29, 261 f. (270); Urteil des 4. Senats vom 29. 03. 1968**
   Bedingung als solche nicht selbständig anfechtbar.

3. **BVerwGE 36, 145 f. (154); Urteil des 4. Senats vom 21. 10. 1970**
   Trotz einheitlicher Ermessensentscheidung Auflage selbständig anfechtbar und aufhebbar.

4. **BVerwGE 41, 178 f. (189); Urteil des 4. Senats vom 17. 11. 1972**
   Bejahung der selbständigen Anfechtbarkeit einer Auflage.

5. **BVerwG, DÖV 1974, 380 f. (381); Urteil des 4. Senats vom 08. 02. 1974**
   Keine Anfechtbarkeit sog. modifizierender Auflagen.

6. **BVerwG, DÖV 1974, 563 f. (564); Urteil des 4. Senats vom 03. 05. 1974**
   Grundsatz der isolierten Auflagenanfechtung mit Ausnahme der modifizierenden Auflage.

7. **BVerwGE 55, 135 f. (143); Urteil des 8. Senats vom 14. 12. 1977**
   Keine Auflagenanfechtung bei einheitlichen Ermessensentscheidungen.

8. **BVerwGE 56, 254 f. (273); Urteil des 1. Senats vom 27. 09. 1978**
   Vgl. Nr. 7.

9. **BVerwGE 60, 269 f. (278); Urteil des 3. Senats vom 10. 07. 1980**
   Zur Anfechtbarkeit von belastenden Nebenbestimmungen.

10. **BVerwGE 65, 139 f. (147); Urteil des 8. Senats vom 12. 03. 1982**
    Möglichkeit des Widerrufs analog § 49 II Nr. 2 VwVfG bei einheitlichen Ermessensentscheidungen.

11. **BVerwG, NVwZ 1984, 366 f. (367); Urteil des 4. Senats vom 17. 02. 1984**
    Zur Rechtmäßigkeit der verbleibenden Restregelung.

12. **BVerwGE 69, 37 f. (46); Urteil des 7. Senats vom 17. 02. 1984**
    Keine isolierte Anfechtung von sog. Inhaltsbestimmungen.

13. **BVerwGE 81, 185 f. (196); Urteil des 7. Senats vom 19. 01. 1989**
    Die Rechtmäßigkeit der verbleibenden Restregelung als materielle Voraussetzung der isolierten Aufhebbarkeit.

14. **BVerwG, NVwZ 1990, 855 f. (857); Urteil des 8. Senats vom 26. 01. 90**
    Selbständige Anfechtbarkeit der Auflage.

15. **BVerwGE 85, 24 f. (32); Urteil des 3. Senats vom 08. 03. 1990**
    Grundsatz der isolierten Auflagenanfechtung mit Ausnahme der modifizierenden Auflage.

16. **BVerwGE 88, 348 f. (354); Urteil des 1. Senats vom 02. 07. 1991**
    Zulässigkeit der isolierten Auflagenanfechtung.

17. **BVerwGE 90, 42 f. (53); Urteil des 7. Senats vom 21. 02. 1992**
    Keine isolierte Anfechtung von sog. Inhaltsbestimmungen.

18. **BVerwG, GewArch 1996, 22 f (24); Beschluß des 1. Senats v. 16. 08. 1995**
    Die Rechtmäßigkeit der verbleibenden Restregelung als materielle Voraussetzung der isolierten Aufhebbarkeit.

19. **BVerwG, NVwZ 2001, 429 f.(430); Urteil des 11. Senats vom 22. 11. 2000**
    Zur Anfechtbarkeit belastender Nebenbestimmungen; Anfechtbarkeit der Auflage und des Auflagenvorbehaltes.

Anhang III

Schematischer Überblick über die in der Literatur vertretenen Grundpositionen

1. **Differenzierung nach Art des jeweiligen Verwaltungsaktzusatzes:**
   - keine Anfechtung unselbständiger Nebenbestimmungen (Bedingung, Befristung, Widerrufsvorbehalt), da diese integrale Bestandteile der Hauptregelung sind
   - anfechtbar nur selbständige Nebenbestimmungen (= Auflage, Auflagenvorbehalt)
   - prozessuales Verständnis der Anfechtung selbständiger Nebenbestimmungen: zumeist Gesamt- bzw. Vollanfechtung
   - modifizierende Auflage / modifizierende Gewährung / Inhaltsbestimmung: nicht anfechtbar

2. **Grundsätzlich Anfechtungsklage bei Differenzierung nach Art des jeweiligen Hauptverwaltungsaktes:**
   - prozessuales Verständnis der Anfechtung von Verwaltungsaktzusätzen: Teilanfechtung
   - Teilanfechtung nur zulässig, wenn Teilbarkeit vorliegt => Teilanfechtung ist eine Frage der Zulässigkeit der Teilanfechtungsklage
   - wann Teilbarkeit vorliegt ist strittig =>"grundsätzlich" bei den in § 36 II Nr. 1-5 VwVfG normierten Nebenbestimmungen und bei Vorliegen einer gebundenen Entscheidung; Teilbarkeit wird dagegen häufig verneint, sofern der Ermessensspielraum der Behörde durch die Teilaufhebung tangiert wird; z. T. wird eine Teilbarkeit aber auch in diesem Falle bejaht, da für die Teilbarkeit allein entscheidend sei, ob der verbleibende Restverwaltungsakt der Rechtsordnung entspreche
   - modifizierende Auflage / modifizierende Gewährung / Inhaltsbestimmung: nicht anfechtbar

3. **Stets Anfechtungsklage bei (un-)begrenzter Aufhebbarkeit:**
   - prozessuales Verständnis der Anfechtung von Verwaltungsaktzusätzen: Teilanfechtung
   - Teilanfechtung stets bzw. durchweg zulässig, da Verwaltungsaktzusätze immer prozessual trennbar bzw. logisch abteilbar sind
   - Teilbarkeit ist eine Frage der Begründetheit der Teilanfechtungsklage
   - wann (materielle) Teilbarkeit vorliegt ist strittig => z. T. wird für eine unbegrenzte Aufhebbarkeit plädiert, sofern nur der jeweilige Zusatz rechtswidrig ist und den Kläger in seinen Rechten verletzt; z. T. wird eine Teilbarkeit und damit die Möglichkeit einer Teilaufhebung von der Art des jeweiligen Hauptverwaltungsaktes, einem etwaigen gegen eine Teilaufhebung gerichteten Behördenwillen oder der Rechtmäßigkeit der verbleibenden Restregelung abhängig gemacht.
   - modifizierende Auflage / modifizierende Gewährung / Inhaltsbestimmung: Anfechtbarkeit wird verneint, teilweise auch bejaht

4. **Stets Verpflichtungsklage:**
   - keine Möglichkeit der gesonderten (Teil-)Anfechtung von Verwaltungsaktzusätzen, da das klägerische Begehren in diesen Fällen stets auf die Erlangung eines "Mehr" an Genehmigung gerichtet ist, so daß Rechtsschutz nur in der Form einer Verpflichtungsklage gewährt werden kann
   - sämtliche Teilbarkeitskriterien wie z. B. die Art der jeweiligen Nebenbestimmung oder Differenzierungen nach dem Charakter des jeweiligen Hauptverwaltungsaktes werden explizit abgelehnt
   - modifizierende Auflage / modifizierende Gewährung / Inhaltsbestimmung: nicht anfechtbar

**Schriften zum deutschen und europäischen
öffentlichen Recht**

Herausgegeben von Prof. Dr. Steffen Detterbeck

Band 1 Henry Roth: Berufs- und Erwerbsunfähigkeit. Renten- und Versorgungsansprüche nach geltendem und reformiertem Recht. 2000.

Band 2 Astrid Lediger: Die Entschädigung der Bundestagsabgeordneten. 2001.

Band 3 Uwe Chojetzki: Der kirchliche Dienst in der Sozialversicherung. 2001.

Band 4 Christopher Breith: Die Fernsehschutzliste. Übertragung von Großereignissen nach § 5a RfStV. 2002.

Band 5 Lars-Henrik Rode: § 40 VwVfG und die deutsche Ermessenslehre. 2003.

Band 6 Steffen Detterbeck / Martin Will: Die Handwerksinnungen in der staatlichen dualen Ordnung des Handwerks. Zur Frage einer Innungspflichtmitgliedschaft und eines Kammerbeitrags-Bonussystems für Innungsmitglieder. 2003.

Band 7 Christiane Vesting: Die vertragliche und außervertragliche Haftung der EG nach Art. 288 EGV. Unter Berücksichtigung der prozessualen Durchsetzungsmöglichkeiten. 2003.

Band 8 Christian Hanf: Rechtsschutz gegen Inhalts- und Nebenbestimmungen zu Verwaltungsakten. 2003.

Markus Engert

Die historische Entwicklung des Rechtsinstituts Verwaltungsakt

Frankfurt am Main, Berlin, Bern, Bruxelles, New York, Oxford, Wien, 2002.
274 S.
Europäische Hochschulschriften: Reihe 2, Rechtswissenschaft. Bd. 3479
ISBN 3-631-39690-2 · br. € 45.50*

Der Verwaltungsakt ist die verbreitetste Handlungsform der Behörden. Die Arbeit bietet erstmals einen Überblick über die gesamte historische Entwicklung des Rechtsinstituts. Sie umfaßt den Zeitraum von der Entstehung des Verwaltungsakts im 19. Jahrhundert bis in die Gegenwart und gibt einen kurzen Ausblick auf die mögliche künftige Entwicklung im Hinblick auf die Internationalisierung des Verwaltungsrechts. Schwerpunkte der Untersuchung sind die Herausbildung der Begriffsdefinition des Verwaltungsakts, seine rechtlichen Grundlagen (Gesetzesvorrang und -vorbehalt), die Entwicklung der Bestandskraft sowie der Rechtsschutzmöglichkeiten.

Aus dem Inhalt: Darstellung des Verwaltungsakts in der Literatur · Begriffsbestimmung · Rechtliche Grundlagen · Wirksamkeit · Bindungswirkung · Aufhebbarkeit · Rechtsschutz · Gehorsamspflicht · Widerstandsrecht · Suspensiveffekt · Privilegien als Verwaltungsakte · Informelles Verwaltungshandeln · Europäisierung

Frankfurt am Main · Berlin · Bern · Bruxelles · New York · Oxford · Wien
Auslieferung: Verlag Peter Lang AG
Moosstr. 1, CH-2542 Pieterlen
Telefax 00 41 (0) 32 / 376 17 27

*inklusive der in Deutschland gültigen Mehrwertsteuer
Preisänderungen vorbehalten
Homepage http://www.peterlang.de